GARY UND ANNE MARIE EZZO

Hilfe, meine Kinder sind in einem schwierigen Alter

edition TROBISCH

GARY UND ANNE MARIE EZZO

Hilfe, meine Kinder sind in einem schwierigen Alter

Kinder im Jugend-Alter verstehen und begleiten

edition TROBISCH

Published by Multnomah Books, a part of the Questar publishing family
Originaltitel: REACHING THE HEART OF YOUR TEEN
Übersetzt von Friedhilde Horn

hänssler-Paperback
Bestell-Nr. 854.155
ISBN 3-7751-9155-0

Titelfoto: Bavaria Bildagentur
Umschlaggestaltung: Daniel Kocherscheidt
Satz: AbSatz Ewert-Mohr, Klein Nordende
Druck und Bindung: Ebner Ulm
Printed in Germany

ANERKENNUNG

Wir schulden einer Reihe von Freunden, Kollegen, Seminarprofessoren und Studenten unseren Dank. Mit Ermutigung und kritischer Durchsicht jedes Kapitels haben sie manche Klärung und Einsicht vermittelt. Und jedem Einzelnen, der mit uns zu den Leitern von »Growing Families International« gehört, sagen wir ganz speziellen Dank für die Treue und das Verständnis für die Wichtigkeit unseres Anliegens.

Dank auch dem Heer der Familien, die uns beim Schreiben dieses Buches mit ihren Gebeten begleiteten. Dabei denken wir besonders an Jeff und Sharon Secor und danken für ihren hingebungsvollen Dienst an schwierigen Teenagern und alleinerziehenden Eltern und für ihre ständige Ermutigung, dieses Projekt durchzuführen. Wir danken auch Gary und Laurie Price, John und Holly Angle, Nick und Sharon Carter, Greg und Diane Roehr, Tim und Susan Howard, die allesamt in vielen Familien Hoffnung weckten, weil sie ein wunderbares Zeugnis von ihren eigenen Teenagern abgaben. Wir möchten Scott Shald danken, dass er uns die Erlaubnis gab, die »Cat Street«-Story in unserem ersten Kapitel zu benutzen. Besonderer Dank gebührt den Pastoren Robert Boerman und Dave Maddox für ihre theologischen Anregungen und Beiträge.

INHALT

EINFÜHRUNG

Wenn ein Autor einer bestimmten Idee Ausdruck verleihen will, schaut er sich nach Worten um, die seine Gedanken in knapper, übersichtlicher Weise zusammenfassen könnten. Er bemüht sich darum, solche Begriffe zu benutzen, die sein Anliegen oder dessen Schwerpunkt verständlich erscheinen lassen. Doch es ging uns hier wie im Leben selbst, das unseren Wunsch nach lückenlosen Ergebnissen oft nicht erfüllt: Bücher zur Verbesserung der familiären Situation lassen es nicht zu, alles in einfache Kategorien einzuordnen. Es wird immer leichter sein, sich über intakte Familien und glückliche Eltern-Teenager-Beziehungen zu unterhalten, als sie herzustellen. Aber bitte, hören Sie uns zu und glauben Sie uns: Es gibt viele heile Familien. In diesem Buch wollen wir Ihnen einige Grundprinzipien vorstellen, die vielen halfen, einen erfreulichen Status zu erreichen.

Natürlich ist es eine Herausforderung für uns, die Verschiedenartigkeit der Lebensumstände der Väter und Mütter, die dieses Buch lesen werden, zu berücksichtigen. Manche Eltern stecken zutiefst in Problemen, teilweise bis zur äußersten Verzweiflung. Manche sind überwältigt von dem Gefühl, dass irgendetwas schrecklich schief gelaufen ist. Andere werden von einer inneren Stimme ständig verurteilt: »Du bist ein Versager«. Diese Eltern leiden unentwegt, und die Aussicht auf eine positive Veränderung des familiären Klimas und eine freundschaftliche Beziehung zu ihren widerspenstigen Teenagern scheint ihnen ein unerfüllbarer Traum zu sein. Doch sie dürfen wissen, dass sie in dieser Mutlosigkeit nicht allein dastehen.

Als wir noch junge Eltern waren, wurde uns gesagt, wie schrecklich die Teenagerjahre unserer Kinder sein würden. Ständige Kopfschmerzen würden unser Los sein, weil keine Kommunikation mehr möglich sein würde. Die Kinder würden sich von den Gruppen Gleichaltriger abhängig machen, rebellisch sein, und das Ende des häuslichen Friedens würde gekommen sein. Die Warnungen hörten nicht auf: »Wenn ihr zu streng seid, werden die Kinder sich auflehnen.« »Wenn ihr sie an bestimmte

Normen gewöhnen wollt, werden sie sich weigern, eure Wertvorstellungen zu akzeptieren.« »Wenn ihr auf Befolgung eurer Anordnungen besteht, werdet ihr nur Opposition ernten.« »Freut euch an euren Kindern, solange sie klein sind. Es bleibt nicht immer erfreulich!«

Unbefriedigt, aber nicht überrascht von der Sicht, wie die Jugendlichen im Stadium des Heranwachsens eingeschätzt werden – und wie es in nichtchristlichen Kreisen durchaus verbreitet ist – suchten wir eine mutmachendere Perspektive in kirchlichen Kreisen. Wenn es irgendwo eine Basis für mehr Hoffnung gab, so dachten wir, dann müsste sie in einer christlichen Gemeinde zu finden sein.

Doch wir entdeckten, dass auch viele kirchlich orientierte Eltern ihre »Teen-Probleme« hatten. Wir regten an, dass man als Eltern doch vielleicht etwas tun könnte, um die Rebellion, den Drogenmissbrauch und das Experimentieren mit Sex bei unseren Teenagern zu vermeiden. Die Antwort, die wir erhielten, bestand in Stirnrunzeln und wütenden Blicken, die uns kampfesmüde Menschen zuwarfen. Die immer wiederholte Aussage lautete: »Wartet's nur ab!«

Wir warteten. Was wir mit unseren eigenen Teenagern erlebten, war das genaue Gegenteil von dem, was uns diese pessimistischen Propheten vorausgesagt hatten. Wenn wir heute zurückschauen, dann möchten wir diese Teenagerjahre um nichts in der Welt eintauschen. Sie bedeuteten durchaus keine Enttäuschung für uns und noch viel weniger ein Desaster. Es waren erfreuliche Jahre – nicht vollkommen, aber nichtsdestoweniger erfreulich. Wir erlebten keine Auflehnung, keine frechen Reden, kein trotziges Türenknallen, keine Drohungen fortzulaufen und kein Experimentieren mit Drogen oder Sex.

Diese Zeit war nicht nur unbelastet von solchen negativen Ausbrüchen, sie brachte vielmehr sehr viel Positives. Wir waren vier Individuen, die ihre Beziehungen zueinander aufbauten. Da wir uns gegenseitig in unseren menschlichen Schwächen annahmen, bemühte sich jeder um mehr Liebe und Loyalität innerhalb dieser besonderen Verbundenheit, die wir »Familie« nannten.

Das Buch enthält aber nicht nur unsere Erfahrungen. Es ist die Geschichte vieler Familien, die die Freude erlebten, sie mit ihren Teenagern auf freundschaftlicher Ebene leben zu können. Obwohl heile Familien in unserer Kultur in der Minderheit zu sein scheinen, denken wir, dass es an der Zeit ist, uns zu diesem Thema zu äußern. Das Buch ist als Alternative zu der verächtlichen Botschaft gedacht, die man zu diesem Lebensalter überall hören kann. Teenager als hoffnungslos stressig zu bezeichnen, als aufrührerisch, gegen die Eltern eingestellt und von Hormonen getrieben, dürfte eher die Krankheiten der Gesellschaft widerspiegeln als ihre tiefste Willensausrichtung.

Natürlich wollen wir uns unserer Erfahrungen nicht rühmen. Wir können Ihnen aber reichlich Gedankenanstöße geben und auch praktische Hilfe, wie man die Beziehung zwischen Teenagern und Eltern aufbaut, pflegt oder auch wiederherstellt. Aber seien Sie versichert, keine Familie erreicht eine gesunde Atmosphäre aus eigener Kraft. Im Kern jeder heilen Eltern-Teenager-Beziehung gibt es eine geistliche Dimension, die man nicht unterschätzen darf. Wir dienen einem großen Gott, der weder beleidigt ist durch unsere Unzulänglichkeiten, noch müde wird, unsere Hilferufe anzuhören. Er wird nicht ungeduldig, weil wir uns verirrt haben. Er kommt in Notzeiten zu uns. Ja, wenn es nötig ist, können wir ebenso wie Petrus auf dem Meer rufen: »Herr, hilf mir!« Er wird kommen, um unsere Familie zu retten, uns auf seinen Wegen zu führen und uns zurechtweisen. Gott ist unserer Hoffnung wert. Er allein bringt Erneuerung.

Bitte beachten Sie, dass auf den folgenden Seiten das Wort »wir« sich auf gemeinsame Einsichten von uns beiden bezieht, Gary und Anne Marie. Wenn es nur um die Erfahrung eines von uns geht, haben wir die Geschichte aus der Perspektive einer dritten Person erzählt, um Verwirrung darüber zu vermeiden, wer mit »ich« gemeint sein könnte.

Die folgenden Kapitel geben einen Überblick von dem, was Gott uns und viele andere Familien gelehrt hat – wie man das Herz eines Teenagers erreicht. Haben Sie Mut!

Gary und Anne Marie Ezzo, Los Angeles, Kalifornien

Teil I

Was Sie wissen müssen über die rebellische Haltung der Teenager

Kapitel 1

Gefangen zwischen Freude und Schmerz

Das Mundugumor-Volk von Neuguinea glaubt, dass Kinder, die mit der Nabelschnur um den Hals auf die Welt kommen, geborene Künstler sind. Auf diese Weise hat der Stamm zwei völlig voneinander unabhängige Aspekte der Natur miteinander verknüpft: Umstände bei der Geburt und die Begabung, komplizierte Muster und Zeichnungen auf Holzstücke oder Steine zu malen. Dieser Glaube ist so sehr mit dem sozialen Denken verwoben, dass Angehörige des Stammes, die mit der natürlichen Anlage zum Malen, aber durch eine ganz normale Geburt auf die Welt kommen, sich allen möglichen Tätigkeiten zuwenden, aber niemals künstlerischen.

Eine solche soziale Konditionierung ist auch in unserer eigenen Gesellschaft nicht völlig unbekannt. Wie die Mundugumor-Leute verknüpfen auch in unserer Kultur viele Menschen zwei eigentlich voneinander unabhängige Phänomene – Teenager und Rebellion – automatisch miteinander. Und sie handeln aufgrund dieses Glaubens, dass nämlich die Periode des Heranwachsens der Jugendlichen eine Zeit des unvermeidlichen Konfliktes ist. Aber ist das wirklich der Fall?

Wie würden Sie die Jahre des Teenageralters beschreiben? George Bernhard Shaw sagte einmal: »Die Jugend ist eine wundervolle Sache. Welch ein Verbrechen, sie an Kinder zu verschwenden.« Mark Twain sagte, wenn er könnte, würde er sein ganzes Leben nur in der Zeit bis zum fünfzehnten Jahr verbringen wollen ... danach würde er sich ertränken.

Eine kurze Umfrage würde sicher eine Menge Eltern entdecken, die ihre Erfahrungen mit Teenagern als »schwierig«, »sehr stressig« oder »stürmisch« bezeichnen würden. Die heutige Gesellschaft glaubt, dass sich die Eltern mit ihren Teenagern ständig in einer Art »Kriegszustand« befinden. Schmerz, Elend, Kummer und Sorgen gelten in der postmodernen Gesellschaft als normale Erscheinungen des Familienlebens. Am Ausgang dieses Jahrhunderts wird die Auflehnung von Heranwachsenden weithin als normaler – ja als gesunder – Aspekt des familiären Lebens betrachtet. Wenn man einigen Psychologen glauben will, ist das Fehlen von solchen aufrührerischen Zügen bei Teenagern sogar ein Signal dafür, dass mit dem Kind etwas nicht in Ordnung ist.

Wir sind uns dessen voll bewusst, dass die meisten heutigen Einrichtungen für Erziehungsberatung an die Unvermeidlichkeit der »Sturm und Drang«-Jahre glauben. Wir wollen aber gleich zu Anfang sagen, dass wir nicht dieser Ansicht sind. Unsere Botschaft ist eine sehr positive, optimistische und spannende. Sie vermittelt viel an Ermutigung. Wir möchten, dass Eltern fröhliche Jahre mit ihren heranwachsenden Kindern erwarten. Eltern haben heutzutage allen Grund, auf starke, positive, gesunde und dauernde Beziehungen zu ihren Teenagern zu hoffen und sie zu erleben.

Das Grundproblem bei den meisten Beschreibungen dieser Erfahrungen ist Folgendes: Es sind nur Beschreibungen. Statistiken, Umfragen und andere fachmännische Studien gehen von dem Wert und der Gültigkeit von Beobachtungen aus. Der Prozess verläuft dann folgendermaßen: Die Statistiken sagen uns, was allgemein der Fall ist. Was allgemein geschieht, wird zur Normalität erklärt. Was normal ist, gilt als unvermeidlich. Und schließlich wird das, was als unvermeidlich angesehen wird, als gesund bezeichnet.

Doch eine solche Logik hat erhebliche Schwachstellen. »Allgemein gültig« und »normal« sind keine austauschbaren Begriffe als mögliche Realitäten. Es ist nicht unsere Absicht, Ihnen in diesem Buch das zu erzählen, was in vielen Häusern abläuft, sondern Ihnen Hoffnung zu machen auf das, was geschehen kann. Ja, Hoffnung.

Auch heute gibt es noch verborgene Schätze

In den frühen Siebzigern besuchten befreundete Missionare, die in Hongkong lebten, häufig am Sonntagnachmittag einen Platz, der von Einheimischen »Cat Street« genannt wird. Dort gab es einen chinesischen Flohmarkt, wo Besucher in den ausrangierten Besitztümern der Anwohner herumwühlen konnten – auf der Suche nach unbekannten Schätzen.

Eines Tages stießen sie auf einen Raumteilerschirm mit verschiedenen Feldern, die sich wie bei einem Akkordeon zusammenschieben ließen. Die mittleren Felder zeigten eine Szene, die einen Ausschnitt aus der Großen Mauer Chinas darstellte, während die äußeren Felder chinesische Schriftzeichen aufwiesen. Es war offensichtlich, dass man sich um den Schirm kaum mehr gekümmert hatte. Er mochte einmal schön gewesen sein, aber im Laufe der Jahre hatten Rauch und Ruß ihren Zoll gefordert. Das Glas innerhalb des Rahmens der Felder war blind geworden. Das ganze Material wirkte fleckig und verkommen. Jedoch die Missionarsfamilie fand Gefallen an diesem Stück und beschloss, es aufzuarbeiten.

Zu Hause entfernten sie erst einmal allen Schmutz. Zu ihrer großen Überraschung entdeckten sie, dass das Mauerbild unter dem Glas eine wundervolle Stickerei darstellte, die von begabten Händen angefertigt worden sein musste. Aufgeregt versuchten sie nun, die gestickten Felder von ihren Rahmen zu lösen. Vorsichtig befreite der Vater das Holzstück hinter dem ersten Feld. Die Familie war starr vor Staunen über das, was sich da zeigte: Die Farben der Stickerei leuchteten in frischem Glanz und offenbarten den Reichtum des ursprünglichen Gobelins. Wo es durch die Holzfassung bedeckt und geschützt gewesen war, war die Pracht des ursprünglichen Werkes erhalten geblieben.

Ein Paneel des Schirmes nach dem anderen wurde von der Familie gereinigt. Jedes Feld ließ die gleiche künstlerische Qualität erkennen, und zusammengesetzt erschien dann ein großartiges Bild der berühmten Chinesischen Mauer. Dann kamen die Felder mit den Schriftzeichen. Der Vater fragte die chinesische

Haushälterin nach ihrer Bedeutung. Sie antwortete darauf mit folgender Übersetzung:

Es braucht starke Ehen, um starke Familien zu gründen.
Es braucht starke Familien, um starke Menschen
heranwachsen zu lassen.
Es braucht starke Menschen, um eine starke Nation
entstehen zu lassen.

Wie unsere Freunde ihren vergammelten Raumteilerschirm zuerst betrachteten, so empfinden viele Eltern mit Kindern im Teenageralter ihre Familie: Beschädigt von der Welt, in der sie leben, und im Laufe der Zeit abgestumpft. Für manche ist das ursprüngliche Bild von einer harmonischen Familie so blass geworden, dass sie es sich nicht einmal mehr vorstellen können. Vielleicht ähnelt auch Ihre Familie dem Äußeren des Wandteppichs in der Geschichte. Doch in diesem Buch möchten wir aufdecken, was unter den »Flecken« und dem »Schmutz« und den Spuren von »Rauch« und »Ruß« liegt. Unmittelbar unter der Oberfläche befindet sich ein wundervolles Stück »Handarbeit Gottes«, das darauf wartet, von Ihren liebenden Augen und fürsorglichen Händen entdeckt zu werden. Mit Gottes Hilfe, mit Glauben und ein bisschen Mühe, werden Sie in der Lage sein, diese Geheimnisse zu ergründen.

Glaube – nicht Angst

Die Eltern von heute haben wenig Grund zu der Annahme, dass sie ganz selbstverständlich eine wunderschöne Beziehung zu ihren heranwachsenden Kindern erwartet. Journalisten und Schulpsychologen zitieren Statistiken über Drogenmissbrauch, zweifelhafte sexuelle Aktivitäten, Abtreibungen und Gewalttätigkeit, die uns die Luft wegnehmen können. »Ist es wirklich so schlimm?«, möchten wir fragen. Um unsere schlimmsten Befürchtungen zu bestätigen, vergeht kaum ein Tag, ohne dass unsere regionalen

Zeitungen von Bandenüberfällen, der Verhaftung eines Jugendlichen wegen eines Gewaltverbrechens, oder des Sinkens ihrer schulischen Leistungen berichten.

Manche reagieren mit gespielter, hoffnungsvoller Tapferkeit oder aber mit einem Verdammungsurteil: »So was wird in unserer Familie niemals vorkommen« ... »Das Problem ist einfach, dass die Eltern ihre Kinder nicht lieben oder sich nicht um sie kümmern« ... »Wenn eines meiner Kinder jemals so etwas täte, würde ich dem sehr schnell ein Ende machen.« Doch irgendwo tief innen ist da die Angst in uns, dass es doch passieren könnte. Und diese Angst flüstert uns zu: »Ihr seid auch keine vollkommenen Eltern. Was gibt euch das Recht zu denken, dass eure Kinder anders sind?«

Wir als Eltern empfanden vor zwanzig Jahren ähnliche Ängste. Doch als wir die Teenagerjahre mit unseren heranwachsenden Kindern durchlebten, und als wir später in unsern Seminaren mit Tausenden von Eltern zusammenarbeiteten, ließ Gott uns erkennen, dass Elternschaft Glauben erfordert. Mit Angst kommt man nicht weiter. Wir müssen vor unsern Kindern das ausleben, was wir zu glauben vorgeben. Wir brauchen den Glauben zum Vertrauen und Handeln nach den Grundlinien, die Gott uns in seinem Wort vor Augen führt, den Glauben, der daran festhält, dass Gott die Gerechtigkeit, die vor ihm gilt, belohnt und dass er unsere Kinder mehr liebt, als wir es je könnten.

Wir wollen es gleich geradeheraus sagen: Das Herz Ihrer Teenager zu erreichen kostet Mühe, Sorgfalt und Geduld. Und was noch wichtiger ist: Es erfordert eine neue und aufrichtige Selbsteinschätzung. Der Prozess der Veränderungen beginnt bei den Eltern – in ihren Herzen und ihrem Denken. Doch die Belohnung ist immens. Wir wollen mit diesem Buch nicht aus Ihnen bessere Eltern machen oder Ihre Teens zu besseren Söhnen und Töchtern. Wir möchten Ihnen allen zusammen helfen, bessere Menschen zu werden, Menschen, die Christus kennen, Menschen, die seinen Willen verstehen, seine Absichten und Pläne für dauerhafte Beziehungen erkennen. Das sind die Fäden, aus denen Gott stabile Familien webt.

Zwei Welten

Auch die zwei Söhne und zwei Töchter von Clay und Beth erlebten ihren Teil an Hochs und Tiefs, die zum Heranwachsen gehören. Holly, ihre Jüngste, konnte sich zwar mit ihrem Aussehen nicht anfreunden, lief aber deswegen doch den Schürzenjägern nicht in die Falle. Rob erfüllte es mit Stolz, als er Kapitän der Basketball-Mannschaft wurde. Doch er gewöhnte sich dabei nicht an den Alkoholkonsum, wie er unter seinen Kollegen üblich war.

Jedes der Kinder hatte sich im jugendlichen Alter mit Problemen auseinanderzusetzen. In all diesen Kämpfen wandten sie sich nicht von ihren Eltern und deren Wertvorstellungen ab, sondern suchten sie vielmehr. Sie trafen Entscheidungen, die Clay und Beth für ihr ganzes Leben mit Freude erfüllten.

Bob und Meg zogen drei Jungen auf, während Bob Pfarrer in einer kleinen Landgemeinde war. Auch ihre Söhne kämpften mit Schwierigkeiten während der Zeit des Heranwachsens. Jasons Schulprobleme brachten ihn öfter in Klassen mit sehr undisziplinierten Kindern hinein. In der neunten Klasse hatte er dann ihr aggressives Verhalten übernommen. Der zweite Sohn, Ryan, rutschte nach Jahren, in denen er sehr schüchtern war, in die Drogenszene ab. Als der letzte Sohn sich dann mit Homosexuellen abgab, brachten der Kummer und das starke Gefühl, versagt zu haben, Bob und Meg dahin, ihr Pfarramt aufzugeben. Die Freude und die hochgespannten Erwartungen, die sie einmal mit jedem ihrer Söhne verbunden hatten, waren inzwischen unter unglaublichen Schmerzen begraben worden.

Diese beiden Familien repräsentieren entgegengesetzte Ergebnisse einer jahrelangen Eltern-Teenager-Beziehung. Am Ende der einen steht Freude und ein harmonisches Verhältnis der beiden Parteien. Das Ende der anderen Beziehung ist durch Konflikte und Kummer gekennzeichnet. Als Eltern finden wir uns mit jedem unserer Kinder irgendwo in diesem Ablauf wieder.

Freude, Harmonie + ... – Kummer, Konflikt

Die Gesellschaft erzählt uns, dass das negative Ende des Beziehungsablaufs für die Zeit des Heranwachsens normal ist. Zeitgenössische Fachleute, die die Vorurteile einer weit verbreiteten Kultur widerspiegeln, wollen uns glauben machen, dass die stürmischen Auftritte der Heranwachsenden unvermeidlich über die Familien hinwegbrausen müssen wie ein eisiger Nordwind, Aufruhr und Dissonanzen als Begleiterscheinungen mitführend.

Natürlich bleibt keine Familie absolut verschont von Konflikten. Und so gibt es auch in den stärksten Familien Phasen der Entmutigung. Sündlose Vollkommenheit wartet erst im Himmel auf uns. Doch das ist Zukunftsmusik. Das Hier und Jetzt erfordert von uns, den Kampf mit der heute gängigen säkularen Weisheit aufzunehmen, aus der Fatalismus und schließlich Verzweiflung entspringt. In Christus sind wir nicht länger Sklaven der Sünde (Röm 5,12-19). Der glaubende Mensch lebt im Herrschaftsbereich des Geistes, wo man Leben, Freude und Vergebung findet.

Aufruhr ist ein Phänomen, mit dem Gott sich beschäftigt von den Tagen im Garten Eden an (1. Mose) bis zum Jüngsten Gericht, wie es in der Offenbarung des Johannes geschildert wird. Jedesmal macht Gott deutlich, dass aufrührerisches Verhalten ein Problem des Herzens ist. Darum sagt er uns im Buch der Sprüche 4,23: »Behüte dein Herz mit allem Fleiß, denn daraus quillt das Leben«. Darum sucht er auch unsere Herzen und spricht von Narrheit, wenn man darin Zwängen unterliegt.

Nachdem ihr Ehemann gestorben war, blieb Angie allein zurück und musste vier Kinder, im Alter zwischen acht und zwölf Jahren, großziehen. Fünf Jahre lang erlebte sie eine fröhliche und liebevolle Beziehung zu ihren heranwachsenden Söhnen und Töchtern. Dann wurde ihre Jüngste dreizehn. In den beiden nächsten Jahren bekam sie es mit Drogen, Promiskuität, dem Versuch, wegzulaufen, einem Heimaufenthalt, psychotherapeutischer Behandlung, Selbsthilfegruppen und sogar einem Selbstmordversuch zu tun.

Der Kummer um die Auflehnung ihrer Tochter und die Folgen, denen sie sich gegenübersah, übertrafen bei weitem den Schmerz, den Angie beim Tod ihres Mannes empfunden hatte.

Sie war nahe daran, sich von Gott abzuwenden – von all den unbeantworteten Gebeten und allem Fasten. Doch sie brachte es schließlich nicht fertig. Gott war ihr Leben. Als sie sich in seine Arme fallen ließ, ihm sozusagen mit den Fäusten an die Brust schlug und sich völlig unbeherrscht an seiner Schulter ausweinte, zeigte Gott ihr Stückchen um Stückchen die misslungene Beziehung, die unter dem Aufruhr der Tochter zu finden war.

Diese Offenbarung zerbrach ihren Geist. Jede Spur ihres elterlichen Stolzes, der sich über dem Heranwachsen ihrer drei andern Kinder aufgebaut hatte, schwand dahin. Sie hörte plötzlich ein leises Flüstern: »Bereue dein Tun, kehr um!«

Angie sagt: »Gott ließ mich nicht in den endlosen schuldhaften Entscheidungen meiner Tochter untergehen, aber er hielt mir das Versagen in der Verantwortlichkeit als ihre Mutter vor.«

Obwohl unsere Kinder ethisch selbstverantwortlich sind und Gott einmal Rechenschaft für ihre Entscheidungen ablegen müssen, ist es doch wichtig festzustellen, dass die Beziehung zwischen Eltern und Kind mehr beinhaltet, als nur einen ursächlichen Zusammenhang. Der Apostel Paulus spricht diese Dynamik an, wenn er die Eltern warnt, ihre Kinder nicht zum Zorn zu reizen (Eph 6,4). Angie musste lernen, dass die Verantwortung für ein Kind, das sündigt, auf das Kind und auf die Eltern fällt. Und sie lernte auch etwas über die Macht der Gnade Gottes. Am tiefsten Punkt ihrer Beziehung zu ihrer Tochter wandte sich Angie an Gott und übernahm die Verantwortung für ihre Haltung als Mutter. Als sie das tat, erfuhr sie auch, dass es für Christen kein endgültiges Versagen gibt. Gottes Kinder befinden sich niemals jenseits der Möglichkeit eines Neuanfangs. Unser himmlischer Vater hebt uns vom Boden auf, bürstet uns den Schmutz ab und stellt uns auf einen neuen Weg.

Das zweischneidige Schwert

Keiner, der an die Verpflichtung zur christlichen Nächstenliebe glaubt, möchte noch mehr Schmerzen auf diejenigen laden, die sich ohnehin in Kummer über die falschen Lebensentscheidungen ihrer Kinder verzehren. Solches Mitleid verführt viele dazu, zu sagen: »Es ist in Ordnung. Es ist nicht euer Fehler. Man kann euch dafür nicht die Schuld geben.« Doch diese Versicherungen sind wie die Klinge eines zweischneidigen Schwertes. Der scharfe Schnitt, der so sauber die persönliche Verantwortlichkeit von zufälligem Geschehen trennt, trennt gleichzeitig die Hoffnung von der Verzweiflung. Wenn reine Motive (ohne die richtigen Methoden) uns schuldlos sein lassen an dem, was wir sagen oder tun, dann ist die Hoffnung, dass Eltern destruktive Verhaltensweisen ablegen, sehr gering. Es stimmt nicht, zu denken, Eltern seien schuldlos. Wir als Eltern müssen wissen, dass all unser Tun eine Auswirkung hat.

Auf diese Weise kann es sein, dass Worte, die als liebevolle Ermutigung gedacht sind, falschen Trost anbieten. Wir tun weder dieser Generation noch der kommenden etwas Gutes, wenn wir sie mit Worten vom guten Willen trösten und dabei denen die Wahrheit vorenthalten, denen wir doch helfen wollen.

Die gute Nachricht ist, dass Eltern anders handeln können und es auch tun, weil Gott selbst anders handelt. Gott kann »... die Jahre erstatten, deren Ertrag die Heuschrecken ... gefressen haben ...« (Joel 2,25). Diese Wahrheit kennt Angie. Kürzlich kam sie von einer Konferenz zurück. Als sie aus dem Flugzeug stieg, sah sie ihre inzwischen verheiratete jüngste Tochter, die auf sie wartete. Nach einer festen Umarmung fragte Angie: »Hattest du nicht gestern Abend Nachtschicht auf dem Friedhof?«

»Doch«, antwortete ihre Tochter. »Aber ich habe mir den Wecker gestellt. Ich wollte nicht, dass du heimkommst und niemand am Flughafen findest.«

Es war schmerzlich gewesen, aber doch die Sache wert, dass Angie es Gott überlassen hatte, ihr den Fehler in ihrem mütterlichen Verhalten aufzudecken.

Säkulare und christliche Berater erkennen in gleicher Weise den bedeutsamen Schaden, der beim Einzelnen sowie in der ganzen Gesellschaft angerichtet wird, wenn man die persönliche Verantwortlichkeit untergräbt. Wir leben in einer Zeit, die dadurch gekennzeichnet ist, dass man für alles und jedes einen Sündenbock sucht. In Wahrheit sind wir in den meisten zwischenmenschlichen Beziehungen gleichzeitig Opfer und Täter.

Angies Tochter war ein Opfer von Angies falschen mütterlichen Entscheidungen. Doch es traf gleichzeitig zu, dass sie selbst Täter sündiger Entschlüsse war. Eine ausgeglichene biblische Perspektive würde Angie dahin gebracht haben, als Mutter vor einem heiligen und liebenden Gott die Verantwortung für ihr Verhalten als Mutter zu übernehmen. Und für ihre Tochter gilt das Gleiche. Im Zusammenspiel der Aktivitäten von Mutter und Tochter wird jede die Verantwortung für das eigene Handeln haben und in gewisser Weise auch verantwortlich für das Leben des anderen sein. Doch jede wird für sich vor Gott stehen, und dann nicht Schuld und Sünde auf den andern schieben können.

Unsere eigene Wirklichkeit

Wenn wir in unser eigenes Herz schauen, sollten wir unsere Vorstellungen vom Heranwachsen, unsere Vergangenheit und unsern elterlichen Stil genauer unter die Lupe nehmen. Dazu sollten wir auch alle Elemente erforschen, die Beziehungen verbessern und dauerhaft machen. Doch zuerst müssen wir einen ehrlichen Blick auf unsere gegenwärtige Situation werfen.

Um Ihnen zu helfen, haben wir vierzig Fragen zusammengestellt, um die Beziehungen zwischen Eltern und Teenagern bei Ihnen ein wenig näher zu untersuchen. Ehrliche Antworten auf diese Fragen werden nicht leicht sein. Hunderte solcher Fragebogen haben wir erhalten, die von Eltern im ganzen Land ausgefüllt worden waren. Dabei kamen wir zu dem Ergebnis, dass Familien mit einem guten öffentlichen Ruf dazu neigten, bei den Antworten härter mit sich selbst zu verfahren, als es ihrer realen Situation entsprach, wobei sie natürlich »Punkte sammelten«. Dagegen neigten Familien, die mit Problemen schwer zu kämpfen hatten, dazu, den Ernst der Lage zu unterschätzen oder sich selbst zu widersprechen. Manche gaben z. B. an: »Ja, mein Sohn ist drogenabhängig«, aber gleichzeitig sagten sie aus: »Ja, mein Sohn ist ein verbindlich lebender Christ«.

Es schmerzt immer, Antworten zu geben, die die Realität einer schlechten oder angeschlagenen Beziehung zwischen Ihnen und Ihren Jugendlichen aufdecken. Doch es liegt auch eine große Hoffnung darin, diesen Prozess zu wagen. Um möglichst viel an Hilfe zu gewinnen, seien Sie bitte so ehrlich, wie es Ihnen möglich ist.

Die Punktzahlen am Schluss des Tests repräsentieren tatsächliche Angaben von Familien, die sowohl persönlich wie auch in der Öffentlichkeit den Ruf haben, zu einer der folgenden Gruppen zu gehören:

1. *Starke Familien mit gesunden Eltern-Teenager-Beziehungen*
2. *Familien, die ums Überleben ringen, an eine Verbesserung ihrer Beziehung interessiert sind und in der Zukunft vielleicht schwere Probleme vor sich haben.*
3. *Familien, die schwer zu kämpfen haben und deren* Eltern-Jugendliche-Beziehungen durch ernste Konflikte *gekennzeichnet sind.*

Der Test hat nur den Sinn, Sie mit objektiven Hinweisen bekannt zu machen. Ihr eigenes Endergebnis wird Ihnen helfen, Ihre persönliche Situation einzuschätzen. Der Test soll Sie oder andere Eltern weder bestärken noch entmutigen (obwohl beides vorkommen könnte), sondern er soll Ihnen einen Ansatzpunkt zur Verbesserung Ihrer Beziehung vermitteln. Denken Sie daran, diese Möglichkeit kann durchaus vor Ihnen liegen.

Eine Schlussbemerkung zum Mutmachen

Bevor Sie mit dem Test beginnen, möchten wir Sie an die großartige Freiheit und Hoffnung erinnern, von denen Aufrichtigkeit immer begleitet ist. Bibelkundige sagen uns, dass der Begriff »Geständnis«, »Beichte« so viel bedeutet wie: »Die Dinge beim richtigen Namen nennen«. Es ist entscheidend für uns, zu verstehen, dass die Abkehr von destruktiven und die Hinwendung zu lebensfördernden Verhaltensweisen mit einem mutigen und aufmerksamen Blick auf die Wirklichkeit beginnt.

Wir möchten Sie ermutigen, sich vor diesem Prozess nicht zu fürchten. Die Tür zur »Heilung« der Beziehungen wird mit dem Schlüssel »Ehrlichkeit« geöffnet. Denken Sie daran: Auf der anderen Seite der Tür wartet ein barmherziger Vater. Es wird keinen günstigeren Augenblick zum Anfang mehr geben. Gehen Sie mutig vorwärts und liefern Sie Ihr Herz dem Herrn aus. Benutzen Sie den Test für ein jedes Ihrer Kinder im Teenageralter und betreten Sie den Weg der Heilung der Beziehungen zu ihnen.

Test der familiären Wirklichkeit

Der Test umfasst zwei Abschnitte, jeder mit einer anderen Werteskala. Bitte beachten Sie den Unterschied, wenn Sie den zweiten Abschnitt beginnen. Wenn Sie mit beiden fertig sind, addieren Sie die Punkte und fassen Sie die Ergebnisse wie angegeben zusammen. Wenn aus irgendeinem Grund eine Frage nicht passend erscheint, schätzen Sie diesen Punkt selbst ein. Um die Sache für Sie noch deutlicher zu machen, versetzen Sie sich einmal in die Situation Ihrer eigenen Eltern und bedenken Sie, wie diese die Fragen dieses Tests im Hinblick auf Sie selbst beantwortet haben würden.

Abschnitt eins

Schreiben Sie Ihre Antworten in den Raum vor jeder Frage und zwar nach der hier angegebenen Bewertungsskala von eins bis fünf:

1 = Damit ist Ihr Teenager oder Ihre Beziehung zu ihm gekennzeichnet.
2 = Das gilt meistens.
3 = Manchmal stimmt es, aber genauso oft nicht.
4 = Gewöhnlich trifft das nicht auf unsern Teenager oder unsere Beziehung zu ihm zu.
5 = Das gilt selten, wenn überhaupt für unsern Teenager oder unsere Beziehung zu ihm.

1. ___ Die Kommunikation zwischen den Eltern und dem Jugendlichen kennt nur wenig Beschränkungen. Wir können über alles sprechen.
2. ___ Unser Teenager wartet auf besondere »Familien«Zeiten, wo wir ganz unter uns sind.
3. ___ Den Freunden unseres Teenagers macht es Spaß, mit uns zusammen zu sein.
4. ___ Unser Teenager legt Wert auf unseren Rat.
5. ___ Unser Teenager kann auch ein »Nein« hinnehmen, ohne zu explodieren.
6. ___ Die Meinung der Gleichaltrigen hat weniger Einfluss auf unsern Teenager als die der Eltern.
7. ___ Unser Teenager interessiert sich für das, was unser Leben bewegt.
8. ___ Wenn unser Teenager zu spät nach Hause kommt, wissen wir, dass er oder sie einen echten Grund dafür hat.
9. ___ Wenn wir selbst in Krisenzeiten hineingeraten, fragen auch wir unsern Teenager um Rat.
10. ___ Wenn wir Meinungsverschiedenheiten haben, bereinigen wir das auf schnellstem Wege, ohne erst einen Groll aufkommen zu lassen.

11. ___ Unser Teenager weiß, dass er oder sie mit einer Entschuldigung von uns rechnen kann, wenn wir ihn oder sie zu Unrecht beschuldigt haben.
12. ___ Wenn wir aus irgendeinem Grund zu spät dran sind, vom Tisch aufstehen und das schmutzige Geschirr stehen lassen, dann würde unser Teenager wahrscheinlich den Tisch abräumen, das Geschirr spülen und wegräumen.
13. ___ Unser Teenager hält uns für fair und flexibel.
14. ___ Unser Teenager akzeptiert Kritik, schätzt sie und ist bereit, darüber zu sprechen.
15. ___ Unser Teenager betrachtet uns als zu seinem innersten Freundeskreis gehörig.
16. ___ Unser Teenager räumt hinter den eigenen Aktivitäten auf.
17. ___ Wenn unser Teenager die Wahl gehabt hätte, hätte er uns selbst zu seinen Eltern gewählt.
18. ___ Unsere Freunde haben Freude an unserm Teenager.
19. ___ Unser Teenager hat seine eigene »Stille Zeit« mit dem Herrn. Wir müssen ihn oder sie nicht dazu drängen.
20. ___ Unser Teenager fühlt sich von uns geachtet.

Und nun addieren Sie alle Zahlen, die Sie in die leeren Stellen geschrieben haben und setzen die Summe hier ein:

Abschnitt eins: __________

Abschnitt zwei

Schreiben Sie Ihre Antworten auf die freien Felder vor jeder einzelnen Frage in diesem Abschnitt, indem Sie die folgende Werteskala von fünf bis eins benutzen.

5 = Stimmt immer oder ist sehr repräsentativ bei unserm Teenager, im Hinblick auf seine oder ihre Gefühle oder unsere Beziehung.

4 = Ist oft der Fall, gewöhnlich repräsentativ bei unserm Teenager, im Hinblick auf seine oder ihre Gefühle oder unsere Beziehung.

3 = Manchmal trifft es zu, aber genauso oft nicht.

2 = Das passiert, aber nicht sehr oft. Oder es ist wenigstens gewöhnlich nicht repräsentativ für unsern Teenager, seine oder ihre Gefühle oder unsere Beziehung.

1 = Das ist sehr selten, wenn überhaupt der Fall bei unserm Teenager oder in unserer Beziehung.

1. ___ Wenn wir unsern Teenager bitten, etwas zu tun, sieht es so aus, als ob wir jedesmal bei einem Machtkampf enden.
2. ___ Unser Teenager zieht es vor, mehr Zeit mit seinen oder ihren Freunden zu verbringen, statt in unserer Familie.
3. ___ Unser Teenager stimmt häufig dem zu, was wir sagen, aber dann tut er doch, was er will.
4. ___ Unser Teenager lässt sich leicht von seiner Peergruppe (Altersgenossen), von Trend-Stilen oder dem Verhalten anderer beeinflussen.
5. ___ Es hat keinen Sinn, unserm Teenager irgendwelche Grenzen zu setzen. Er ignoriert sie doch alle.
6. ___ Unser Teenager kann es nicht abwarten, erwachsen zu werden und unser Haus zu verlassen.
7. ___ Unser Teenager ist nicht unbedingt dazu ausersehen, für uns Babysitter zu spielen.
8. ___ Wir trauen unserm Teenager nicht zu, kluge, seinem Alter angemessene Entscheidungen für sich selbst zu treffen.
9. ___ Wenn wir in einen Streit geraten, spricht unser Teenager möglicherweise tagelang nicht mehr mit uns.
10. ___ Wenn es sich nicht um Sport oder das Wetter drehte, hätten wir wahrscheinlich mit unserm Teenager kein gemeinsames Thema mehr.
11. ___ Wir befürchten, dass unser Teenager mit Drogen expe-

rimentiert oder sie vielleicht schon länger genommen hat.

12. ___ Unser Teenager hat kaum Interesse an geistlichen Fragen.
13. ___ Der Geschmack unseres Teenagers im Hinblick auf Kleidung und Frisurstil ist unserm absolut entgegengesetzt.
14. ___ Wenn wir für ein Wochenende abwesend sind, können wir es unserm Teenager nicht zutrauen, allein zu Hause zu bleiben.
15. ___ Unser Teenager bringt Stress über die gesamte Familie.
16. ___ Wir fürchten, dass unser Teenager wegläuft, wenn wir zu viele Forderungen an ihn oder sie herantragen.
17. ___ Unser Teenager bedroht uns physisch.
18. ___ Wir befürchten, dass sich unser Teenager sexuell betätigt oder sogar der Promiskuität hingibt.
19. ___ Unser Teenager hat die Angewohnheit, alles stehn und liegen zu lassen, so dass immer jemand hinter ihm oder ihr her aufräumen muss.
20. ___ Unser Teenager hält uns für überkritisch ihm oder ihr gegenüber.

Abschnitt zwei, Punktzahl ______
Abschnitt eins, Punktzahl ______
zusammen ______

Vergleichen Sie Ihre Punktzahl mit den Zahlen, die unter dem nachstehenden Familienprofil zusammenfassend angegeben sind.

40-60 Punkte:	Sehr gesunde Eltern-Teenager-Beziehung.
61-80 Punkte:	Gesunde Eltern-Teenager-Beziehung mit kleineren Problemen.
81-115 Punkte:	O.k. bis schwache Eltern-Teenager-Beziehung. Es gibt einige Dinge im Verhalten, die Anlass zur Sorge geben. Wenn sie nicht korri-

giert werden, kann es zu Streit und Konflikten kommen.

116-140 Punkte: Schwache Eltern-Teenager-Beziehung, häufig durch Konflikte gekennzeichnet.

141-170 Punkte: Kaum noch erträgliche Eltern-Teenager-Beziehung.

171-190 Punkte: Es existiert keine Beziehung mehr zwischen Eltern und Teenager.

Name des Teenagers ____________________
Punktzahl ______

Name des Teenagers ____________________
Punktzahl

Name des Teenagers ____________________
Punktzahl ______

Kapitel 2

Was ist Rebellion?

Computer sind erstaunliche Instrumente. Während wir dieses Kapitel eintippen, gibt es eine direkte Beziehung zwischen den Tasten, die wir anschlagen, und den Zeichen, die auf unserm Bildschirm erscheinen. Man braucht nur eine andere Taste anzuschlagen und schon ist die Schriftart verändert. Schlägt man eine weitere Taste an, so verändert sich die Schriftart noch einmal.

Manche Eltern sehen in der Auflehnung Jugendlicher etwas Ähnliches. Rebellion passiert einfach. Sie ist unvermeidlich. Die Eltern mögen Ursache und Wirkung nicht recht verstehen. Doch sie glauben, irgendwie und irgendwann, wenn bestimmte »Tasten« im Leben eines Kindes angeschlagen werden – Hokuspokus, kommt Rebellion dabei heraus. Das ist die Perspektive, die wir als den schlimmsten aller elterlichen Irrtümer herausstellen möchten.

Bill und Teresa waren die Eltern von zwei Teenagern und einem Grundschüler. Natürlich kannten sie auch ein paar schlechte Tage. Als ihr ältester Sohn dann anfing, rebellisch zu werden, war ihnen klar, dass sie noch viel mehr als nur eine Reihe »schlechter Tage« vor sich hatten. Irgendetwas stimmte absolut nicht.

Als die Schwierigkeiten anhielten, löste die Frage von Freunden »Was machen Eure Kinder?« jedesmal eine Welle von Kummer aus. Bill gab überhaupt keine Antwort mehr, während Teresa von Fußball und schulischen Angelegenheiten sprach – von allem anderen als von den wöchentlichen Auseinandersetzungen, den allabendlichen Kämpfen um Ausgangsverbote und den Umgang mit straffällig gewordenen Freunden. Nur ein paar von Teresas engsten Freundinnen hörten die wahre Geschichte – das, was hinter den Kulissen vor sich ging. In einem Anflug von Hilfsbereitschaft sagten sie dann z. B.: »Macht euch keine Gedanken. Das hat alles nur mit den Hormonschwankungen zu tun, denen sie ausgesetzt sind« oder: »Er probiert doch nur, wie weit er in der Unabhängigkeit gehen kann. Es wird schon wieder o.k.«

Wie ist es so weit gekommen?

Bill und Teresa wollen sich nicht mit der Tatsache herausreden, dass Teenager sich heute in noch nie dagewesenem Maß gegen jegliche Autorität auflehnen. Am schmerzlichsten wirkt sich das gegen ihre Eltern aus. Und sie wollen auch nichts herunterspielen, indem sie es als bloße Meinungsverschiedenheit abtun. Sie wissen, dass ein großer Unterschied zwischen Meinungsverschiedenheit und Rebellion besteht.

Meinungsverschiedenheit bezieht sich auf unterschiedliche Ansichten. Rebellion kennzeichnet Taten und Haltungen, die dazu angelegt sind, die familiäre Herrschaft zu stürzen und sie durch Selbstbestimmung zu ersetzen – ein Konzept, das mit dem Familienfrieden nicht kompatibel ist (d. h. es ist nicht damit zu vereinbaren). Sich in länger anhaltendem Zustand der Auflehnung zu befinden, bedeutet, im Kriegszustand zu sein.

Trotzdem haben Bill und Teresa Fragen. Wie war es anfangs so weit gekommen, dass Ihr Sohn rebellierte? Lag es wirklich an den Hormonen, dem Wunsch nach Unabhängigkeit, einem natürlichen und zu erwartenden Wachstumsprozess? In welchem Maß hatten sie dem Sturm und Drang des Erwachsenwerdens Mut gemacht oder ihn gebremst? Ist die Auflehnung ein natürlicher Kontrollmechanismus des Erwachsenwerdens?

Wir können Bill und Teresa versichern, dass Rebellion nicht unbedingt eine unvermeidliche Begleiterscheinung des Erwachsenwerdens ist. Doch wenn es stimmt, was ist dann Rebellion? Eine sorgfältige Studie biblischer Texte hat uns zu folgender Definition geführt: Rebellion ist ganz eindeutig eine Sache des Herzens, eine Neigung und Konditionierung unseres Menschseins.

Die Schrift sagt: »Es ist keine Gottesfurcht bei ihnen« (Röm 3,18; freie Übersetzung des angegebenen englischen Textes: »Die Menschen sagen ›Nein‹ zu Gott, zu seinen Wegen und seinen Anweisungen«). »Torheit steckt dem Knaben im Herzen« (Spr 22,15). »Die Furcht des Herrn ist der Anfang der Erkenntnis. Die Toren verachten Weisheit und Zucht«; »Wenn du einen siehst, der sich weise dünkt, da ist für einen Toren mehr Hoffnung als für ihn« (Spr 1,7; 26,12). »Siehe, ich bin als Sünder geboren, und meine Mutter hat mich in Sünden empfangen.« (Ps 51,7)

Im Jahr 1904 stellte der Psychologe G. Stanley eine Theorie auf, nach der jugendliche Rebellion einen Bezug zum Beginn der Pubertät und der Hormonausschüttung im Jugendlichen haben soll. Das galt damals als sehr radikale Sicht der Dinge. Seit dieser Zeit hat unsere Gesellschaft nach weiteren möglichen Antworten außerhalb der biblischen Weisheit gesucht. Diese Bestrebungen haben zu dem allgemeinen Glauben geführt, dass die Auflehnung der Jugendlichen etwas Besonderes ist und irgendwie anders als die Rebellion Erwachsener oder kleiner Kinder. Sozialwissenschaftler haben Theorien aufgestellt, die Sache beschrieben, darüber debattiert und das Problem in vier verschiedene Theorien eingeordnet. Ein kurzer Blick auf diese Theorien mag Ihnen helfen, sich darüber klar zu werden, was Sie selbst für den Grund oder die Ursachen der Rebellion ihres Teenagers halten.

Hormone

Die »Auslöser«-Theorie

Kein Elternpaar, das seinen Sohn beobachtet hat, wie er mit dünnen Beinen und großen Füßen Basketball spielte, oder seine Tochter, die sich darüber Gedanken machte, ob sie jetzt einen BH tragen sollte, wird leugnen, dass biologische Veränderungen einen mächtigen Einfluss auf ihre Kinder ausüben. Die Befürworter der »Hormon«-Theorie im Hinblick auf Rebellion gehen allerdings noch einen Schritt weiter. Sie nehmen an, dass die Unbeholfenheit des physischen Reifeprozesses zusammen mit der hormonellen Umstellung die Bereitschaft eines Teenagers zur Rebellion ganz wesentlich ansteigen lässt.

Am Ende unseres Jahrhunderts wird immer mehr ein übermäßiger und unbewiesener Schuldanteil dem Einfluss von Hormonen zugeschrieben. Aber sind diese trotzigen Handlungen und aufrührerischen Stimmungsschwankungen, die wir beobachten können, wirklich durch Kräfte der Natur und den Beginn der Pubertät ausgelöst?

Tatsächlich beginnen die hormonellen Veränderungen im endokrinen System in den Kindern bereits im Alter von sieben Jahren und nicht erst mit zwölf, wie man allgemein glaubt. Diese neue Wachstumsperiode kennzeichnet das Ende einer hormonellen Unterdrückung, die kurz nach der Geburt einsetzt, und ebenso den Beginn vieler Jahre der Entfaltung der Drüsentätigkeit. Im Alter von sieben Jahren beginnt der Spiegel des gonadotropen Hormons (Keimdrüsenhormon) sowohl in Jungen wie in Mädchen zu steigen. Das Resultat sieht man deutlicher bei Mädchen als bei Jungen.

Haben Sie sich schon jemals darüber gewundert, warum Ihre neunjährige Tochter über Nacht die Stimmung wechselt, manchmal gefühlsmäßig direkt unvernünftig wird. Wenn sie beim Lernen ein Wort falsch buchstabiert, seufzt sie plötzlich: »Ich kann das einfach nicht!« Sie wird zunehmend schnippisch gegenüber ihren Geschwistern. Das alles zeugt von der Tätigkeit der Hormone, lange bevor die Teenagerjahre beginnen.

Dieses Verhalten findet sich aber auch schon zu der Zeit, die viele mit liebevollem Seufzen »das schreckliche zweite Jahr« nennen. Man geht davon aus, dass es schon beim Zweijährigen eine regelrechte Trotzphase gibt. Und zur gleichen Annahme kommt man hinsichtlich der Rebellion der Teenagerjahre.

Jim und Lois entschuldigten oft die Auflehnung ihrer Tochter im Teenageralter mit der einfachen, wiederholten Aussage: »Es sind mal wieder ihre Hormone.« Diese Entschuldigung erlaubte ihnen, die Verantwortlichkeit, ihrer Tochter eine angemessene

Begleitung zu geben, beiseite zu schieben. Deren Auflehnung ist ja nur ein Schrei danach. Ganz allmählich, nachdem wir mit ihr und ihren Eltern eine Weile gearbeitet hatten, konnten wir feststellen, dass ihr liebenswertes Verhalten zurückkehrte, das sie gezeigt hatte, bevor sie dreizehn wurde.

Die körperliche Realität

Ein Übermaß oder ein schwerer Mangel an einem oder mehreren der von den innersekretorischen Drüsen ausgeschütteten Hormonen kann auch Rückwirkungen auf die Persönlichkeit haben. Eine anlagemäßige Überfunktion der Schilddrüse kann z. B. ein Kind nervös, aufgeregt, schreckhaft, ruhelos und überaktiv machen. Eine Unterfunktion dieser Drüse lässt ein Kind lethargisch, unansprechbar, unzufrieden, sogar depressiv werden. Doch das sind Ausnahmen, nicht die Regel. Und wenn solche Unausgeglichenheiten auch manchmal ein schlechtes Verhalten erklären mögen, rechtfertigen können sie es deswegen noch lange nicht.

Hormone mögen die Persönlichkeit beeinflussen, aber nicht die Moral. Die theoretische Verbindung zwischen Hormonen und den Veränderungen im Verhalten der Teenager ist messbar, aber den Hormonspiegel und die Rebellion der Teenager in Verbindung zu bringen ist nachweislich unbegründet und biblisch gesehen unhaltbar. Hormonschübe veranlassen Kinder nicht zu lügen, zu stehlen, zu betrügen, respektlos zu sein oder die Beziehung zu ihren Eltern aufzugeben. Kurz gesagt: Hormone können den menschlichen Körper beeinflussen, aber nicht das menschliche Herz. Sie mögen vorhandene Schwachpunkte in Beziehungen verschärfen, sie schaffen diese Mängel aber nicht, wie moderne Theorien es annehmen. Schlimmstenfalls haben die Hormone eine indirekte Auswirkung auf Beziehungen.

Ihr vierzehnjähriger Sohn beginnt z. B. seiner Kleidung und äußeren Erscheinung in der Öffentlichkeit mehr Aufmerksamkeit zu widmen, weil es beim anderen Geschlecht besser ankommt. Unheil liegt in der Luft, wenn seine Altersgenossen im Hinblick auf Musik und Haartracht einen anderen Geschmack haben als Sie, oder wenn er mit seiner Gruppe ausgehen will und Sie möchten, dass er zu Hause bleibt und erst seine schulischen Aufgaben erledigt. Der Kampf beginnt, und Sie gehen vor und zurück. Bitte beachten Sie, dass das Problem in Wertvorstellungen begründet ist, nicht durch ein Anwachsen des Testosteronspiegels (männl. Geschlechtshormon).

Ein fünfzehnjähriges Mädchen staut Flüssigkeiten während ihrer Periode und fühlt sich aufgeschwemmt. Da sie nun mit ihrer äußeren Erscheinung unzufrieden wird, zwingt sie sich zu einer Hungerdiät. Ihre Eltern verbieten ihr diese Art der Ernährung und bestehen darauf, dass sie ausreichende und ausgewogene Mahlzeiten zu sich nimmt. Spannung baut sich auf, und tägliche Auseinandersetzungen folgen. Die Tochter erklärt: »Ihr versteht mich nicht! Ihr liebt mich nicht!«

In einem solchen Szenario und Hunderten von ähnlichen wechseln nur die Namen der Beteiligten. Und bitte, beachten Sie wieder: Es sind nicht die Hormone und die Pubertät, die den Stress auslösen, sondern es ist die Beziehung. Der verzerrte Blick der Tochter auf sich selbst und die ungesunde Art, wie sie damit umgeht, beschwört das Problem herauf.

Da ein Verhalten leicht zu sehen ist, die Haltung des Herzens aber nicht, halten Sie vielleicht an der »Hormon-Theorie« im Hinblick auf die Rebellion fest. Wenn es so ist, bedenken Sie doch bitte: Wären die Hormone schuld, wäre das Problem universal und in allen Gesellschaften und Kulturen feststellbar. Der »genetische Wecker« würde in allen Kindern klingeln und die Auflehnung in allen Jugendlichen heraufbeschwören. Das ist aber nicht der Fall. Es ist einfach nicht in jeder Kultur ganz allgemein so – einschließlich in unserer eigenen.

Wenn Hormone die Auflehnung auslösten, wie wäre dann die Existenz glücklicher Familien zu erklären, deren Teenager die Rebellion nicht kennen? Diese Kinder machen ja die gleichen hormonellen Veränderungen durch wie alle anderen und versuchen doch nicht, die Führung durch ihre Eltern abzustreifen.

Wenn Hormone die Rebellion verursachen, warum gibt es dann keine Medikamente, um Abhilfe zu schaffen?

Unabhängigkeit

Die Theorie: »Weg-von-den-Eltern«

Eine zweite Theorie über die Rebellion der Teenager behauptet, dass das Streben nach Unabhängigkeit die Ursache ist. Sie besagt, dass das Erwachsenwerden die Zeit ist, in der Kinder versuchen, sich von den elterlichen Banden der Liebe und Abhängigkeit zu lösen und eine eigene Identität als Erwachsene zu finden. In diesem Sinne »setzen sie ihre Flagge«, erklären sich als unabhängig und souverän. Als Zeichen ihrer Unabhängigkeit müssen sie eine andere Werteskala als die Eltern oder andere Autoritäten entwickeln. All das ist Teil ihrer Suche nach Unabhängigkeit, und über dem Sich-Losreißen werden die Beziehungen verletzt.

Diese Theorie bietet den verunsicherten Eltern einen falschen Trost an, indem sie sie von der Verantwortlichkeit für das Verhalten ihrer Teenager befreit. Es kann Eltern aber auch entmutigen, so dass viele aufgeben, bevor sie überhaupt begonnen haben, sich mit diesen Dingen auseinanderzusetzen. Diese Eltern denken dann, dass sie in den frühen Kindheitsjahren tun können, was sie wollen – der spätere Konflikt ist in jedem Fall unvermeidlich. Alles zusammen bewirkt dann eine allgemeine »Verlierer-Situation« in der Familie.

Die »Unabhängigkeitstheorie« ist ein moderner Begriff, der seine Wurzel in der Freud'schen Theorie von der Personalität hat. Nach Freud ist die Suche nach der Befreiung von der elterlichen Kontrolle, von der Sklaverei eines von den Eltern gesteuerten Gewissens, die Grundursache der Rebellion der Teenager. Daher ist für viele Eltern, selbst solche, die mit der Bibel leben, Rebellion nicht eine Frage »ob« sie kommt oder nicht, sondern nur eine Frage des »Wann«. Die Annahme einer Naturgegebenheit der

Rebellion ist letzten Endes selbst nicht natürlich. Sie ist einfach nur eine Theorie.

Ist das Erwachsenwerden wirklich nur ein fortgesetzter, unvermeidlicher Kampf voller endloser Konflikte, bis schließlich die Unabhängigkeit erreicht ist? An diesem Punkt erhebt sich die Frage: Kehrt der verlorene Sohn oder die Tochter wie durch ein Wunder nach Hause zurück und wendet sich Mutter und Vater wieder liebevoll zu? Welche Rolle spielt die Erziehung? Wir wollen uns das näher ansehen.

Die Realität des »Von-Kindheit-An«

Bei dieser Diskussion würden wir gerne einen anderen Begriff benutzen als »Unabhängigkeit«, weil der Ausdruck in der öffentlichen Diskussion einen herausfordernden Beigeschmack hat. Unabhängig zu sein heißt eigentlich grundsätzlich nur: nicht abhängig zu sein. Natürlich, der Mensch lebt nicht auf einer Insel und ist immer in der einen oder anderen Weise von anderen abhängig. In der christlichen Weltsicht gilt das sowohl in vertikaler als auch in horizontaler Richtung. Wir sind ein für alle Mal abhängig von Gott. »Ohne mich könnt ihr nichts tun«, sagte Jesus (Joh 15,5). Gleichzeitig gilt aber auch, dass ein gläubiger Mensch nicht all das sein und verwirklichen kann, was Gott für sein Leben geplant hat, ohne dass andere Glieder des Leibes Christi ihre ständigen und wesentlichen Beiträge dazu leisten (s. Röm 12; 1. Kor 12; und Eph 4). Also ist totale Unabhängigkeit weder eine praktische noch eine rechtmäßige Realität.

Teenager suchen – in einem guten Sinn und als Teil ihres Reifeprozesses – Unabhängigkeit. Das ist eine Tatsache unseres Lebens. Aber wovon wollen sie eigentlich unabhängig sein? Das ist eine ganz zentrale Frage, wenn man verstehen will, worum es bei dieser Diskussion geht. Als wir uns stabile Familien näher ansahen, stellten wir fest, dass die Suche nach Unabhängigkeit die Teenager zwar aus ihrer Kindheit und den kindlichen Strukturen heraustreibt, nicht aber aus der Beziehung zu ihren Eltern.

In gesunden Familien wandeln die Teenager ihre Beziehung zu den Eltern um, aber sie verlassen sie nicht. An früherer Stelle nannten wir die »unvermeidliche Rebellion« einen Irrtum. Ganz gewiss ist es so, dass die Sünde und ihre Auswirkungen alles, was wir sind und tun, durchdringen. Unsere Körper, unsere Beziehungen, unsere Gefühle und unser Verstand sind von der Sünde beeinflusst. Daher sind wir nicht so naiv, zu glauben, dass Familien alle Probleme vermeiden könnten.

Wir wollen nur sagen, dass die Rebellion der Teenager keine unvermeidliche Erfahrung ist. Die Sünde lässt auch die Ehen nicht unberührt. Statistisch gesehen, sind Scheidungen sehr üblich geworden. Trotzdem sehen Ehepaare eine Scheidung nicht als unvermeidlich an und sollten sie auch nicht so betrachten. Unser Gott ist größer als diese Dinge. In gleicher Weise müssen wir nicht erwarten, dass der Weg von der Kindheit zum Erwachsenenleben unbedingt in einer zerbrochenen Elternbeziehung endet.

Wir erwähnten schon, dass auch in stabilen Familien die Teenager versuchen, sich aus den Strukturen ihrer Kindheit zu lösen. Wie sieht es aber in belasteten familiären Atmosphären aus? Wovon suchen diese Teenager sich unabhängig zu machen? Natürlich suchen auch sie wie im vorliegenden Beispiel die Lösung von der Kindheit. Doch das ist für sie nicht die einzige Frage. Sie erstreben auch die Unabhängigkeit von unerfreulichen Beziehungen.

Wenn ein flügge gewordener Teenager sich zu strengen Einschränkungen gegenübersieht oder wenn lieblose Grenzen gesetzt werden, wenn Hausregeln nur für Kinder gelten, aber nicht für die Eltern, wenn elterliche Heuchelei die Kommunikation unaufrichtig werden lässt, wenn die Ehe der Eltern sich in einem ständigen Kriegszustand befindet – dann, ja dann besteht die große Wahrscheinlichkeit, dass ein Teenager versuchen wird, die Bindungen an die Familie zu lösen. Der Teenager tut das, um dem Kummer, der Heuchelei, der Vernachlässigung oder dem elterlichen Herrschaftsanspruch zu entfliehen, aber nicht, weil irgendein vorprogrammiertes genetisches Stichwort ihn auf den Weg zur Unabhängigkeit schickt.

Unter diesen Umständen sind die Eltern und die Begleiter der Kindheit der Brennpunkt auf der Suche des Heranwachsenden nach Lösung. Die unguten Aspekte ihrer Beziehung treiben die Teenager von ihren Eltern weg, wie sie es in jeder anderen Beziehung auch tun würden. Daher stellen sich die Teenager von sich aus gegen ihre Eltern, ihre Ideale, und ihre Wertvorstellungen. Sind diese Bedingungen reparabel? Ja. Das ist die gute Nachricht für uns Christen. Die gesamte Botschaft von Gottes Liebe ist eine Botschaft der Versöhnung. In einem späteren Kapitel werden wir noch über die Wege zur familiären Erneuerung sprechen.

Selbstwertgefühl

Die Theorie, die die Dinge von außen betrachtet

Eine dritte Theorie über die Rebellion der Teenager befasst sich mit der Rolle, die ein schwaches Selbstbewusstsein in dem Wirrwarr der Konflikte Jugendlicher spielt. Viele glauben, dass ein Mangel an Selbstwertgefühl die Wurzel dafür ist, dass Teenager sich in die Welt der Drogen begeben, schulisches Versagen erleben, sich an Gewalttätigkeiten von Banden beteiligen, sexuell aktiv werden und sich gegen ihre Eltern auflehnen.

Die Frage der Erhöhung des Selbstwertgefühls wird überall erörtert – wir lesen darüber in Büchern und Zeitschriften, hören davon in Rundfunk und Fernsehen, erleben einiges davon im Klassenzimmer und trommeln mit den Füßen zu dieser Musik. Zeitgenössische Soziologen, Psychologen und Erzieher verbinden in gleicher Weise ein gesundes Selbstwertgefühl mit Glück, Erfolg, physischer Leistungsfähigkeit und sogar mit dem IQ eines Kindes.

Zwei bestimmte Formulierungen kommen einem sofort in den Sinn, wenn man in modernen Worten definieren will, was mit Selbstwertgefühl gemeint ist: positives Selbstbewusstsein und hohe Selbsteinschätzung. Beide machen sehr schön deutlich, was Erzieher bei den Heranwachsenden mit ihrem Training des Selbstwertgefühls erreichen wollen. In unserer modernen Sprache wird Achtung als Synonym für »gute Meinung« benutzt. Selbstachtung – ein gutes Selbstwertgefühl besitzen – bedeutet »eine gute Meinung von sich selbst haben«.

Auch die Vorstellung, dass Kinder eine beständig gute Meinung von sich selbst haben müssen und dass dies zu einem besseren Leben verhilft, liegt der Gier nach Selbstwertgefühl zugrunde. Da die Erhöhung des Selbstwertgefühls immer mehr Bedeutung und Berechtigung unter der breiten Masse gewinnt, richten sich die Bemühungen der Eltern ständig darauf, diese vermuteten Bedürfnisse zu befriedigen. Den Eltern wird gesagt, dass sie alles ihnen Mögliche tun müssen, um dem Kind ein gutes Gefühl von sich selbst zu geben. Man geht davon aus, dass das Vorhandensein der richtigen Gefühle als Voraussetzung für richtiges Verhalten notwendig ist.

Stimmt das? Sind die richtigen persönlichen Gefühle eine notwendige Vorbedingung für ein richtiges persönliches Verhalten? Wir wollen die Frage so stellen: Glauben Sie, dass das Selbstwertgefühl eine gesunde Entwicklung in den Kindern hervorbringt, oder produziert eine gesunde Entwicklung der Kinder aus sich heraus ein befriedigendes Selbstwertgefühl. Was ist der Auslöser? Was ist Reaktion? Sollte die gängige Methode, mit der man ein gesundes Selbstwertgefühl erzeugen will, ein wesentlicher Teil des Problems sein?

Eine zweite Ansicht

Das Wort »Achtung«, »hohe Einschätzung«, wird dreiundzwanzigmal in der Bibel benutzt, und zwar in vier verschiedenen Zeitformen. Es ist interessant, festzustellen, dass es niemals gebraucht wird, um von Selbstliebe oder hoher Selbsteinschätzung zu reden. Dagegen wird es gebraucht, wenn es um das Ansehen anderer geht. Das ist es, was Paulus meinte, als er sagte: »Tut nichts aus Eigennutz oder um eitler Ehre willen, sondern in Demut achte einer den anderen höher als sich selbst« (Phil 2,3).

Ganz eindeutig gerät hier eine biblische anthropologische Sicht im Hinblick auf Achtung in Konflikt zu den üblichen gesellschaftlichen Maßstäben. Obwohl sie ein edles Ziel haben, glauben wir, dass die Vertreter der modernen Theorie vom Selbstwertgefühl die Gleichung auf den Kopf stellen, indem sie behaupten, dass das gute Selbstgefühl der guten Haltung vorausgehen muss. Aufgrund dieser Annahme sollen Eltern in ihren Kindern ein gesundes Selbstwertgefühl aufbauen, bevor sie irgendetwas von ihnen fordern. Wir sehen das anders – ja in Wirklichkeit genau anders herum. Gutes Handeln ist der Vorläufer guter Gefühle von sich selbst. Richtiges Verhalten führt zu richtigen Gefühlen, und die Anhäufung richtiger Gefühle führt zu einer gesunden und biblischen Selbsteinschätzung.

Da wird deutlich, warum wir sagen: Das Rechte tun und sich infolgedessen gut fühlen, hat seine Wurzeln in einer richtigen Beziehung zu Gott und seinem Wort und im Tun dessen, was von uns allen gefordert ist. Wenn ein Teenager – oder ein Kind in irgendeinem beliebigen Alter – in Übereinstimmung mit Gottes ethischen Bestimmungen lebt, wenn er seine Handlungen nach Gottes Regeln ausrichtet, dann wird das Gewissen dieses Teenagers bezeugen, dass sein Verhalten mit dem höchsten Gesetzgeber in Einklang ist: dem Herrn des Universums, Jesus Christus. Nur wenn wir mit Gott in Einklang stehen, sind wir auch im Einklang mit uns selbst.

Zwischen zwei Ansichten

Die jahrelange Arbeit mit Eltern hat uns überdurchschnittliche Gelegenheiten zur Beobachtung gegeben und hat es uns ermöglicht, Mütter und Väter »auf beiden Seiten des Zauns« zu treffen und sie zu beraten. Regelmäßig reden wir mit heilen und weniger heilen Familien – mit Eltern, die gut zurechtkommen, und solchen, die es nicht schaffen. Wenn es eine beobachtbare Tatsache gibt, die immer wieder ins Auge fällt, dann ist es die jeweilige Übereinstimmung mit den beiden Ansichten über

Selbstwertgefühl. Manchmal liegt das so klar auf der Hand, dass es direkt frappierend ist.

Eltern können viel mehr Teenager-Rebellion erwarten, wenn sie großen Wert auf ichbezogenes Selbstwertgefühl legen, das in den frühen Jahren anerzogen wird. Der Glaube daran ist der Schlüssel für das spätere Verhalten. Das heißt, Eltern, die mehr Wert auf die kindlichen Gefühle legen als auf das Verhalten des Kindes, erleben später einen viel größeren Prozentsatz von Konflikten zwischen Eltern und Teenagern. Die Härte des Konfliktes scheint direkt proportional zu dem Maß an früher Ich-Orientierung zu sein, die im Elternhaus betont wurde. Es ist Tatsache, dass diese Art von früher Einübung des Selbstwertgefühls allzu oft gestörte Kinder hervorbringt.

Im Gegensatz dazu lässt schon ein gelegentlicher Einblick in gesunde Eltern-Teenager-Beziehungen eine völlig andere Schlussfolgerung zu. Ein Training des Selbstwertgefühls in Familien mit den gesündesten Eltern-Teenager-Beziehungen gibt es in frühen Jahren nahezu nicht. Und das dürfte tatsächlich eine Quelle der Gemütsverfassung dieser Familien in späteren Jahren sein. Ironischerweise haben aber diese Kinder alle ein gesundes Selbstwertgefühl.

Eltern, die in ihren Kindern Beziehungsfähigkeit, Werte und Tugenden wecken und aufbauen, schaffen ihnen eine Basis, auf der ein positives Selbstbewusstsein wächst. Aus diesen Häusern kommen Kinder mit ethischen Zielen, die zu einem richtigen Verhalten führen, und das richtige Verhalten bringt ein gesundes Selbstbewusstsein.

Es stimmt einfach nicht, dass gute Gefühle zu einem richtigen Verhalten führen, wie die Vertreter der Theorie vom zuerst notwendigen Selbstwertgefühl behaupten. Das richtige Verhalten, das sich aus den richtigen Motiven herleitet, ist der Ursprung für gute Gefühle.

Hier ist noch eine nähere Erklärung nötig. Wir müssen die gesunden Aspekte des »Ich« von den falschen trennen. Wir möchten keinen Schatten des Zweifels auf die Bedeutung der nachfolgend angeführten Konzepte fallen lassen. Wir müssen auch eine biblische Perspektive in Bezug auf Selbstachtung, Selbstvertrauen, eigene Überzeugung, persönliches Ehrgefühl, persönliche Glaubwürdigkeit und persönliche Würde entwickeln. Die Verbindung dieser Begriffe mit dem Wort »Selbst« macht sie nicht überflüssig oder ungeistlich. Sie repräsentieren vielmehr persönliche Ideale, die für eine heile Eltern-Teenager-Beziehung unbedingt notwendig sind.

Verletzungen der Beziehung

Die Theorie »Sie werden's schon machen«

Zerbruch der familiären Harmonie während der Teenagerjahre kann von vielen Faktoren ausgelöst werden. Stil und Lebensweise der Eltern, eine schlechte Ehe, Drogen- oder Alkoholmissbrauch, elterliche Manipulation, eine anmaßende Mutter, ein dauernd abwesender Vater – all das wird die zukünftigen familiären Beziehungen emotional beeinflussen. Doch die schmerzlichste Beziehungsstörung kommt für Kinder mit einer Scheidung und, wie es dann öfter der Fall ist, mit darauffolgender Wiederverheiratung. So schwierig es für einen Erwachsenen sein kann, eine Scheidung durchzustehen – für Kinder ist sie doppelt so schlimm.

Heute sind viele Menschen der Ansicht, dass Scheidung und Wiederverheiratung einen negativen Einfluss auf die Kinder und auf die familiären Beziehungen haben. Trotzdem behaupten sie auch, dass Kinder emotional elastisch seien und sich vom Trauma der elterlichen Trennung wieder erholen.

Die Realität des Traumas

Die Scheidungsrate ist heutzutage so hoch, dass eine Familie, die von den ursprünglichen Partnern geführt wird, nicht mehr die statistische Norm darstellt. Einige Schätzungen (in den USA) gehen davon aus, dass diese Gruppe kaum mehr als vierzig Prozent der verheirateten Bevölkerung umfasst. Das heißt, dass eine große Zahl von Familien mit Teenagern sich den zusätzlichen Beziehungsschwierigkeiten wegen fehlender Elternteile und/oder gemischter Familien gegenübersehen. Wenn wir uns mit dem Problem befassen, welchen Einfluss das auf die Rebellion der Teenager hat, haben wir nicht die Absicht, die gegenwärtigen Lebensumstände von irgendjemand zu verurteilen. Diese Aussagen über die Auswirkungen von Scheidung sollen alleinlebenden Elternteilen und Eltern aus gemischten Familien verstehen helfen, aus welchen Quellen möglicherweise Spannungen kommen.

Aus der Sicht eines Teenagers verletzt eine Scheidung das ungeschriebene Abkommen hinsichtlich familiärer Beziehungen. Mit der Scheidung läuft ein Gefühl von Verrat parallel. Der Verrat wird durch eine Wiederheirat noch bestätigt. Wiederheirat zerschlägt die Hoffnung eines Kindes, die Familie eines Tages wieder vereinigt zu sehen. Viele Kinder fühlen sich danach emotional verlassen. In der großen Mehrheit der Fälle möchte kein Kind einen andern Mann als Vater ansehen oder eine andere Frau als Mutter haben, wenn die biologischen Eltern noch in Reichweite sind.

Die Art, wie ein Kind auf den Schmerz einer Scheidung reagiert, hängt von seinem Alter ab. Jüngere Kinder neigen dazu, sich vom Leben zurückzuziehen, während ältere oft mit Zorn, Enttäuschung und schließlich Ablehnung von Beziehungen reagieren. Wenn ein Kind eine starke Bindung an die biologischen Eltern hat, wächst die Möglichkeit der Schwierigkeiten in den Teenagerjahren mit Scheidung und Wiederverheiratung. Wenn die Beziehung zu den Stiefeltern nicht gut ist, steigt die Wahrscheinlichkeit eines Desasters noch mehr.

Auf der anderen Seite können gemischte Familien aber auch Rebellion und Ablehnung von Beziehungen vermeiden. Die Faktoren, die das ermöglichen, sind folgende:

- Eine starke Beziehung zu einem Stiefelternteil.
- Das Vertrauen, dass der biologische Elternteil geliebt wird.

– Eltern, die Heuchelei vermeiden und nach den gleichen Wertmaßstäben leben, die sie von ihren Teenagern fordern.

Obwohl sowohl gemischte Familien wie allein erziehende Elternteile zwangsläufig Nachteile haben, kann Gott in seiner Gnade das Beste aus jeder Situation machen.

Damit kommen wir zum Ende unseres kurzen Überblicks, auf welche Weise gesellschaftliche Ansichten unsere Meinung im Hinblick auf die Teenagerzeit beeinflusst haben. Jetzt geht es um den nächsten Schritt: Wie die Beziehung zu Ihren Teenagern wieder hergestellt und neu gestaltet werden kann.

Fragen

1. Warum sagt die Bibel, dass Rebellion eine Sache des Herzens ist?
2. Schreiben Sie einen Gedanken dieses Kapitels nieder, der Ihnen geholfen hat, die hormonellen Veränderungen Ihres Teenagers richtig einzuordnen.
3. Denken Sie an jeden einzelnen Ihrer Teens und notieren Sie, was Ihrer Meinung nach der Grund seines Strebens nach Unabhängigkeit ist:
   Kindheit
   Elterliche Vorherrschaft
   Schmerz
   Heuchelei
   Das Gefühl, vernachlässigt oder ungeliebt zu sein
4. Schreiben Sie einiges aus Ihrer Vergangenheit auf, das Ihnen ein gesundes Selbstwertgefühl vermittelt hat.
5. Stimmen Sie dem zu, dass gutes Verhalten zu guten Gefühlen führt?
   Warum oder warum nicht?

Kapitel 3

Der Mythos der Adoleszenz

Amy brauchte die Hilfe ihrer Mutter Ellen, um sich mit der Änderung ihres Stundenplans in der Oberschulklasse zu arrangieren. Am nächsten Morgen parkte Ellen ihr Auto und ging mit ihrer Tochter zum Büro, statt sie wie sonst einfach laufen zu lassen. Im Flur flüsterte Amy ihr zu: »Bitte, geh' nicht neben mir her, Mutti.«

Wie ein Stich traf Ellen die Zurückweisung, als die Tochter ihr nun fortlief. Der Schmerz weckte in ihr den Wunsch, irgendwie darauf zu reagieren. In Gedanken ließ sie noch einmal die Ereignisse des Morgens und des vorhergehenden Abends an sich vorüberziehen, um Gründe für das Verhalten ihrer Tochter zu entdecken. Sie beschleunigte ihren Schritt, um Amy zu stellen ... Gerade in dem Augenblick drehte diese sich um und sagte: »Es tut mir Leid, Mutti. Es ist nur, weil ich mir wie ein kleines Kind vorkomme, wenn du mit mir gehst.«

Es ist nicht leicht

Amy ist zwischen zwei Welten hin- und hergerissen. Die nächsten acht oder neun Jahre lang wird sie zwar kein Kind mehr sein, aber sie möchte auch keine Erwachsene sein. Sie ist Heranwachsende, im Stadium der Adoleszenz. Der Begriff stammt von einem lateinischen Verb mit der Bedeutung »reifen« oder »zur Reife heranwachsen«. Adoleszenz ist eine Periode des Wachsens, in der die charakteristischen Merkmale der Kindheit allmählich gegen die des Erwachsenseins ausgetauscht werden.

Es ist ein Unterschied zwischen den Begriffen Adoleszenz und Teenageralter. Das Wort »Teen« bezeichnet die zahlenmäßig erfassbare Altersspanne zwischen dreizehn und neunzehn, während Adoleszenz ein weiter gefasster Begriff ist. Adoleszenz beginnt mit dem Eintritt in die Pubertät und endet mit der physischen Reife.

Die Bibel benutzt Begriffe wie Adoleszenz oder Teenager nicht, sondern bezieht sich auf Kinder, die sich etwa in diesem Alter befinden, als auf Jugendliche oder junge Männer. Zum Beispiel waren Sadrach, Mesach und Abed-Nego alle junge Männer, als sie nach Babylon verschleppt wurden, um Nebukadnezar zu dienen (Daniel 1,3-4). Theologen setzen ihr Alter mit etwa zwölf bis fünfzehn Jahren fest. Von David glaubt man, dass er etwa im gleichen Alter war, als er gegen Goliath kämpfte – ein Jugendlicher (1. Sam 17,42).

Unabhängig davon, welcher Begriff für die jungen Leute in Amys Alter benutzt wird – Teenager, Heranwachsende, junger Mann oder Jugendliche – eins ist sicher: Sie stehen vor der Herausforderung des Erwachsenwerdens. Aber muss es unbedingt heißen, dass sie rebellisch werden?

Die Herausforderung der Adoleszenz

Im Gegensatz zum allgemein verbreiteten Glauben gibt es sowohl ausgeglichene Jugendliche als auch weniger ausgeglichene. Es gibt Teenager mit einem ihnen eigenen Sinn für Zielstrebigkeit und andere, die sich verzweifelt darum bemühen. Es gibt eine Menge junger Leute, die sich mit ihren Eltern sehr gut verstehen, und auch solche, deren Beziehung zu den Eltern schwer belastet ist.

Die Herausforderung des Adoleszenzzeit ist nichts Neues. Sokrates, Aristoteles, der Kirchenvater Augustin und sogar Shakespeare sprachen bereits davon. Schon 1828 definierte Noah Webster in seinem Amerikanischen Wörterbuch der englischen Sprache »adolescence« als das Wachstumsstadium in der Periode des Lebens, die zwischen der Kindheit und dem Mannesalter liegt. Doch irgendwann im Laufe der Jahre veränderte sich die öffentliche Meinung im Hinblick auf die Teenagerjahre. Sie wurden nicht mehr als Herausforderung gesehen. Und heute werden sie ausgesprochen negativ beurteilt.

Gegen Ende unseres Jahrhunderts begegnet unsere Gesellschaft der Adoleszenzperiode mit dem fest eingewurzelten Glauben, dass diese Zeit eine besonders schwierige ist. Wie wir in Kapitel 2 schon erwähnten, schrieb G. Stanley Hall bereits an der letzten Jahrhundertwende das Buch, das als entscheidendes Werk der Psychologie der Teenagerjahre angesehen wurde. In diesem Buch »Adolescence« sagte er zusammenfassend, dass diese Periode eine »Sturm und Drang«- Zeit sei, in der Teenager auf der Tonleiter emotionaler Äußerungen häufig rauf und runter spielen. Seine Theorie wurde zur Norm für die nächsten neunzig Jahre.

Im Jahr 1961 bestätigte S. Colman dieses Klischee noch. Sein Buch »The Adolescent Society« verbreitete die Theorie, dass der Druck der Peergruppe (der Gleichaltrigen) die Eltern stumm und hilflos mache, unfähig der Macht dieses Einflusses auf ihre Teenager zu begegnen. Colmans Teenagerklischee ist in den Vorstellungen der Gesellschaft so tief verwurzelt, dass man heute, fast vierzig Jahre später, gute Beziehungen von Eltern zu ihren Teenagern als absoluter Ausnahmefall einordnet. Sie werden oft als entwicklungsmäßig bedingte Zufälle oder als Familienbesonderheiten erklärt, die man aber keinesfalls nachmachen kann.

Der Psychologe Erick Erikson bezeichnet die Adoleszenz als eine Periode »normativer Krisen«. Anna Freud besteht darauf, dass irgendetwas nicht stimmen kann, wenn zwischen Eltern und Kindern eine gute Beziehung herrscht. Leider haben diese negativen Klischees auch Eingang in den Kirchen gefunden. Pastoren und Jugendleiter sagen den Eltern, die mit Schwierigkeiten kämpfen, oft: »Damit muss man rechnen.«

Die heutigen Eltern sind mehr denn je durch Klischees, Slogans und negative öffentliche Beispiele entmutigt. Es gibt zwar keine Verschwörung in der öffentlichen Meinungsbildung, um eine ganze Generation kommender Eltern an diesen Punkt zu bringen, aber genau das passiert. Es ist nicht nur so, dass junge Eltern durch diese Vorstellungen und negativen Slogans allen Elan verlieren, sondern die sich daraus ergebende, von Hoffnungslosigkeit geprägte Haltung, führt oft zu sich selbst erfüllenden Schlussfolgerungen. Vor Jahren hörten wir einen Pastor sagen: »Du bekommst, was du verdienst«. Wir haben oft festgestellt, dass diese Prämisse im Zusammenhang mit dem Verhalten von Eltern sich bewahrheitete. Wenn Eltern annehmen, dass ihr Kind böse ist, dann entdecken sie überall etwas Schlimmes. Vorgefasste Meinungen haben eine erstaunliche Macht. Als Eltern können wir es uns nicht erlauben, eine Haltung einzunehmen, in der wir erwarten, dass unsere Kinder schlimm sind und Unrecht tun.

Leider hat dieser Mythos vom »Teenager« bei den Eltern viel Verzweiflung und Apathie ausgelöst. Er hat auch positive elterliche Bemühungen ihrer Glaubwürdigkeit beraubt. Wie der völlig normal auf die Welt gekommene Angehörige des Mundugumorstammes seine künstlerische Begabung zwar sieht, aber nicht daran glaubt, so sind Eltern von vornherein skeptisch, wenn sie jemand gelegentlich sagen hören: »Ich habe eine ganz tolle Beziehung zu meinen Teenagern.« Wenn sie dagegen Eltern über ihre schrecklichen »Teenager« reden hören, denken sie automatisch: »Ja, natürlich, wem sagst du das?«

Trotz dieser weit verbreiteten Vorurteile kann man ein großartiges Verhältnis zu seinen heranwachsenden Kindern haben. Eltern sind immer in der Lage, die Dinge positiv zu ändern. Tatsache ist, dass Sie sich durch die Beschäftigung mit diesem Thema schon in einem solchen Prozess befinden.

Gott hat Sie als Eltern dazu bestimmt, in allererster Linie Bildner an Herz und Geist ihres Kindes zu sein. Das ist keine Aufgabe, die man widerwillig oder nur zögernd tun kann. Gott will alle Weisheit und allen Scharfblick zur Verfügung stellen, die Sie dabei brauchen. Natürlich gibt es auch schwierige Tage, die durchgestanden werden müssen, verwirrende Phasen, in denen man nur beten kann, Versagen, von dem man sich wieder aufrichten muss, Wege, die geglättet werden müssen und Berge, die zu erklettern sind. Aber am Ende des Tages haben Sie den mächtigsten Einfluss auf das Leben Ihres Kindes gehabt. Gott hat es so eingerichtet, und er will, dass Sie das Ziel erreichen.

Der Mythos der Adoleszenz

Manche haben den Mythos von der unvermeidlichen Rebellion genommen und in das Gesetz von Ursache und Wirkung eingebaut. Sie sagen, die Übergangsjahre zwischen Kindheit und Erwachsenendasein seien künstlich als besondere Periode geschaffen worden, ausgelöst durch die Industrialisierung. In einer nicht industrialisierten Gesellschaft würden die Kinder über Nacht zum Erwachsenen. Aus diesem Grund löse die anormale Verzögerung des Erwachsenwerdens die Rebellion aus. Dieser Gedanke umreißt das, was man im Allgemeinen als den »Mythos der Adoleszenz« bezeichnet.

Nur eine kleine Zahl von Therapeuten vertritt diesen Standpunkt, aber schwache Einflüsse dieser Denkweise sind auch zu den Eltern durchgesickert. Zwar gibt es nur wenige, die sich über den Ursprung dieses Mythos klar sind, aber das Prinzip von Ursache und Wirkung scheint einleuchtend. Ist es das wirklich?

Der Mythos vom Mythos setzt voraus, dass der heutige Reifeprozess – d. h. die ausgedehnte Phase der Adoleszenz, die unsere Kinder darauf vorbereiten muss, ins Arbeitsleben der Erwachsenen einzutreten – irgendwie schlecht sein muss, da er Rebellion auslöst. Doch diese Ansicht wirft einige verwirrende Fragen im Hinblick auf das Wesen der Reife auf. Wird Ihr Kind ein Erwachsener, wenn es zur Reife kommt, oder reift es, wenn es zum Erwachsenen wird? Was ist Reife überhaupt? Was ist Erwachsensein?

Von Buntstiften zum Auto

Als Harry seinem Sohn, der im Smoking vor ihm steht, auf die Schulter schlägt und ihm eine gute Zeit beim Studentenball wünscht, kann er nicht umhin, festzustellen, dass der Junge, den er einst auf dem Schoß gehalten hat, heute harte Muskeln hat und Auge-in-Auge vor ihm steht. Doch er kann es sich auch nicht verkneifen, zu sagen: »Fahr vorsichtig!« Harry weiß, dass die physische Reife seines Sohnes nicht gleichzeitig soziale und ethische Reife bedeutet. Und sie ist auch kein Zeichen der Reife gegenüber dem Gesetz.

Das Erwachsenwerden hat mehr als einen Aspekt. Bevor wir die Herausforderung der Adoleszenz ins Auge fassen können, müssen wir uns erst die vier verschiedenen Ebenen des Reifwerdens ansehen: die Reife vor dem Gesetz, die physische Reife, die sozial/intellektuelle und die ethische Reife. Wie Sie diese vier verschiedenen Ebenen des Reifens einschätzen, beeinflusst weitgehend Ihre Sicht der Adoleszenz im Allgemeinen.

Rechtliche Reife

Die rechtliche Reife wird durch Gesetz oder Sitte geregelt, nicht durch die praktische Erfahrung. Jede Volksgruppe auf der ganzen Welt folgt einigen allgemein akzeptierten Leitlinien, die die Durchgangsriten eines Kindes in die Welt der Erwachsenen markieren. Das ist ein typisches Beispiel einer mehr formalen Definition und bezeichnet die Aufnahme eines Kindes in die Gemeinschaft der Erwachsenen mit allen Rechten und Pflichten. Zum Beispiel erlauben die meisten Staaten in den USA einem Sechzehnjährigen gesetzlich, Auto zu fahren. Doch dieser gleiche Sechzehnjährige kann laut Gesetz nicht wählen, bevor er achtzehn ist. Und er kann, ohne das Gesetz zu verletzen, keine alkoholischen Getränke kaufen, bevor er einundzwanzig ist.

Natürlich – dass man eine gewisse Zeitspanne durchlebt hat, bedeutet noch nicht Reife auf allen Ebenen. Wie Harry im

Beispiel weiter vorne, wissen wir, dass das Erreichen der gesetzlichen »Mündigkeit« nicht notwendigerweise bedeutet, dass ein Teenager emotional, sozial, finanziell oder in geistlicher Hinsicht ein Erwachsener ist. Doch vor dem Gesetz gilt er jetzt als solcher.

Physische Reife

Alle Menschen – von jeder Sprache, jedem Volksstamm und jeder Nation – teilen die gleichen Schablonen physischen Wachstums und physischer Entwicklung. Aus diesem Grunde erreichen alle die physische Reife etwa um die gleiche Zeit.

Das physische Wachstum ist in der Kindheit und frühen Jugend sehr rapide und wird unmittelbar vor dem Eintritt in die Pubertät langsamer. Eine weitere Phase des schnellen Wachstums folgt der Pubertät und erstreckt sich bis in die Mitte der Adoleszenz. Es bleibt dann eine Zeit lang stabil und verlangsamt sich später wieder bis zum Erwachsensein.

Zwischen achtzehn und zwanzig endet das Wachstum des Skeletts. Dies lässt sich an zwei Merkmalen ablesen: Die höchste Stufe der Körpergröße ist erreicht und die Verknöcherung der Kreuzbeinknochen ist erfolgt. Die physische Reife ist demzufolge mit dem Erreichen der höchsten Körpergröße und dem Aufhören des Wachstums markiert.

Soziale/intellektuelle Reife

Die Definition des gesetzlichen Erwachsenenstatus ist eine rein objektive. Ein Kind erreicht das von der Gesellschaft vorgeschriebene Alter und wird als vor dem Gesetz mündig erklärt. Auch die physische Reife kann objektiv beobachtet werden. Im Gegensatz dazu hat die soziale/intellektuelle Reife kein solches Erkennungszeichen und wird weitgehend von der jeweiligen Gesellschaft beeinflusst.

Um diese Ebene des Reifwerdens zu erklären, wollen wir zunächst die Begriffe »soziale Reife« und »intellektuelle Reife«

definieren. Soziale Reife bezieht sich auf die Bereitschaft, aktiv an Sozialpolitik teilzunehmen und seinen Beitrag zum Wohl der Gesellschaft als Ganzes zu leisten. Intellektuelle Reife bezieht sich auf ein Mindestmaß an intellektuellen und ausbildungsmäßigen Voraussetzungen, um sich in der Gemeinschaft der Erwachsenen zurechtzufinden. Von diesen beiden Definitionen her kann man sagen, dass die Ebene der sozial/intellektuellen Reife – die erforderlich ist, bevor einer in die Gemeinschaft der Erwachsenen eintreten kann – von der Einfachheit oder Komplexität der jeweiligen Gesellschaft bestimmt wird.

Jede Gesellschaft bestimmt ihren eigenen sozial/intellektuellen Minimalstandard, der erreicht werden muss, bevor ein Mensch als Erwachsener akzeptiert wird. Dieses Grundgesetz bestimmt die Länge der Adoleszenz innerhalb jeder Gesellschaft. Als Eltern können wir wichtige Einsichten gewinnen, wenn wir einen Blick auf dieses Grundgesetz in vier verschiedenen kulturellen Strukturen werfen: bei primitiven Stämmen, in der vorindustriellen Gesellschaft und der Zeit der Industrialisierung dort, in der postmodernen Gesellschaft und im Judentum des ersten Jahrhunderts.

Primitive/Stammes-Gesellschaften

Margaret Meade, eine bekannte Anthropologin, die sich mit primitiven Stämmen beschäftigt hat, zeigt, dass in primitiven Stammesgemeinschaften Kinder unmittelbar von der Kindheit ins Erwachsenendasein übergehen, ohne eine Phase der Adoleszenz zu durchlaufen. Das geschieht, weil die Vorbereitung für das Leben als Erwachsener in solchen Lebensumständen wenig von den sozialen, intellektuellen oder ethischen Herausforderungen einschließt, die für die entwickelteren Gesellschaften Allgemeingültigkeit besitzen. Wir haben persönlich die sozialen/intellektuellen Phänomene in primitiven Lebensumständen kennen gelernt. Viele der Fähigkeiten, die man dort benötigt, um an der Gemeinschaft der Erwachsenen teilzunehmen – z. B.

Fischen, Jagen und Ackerbau betreiben – eignen sich die Kinder schon an vor dem Eintritt in die Pubertät.

Die Einfachheit des Primitiven versetzt die Kinder nicht früher ins Stadium der Erwachsenen, sondern der Status der Erwachsenen ist dem Kindheitsalter noch näher. Dieser letzte Punkt lässt sich auch beweisen, wenn man die Adoleszenzphase in der vorindustriellen Welt näher unter die Lupe nimmt.

Die Gesellschaft vor dem Beginn der Industrialisierung und in der Mitte dieser Phase

Die sozialen und intellektuellen Fähigkeiten, die erforderlich waren, um vor hundert Jahren in die Gemeinschaft der Erwachsenen aufgenommen zu werden, stellten bei weitem nicht eine solche Herausforderung dar, wie sie heute an die jungen Leute herantritt. Um die Wende von dem neunzehnten zum zwanzigsten Jahrhundert war es gar nicht ungewöhnlich für Mädchen und Jungen, mit vierzehn oder fünfzehn Jahren zu heiraten und einen Hausstand zu gründen.

Ein einfacheres Leben bedeutet auch einen einfacheren Übergang ins Erwachsenenleben und eine kürzere Periode der Adoleszenz. Das heißt nicht, dass die Kinder damals schneller reif wurden. Lediglich wurde im Hinblick auf soziale und intellektuelle Reife weniger von ihnen gefordert.

Die postmoderne Gesellschaft

Die Wendung »postmoderne Gesellschaft« ist eine relativ neue soziale Klassifizierung, die ein anderes Niveau von sozial/intellektuellem Fortschritt markiert. Wir leben heute im Zeitalter der Information. Dieser Begriff umschreibt den Umfang an heutigem Wissen, das dem Durchschnittsbürger zur Verfügung steht. Sowohl der Umfang wie auch die Komplexität der neuen Informationen beeinflussen in hohem Maße heute die Dauer der Adoleszenzphase.

Wir leben in der Zeit von Computern und Mikrochips. Wir sprechen von Cyberspace, von Virtual Reality (virtuelle Realität), von Glasfibertechnik, Internet, Multitasking (parallele Arbeitsgänge) und Gigabytes. Das Erwachsenenleben sowohl in den USA als auch in unsern europäischen und asiatischen industriellen Partnerländern erfordert eine Vielfalt an hochentwickelten Fähigkeiten und Fertigkeiten, die sich vor fünfzig Jahren noch niemand vorstellen konnte. Die Vielschichtigkeit des Erwachsenendaseins beschwört eine Art von Moratorium (gesetzlicher oder vertraglicher Aufschub) für einen frühen Eintritt ins Erwachsenenleben herauf. Aus diesem Grunde ist eine Periode des jugendlichen Reifens in unsern Tagen absolut notwendig. Es gibt einfach allzu viel zu lernen.

Die Gesellschaft hat nicht genug Zutrauen zu einem Fünfzehnjährigen, als dass sie ihm erlauben würde, einen Bus zu fahren, eine Maschine der kommerziellen Luftfahrt zu fliegen, die harten, an einen Unfallarzt gestellten Anforderungen durchzustehen, im Wertpapierhandel mit anderen in Konkurrenz zu treten, Brücken zu entwerfen oder hundert andere Jobs auszuführen, die hohe Anforderungen an Intelligenz und Fähigkeiten stellen.

Die Kompliziertheit des modernen Erwachsenenlebens erlaubt es Teenagern nicht, sich mit den Erwachsenen auf eine Stufe zu stellen. Jugendlichen mangelt eine Art von Weisheit und Urteilsfähigkeit, die man nur mit der Zeit durch Alter und Erfahrung gewinnt. Die Phase der Adoleszenz im postmodernen Zeitalter ist notwendig, um unsere Teenager besser darauf vorzubereiten, als Erwachsene in unserer Gesellschaft und Welt ihren Platz erfolgreich einzunehmen.

Der Judaismus im ersten Jahrhundert

Die Phase der Jugend im historischen Judaismus verband die Kindheit mit dem Leben als Erwachsene. In biblischen Zeiten war Reife nicht gleichbedeutend mit Erwachsensein. Es ist wichtig, dass man diese Unterscheidung festhält.

Ein Minderjähriger erreichte die »Reife« mit dreizehn Jahren, doch das Erwachsensein kam erst später, gewöhnlich mit etwa achtzehn oder zwanzig Jahren. Reife in der hebräischen Kultur bedeutete eine Mischung von gewissen gesetzmäßig verankerten Rechten und ethischen Verpflichtungen. Es war die Zeit, in der ein Kind die Welt der Erwachsenen betrat als Teilnehmer an religiösen und gesellschaftlichen Zeremonien.

Die jüdische »Bar Mizwa«-Zeremonie (»Bar« = aramäisch Sohn, »Mizwa« = hebr. Gebot, d.h. der Zeitpunkt, an dem ein Dreizehnjähriger ein Sohn des mosaischen Gesetzes wird) erfüllte diese Regel für die Jungen. Sie bezeichnete den Beginn des unabhängigen gesetzlichen Status eines Jugendlichen und das Alter für die Übernahme ethischer Verantwortlichkeit. Von diesem Zeitpunkt an stand der Jugendliche ethisch mit seinen Eltern auf einer Stufe. Er konnte auf dem Markt kaufen und verkaufen, also Geschäfte abschließen, bei Gericht als Zeuge auftreten, sogar heiraten. Aber er war noch nicht »erwachsen genug«, um ererbtes Land zu verkaufen (das Mindestalter dafür war achtzehn). Und er konnte auch nicht Richter sein, bevor er einundzwanzig war.

In der Bibel definiert Gott das Erwachsensein in 4. Mose 14,29. Diese alttestamentliche Stelle ist die einzige Erzählung, die sich auf das Alter bezieht, in dem ein Mensch die Verantwortlichkeit eines Erwachsenen hat. Vielleicht erinnern Sie sich, dass Gott erklärte, dass alle, die zwanzig Jahre und darüber waren (außer Kaleb und Josua) wegen ihres Unglaubens in der Wüste sterben sollten. Die Strafe wurde der erwachsenen Bevölkerung angekündigt.

Eine Untersuchung der sozial/intellektuellen Reife in vier verschiedenen Kulturen macht eins klar: Der Rahmen für die Adoleszenzphase wird von den Anforderungen an das Erwachsenendasein der Kultur abgesteckt, in der der Einzelne jeweils lebt. Je einfacher eine Gesellschaft ist, desto früher wird ein Kind in die Erwachsenenwelt eingegliedert. Je komplexer eine Gesellschaft aber ist, desto länger dauert der Übergang der Adoleszenzphase. Und das gilt für unsere Gesellschaft. Und darum glauben wir, dass die Periode der Adoleszenz kein Mythos ist, sondern eine notwendige Realität.

Ethische Reife

Es ist nur natürlich, wenn jemand denkt, dass die ethische Reife den gleichen Wachstumsregeln unterliegt wie die physische oder sozial/intellektuelle Reife. Da ein Kind die Reife in jeder dieser Kategorien unmittelbar vor dem Eintritt ins Erwachsenendasein zu erlangen pflegt, glauben viele, dass die persönliche ethisch-moralische Haltung damit gekoppelt ist. Das stimmt aber nicht. Ein solches Denken verzögert vielmehr die ethische Reife, da es den Eltern das Empfinden für die Dringlichkeit dieser Frage abnimmt. Die Kindheit ist die Phase, in der ethische Anleitung gegeben und ethisch bestimmtes Verhalten eingeübt werden muss. Aber bitte denken Sie daran, dass in der Adoleszenzphase die Grundsätze richtigen Lebens, Denkens und Handelns realisiert werden sollten. Im biblischen Kontext sollte die ethische Reife (Denken und Handeln in Harmonie mit Gottes ethischen Geboten) im Alter zwischen dreizehn und fünfzehn sichtbar werden.

Wenn Kinder das Teenalter erreichen, sollten sie bereits begonnen haben, sich einen Sittenkodex anzueignen, den sie zunehmend häufig in die Tat umsetzen. Das Festhalten an einer solchen Leitlinie hängt von drei Faktoren ab: Ethisches Wissen (was sagt Gottes Gebot?), ethische Begründung (was bedeutet dieses Gesetz?) und elterliches Beispiel (welchen Wert besitzt dieses Gesetz im Leben derer, die darauf bestehen?) Ethische Reife bedeutet nicht nur, dass Ihr Teenager Recht und Unrecht unterscheiden kann, sondern auch weiß, warum Recht Recht und Unrecht Unrecht ist.

Wenn diese drei Schritte in Ihrem Haus positiv vollzogen werden können, werden Sie großartige familiäre Erfahrungen machen. Warum? Weil der größte Einfluss auf Beziehungen von den Wertmaßstäben des Herzens ausgeht. Gemeinsame Wertvorstellungen einigen, widerstreitende wirken zerstörerisch auf vertraute, gesunde Beziehungen. Das gilt vor allem in den Teenjahren.

Der Gewinn bei der Einübung ethischer Maßstäbe

1. Ein solches Training während der Vor- und Grundschulzeit ist die Basis für Selbstbewusstsein und positive Beziehungen in der Teenagerphase.
2. Ethische Gesundheit ist die Grundlage, auf der emotionale, intellektuelle und kreative Prozesse zum Blühen kommen können.
3. Das Kind, das sich ethisch bestimmte Weisheit aneignet, hat die beste Chance, ein glücklicher, ausgeglichener und erfolgreicher Erwachsener zu sein. (Sprüche 3, 13-18)
4. Ethische Gesundheit ist die Abwehrwaffe, die die Kinder vor Drogen, Alkohol, ungesunden Gewohnheiten und Kriminalität schützt.
5. Ethische Gesundheit bringt eine hohe Motivation und den Anreiz zur Leistung mit sich – in der Schule, bei der Arbeit und beim Spiel.
6. Kinder mit hohen ethischen Standards besitzen tiefere Beziehungen und aufrichtigere Freunde.
7. Kinder, die an ethische Maßstäbe gewöhnt sind, sind weniger leicht zu verführen durch Druck der Altersgenossen. Sie sind auch offener für konstruktive Kritik und im Allgemeinen besser informiert.
8. Ethisch gesunde Kinder haben engere Beziehungen zu ihren Geschwistern, zu Eltern und Großeltern.
9. Ethisch reife Teenager genießen großes Ansehen außerhalb der Familie – von Lehrern, Trainern und Unternehmern.
10. Ethische Gesundheit ist die Basis für eine gesunde Familie.

Sie wünschen sich, dass Ihr Teenager ethisch auf der gleichen Stufe steht wie Sie, lange bevor er die physische, soziale oder intellektuelle Reife erreicht hat. Die Entscheidung, ehrlich zu sein, ist die gleiche, ob Ihr Teenager sie bei einer Mathematikarbeit trifft oder ein Erwachsener, wenn er eine Kostenrechnung aufstellt. Die Tatsache, dass Erwachsene und Teenager ethisch auf einer Stufe stehen, bildet die Basis dafür, dass Sie das Herz Ihres Teenagers erreichen. Damit werden wir uns im Teil 2 noch weiter beschäftigen.

Doch bevor wir das tun, wollen wir die am meisten auf der Hand liegenden Fragen aufgreifen. Was ist mit dem Teenager, der ethisch-moralisch versagt? Was ist, wenn ein Teenager gar nicht den Wunsch hat, die familiären Standards und Wertvorstellungen zu teilen? Was ist, wenn die Eltern zu Veränderungen bereit sind, der Teenager aber nicht? Was ist, wenn der Teenager bereit ist, sich zu ändern, die Eltern aber nicht? Gibt es auch für solche Familien noch Hoffnung? Ja, unbedingt. Ein auf Wertvorstellungen basierendes Angehen des elterlichen Verhaltens und des Familienlebens hat mehr Macht als die gegenwärtigen Umstände. Es wird Mühe kosten, und es wird in einigen Fällen ein Heilwerden der Beziehungen voraussetzen. Aber das Ergebnis kann großartig sein.

Fragen

1. Nachdem Sie dieses Kapitel gelesen haben, wie würden Sie den Begriff »Adoleszenz« einem Freund oder einer Freundin definieren?
2. Was hat bis heute Ihre Haltung gegenüber der Teenagerzeit Ihres Kindes bestimmt? Haben Sie die Rebellion gefürchtet oder erwartet?
3. Wenn Sie über die Reife Ihrer Kinder nachgedacht haben, gab es einen Aspekt, den Sie bisher nicht in Betracht gezogen haben (gesetzliche, physische, sozial/intellektuelle oder ethische Reife?) Wenn ja, warum war das so?
4. Als Sie zum erstenmal 4. Mose 14,29 lasen (entweder in der Vergangenheit oder im Kontext dieses Buches), wie haben Sie

reagiert auf das Handeln Gottes, bei dem er alle unter Zwanzigjährigen verschonte?

5. Haben Sie Schwierigkeiten damit, dass Sie in ethischer Hinsicht mit Ihrem Teenager auf der gleichen Stufe stehen? Warum ja, oder warum nicht?

Kapitel 4

Die Macht der Beziehung

Wenn wir von einer Stadt zur anderen reisen und Konferenzen über Elternberatung durchführen, kommt es uns manchmal vor, als ob sich auf unserem Weg nur die Namen und Gesichter der verletzten und belasteten Eltern änderten. Sie sind verwirrt, fühlen sich verraten und erzählen eine immer gleiche Geschichte: »Wir können es einfach nicht verstehen! Bobby ist von Kindheit an mit dem christlichen Glauben in Verbindung gewesen. Wir schickten ihn in eine christliche Schule. Er nahm an allen Jugendveranstaltungen teil. Doch jetzt, wo er ein Teenager ist, lehnt er alle unsere Wertvorstellungen ab. Warum?

Was veranlasst einen Teenager, alle Wertmaßstäbe und Normen, die er von der allerersten Kindheit an gelehrt wurde, zurückzuweisen? Es gibt viele Antworten auf diese Frage. Doch an erster Stelle dieser Liste steht etwas, was die Bibel *Verderbtheit* nennt. Der Mensch weiß, was Recht oder Unrecht ist, aber immer noch entscheidet er sich dafür, seinen eigenen Weg zu gehen. Der Apostel Paulus beobachtete viele Menschen, die vom Glauben abtrünnig wurden, und nennt einige Gründe: Furcht (2. Tim 1,7); Einsamkeit (2. Tim 4,16); Gier (1. Tim 6,9.10); Unmoral (1. Tim 5,11.12); Gesetzlichkeit (1. Tim 4,3.4). Die gleichen Gründe mögen vorliegen, wenn Teenager sich von ihren Eltern und deren Wertmaßstäben abwenden.

Es gibt auch noch andere Faktoren, die Teenager veranlassen könnten, die Sicherheit der elterlichen Liebe und Fürsorge aufzugeben. Wir leben in einer Gesellschaft, die grundsätzlich der Familie gegenüber feindlich eingestellt ist. Besorgte Eltern, die ihre Kinder gut erziehen wollen, befinden sich praktisch im Kriegszustand mit der Gesellschaft und den in der Öffentlichkeit geltenden Standards. Das war nicht immer der Fall. Vor fünfzig Jahren schuf eine jüdisch-christliche Ethik weithin noch eine soziale Harmonie und Einigkeit, die uns heute verloren gegangen ist. Zu der Zeit konnten selbst schlechte Eltern gute Kinder erziehen, weil die Gesellschaft sichere Netze ausspannte, um einen aus der Bahn Geratenen wieder aufzufangen, falls die Eltern versagt hatten. Wenn ein Teenager in den fünfziger Jahren Eltern hatte, die ihn vernachlässigten, gab es Nachbarn, Lehrer, Trainer oder Leiter von Jugendgruppen, die sich um den Jugendlichen kümmerten. Und die Gesellschaft als Ganzes gab die ethische Wegweisung, die dem Teenager fehlte. Das war so, weil die Gesellschaften von einheitlichen Werten und Normen ausgingen. Alle Wertvorstellungen hatten allgemeine Bedeutung. Nichts war relativ.

Heute leben wir in einer Gesellschaft, in der man glaubt, dass ethische Grundsätze relativ sind. Aus diesem Grunde gibt es praktisch keine Gesellschaften mehr, die allgemein anerkannte ethisch-moralische Standards gemeinsam haben. Aus diesem Grunde können viele heute gute Eltern sein und sehr eigensinnige Kinder haben. Ohne eine Sie umgebende, ethisch ausgerichtete Gesellschaft, die Ihre Wertvorstellungen teilt, müssen Sie als Eltern allein gegen negative Einflüsse des Fernsehens, gegen Pornographie, Drogen, vorehelichen Sex, brutale öffentliche Werbung, Erziehung ohne Wertvorstellungen und ethische Normen, ihre Standards abwertende Schulen und negativen Druck der Peergruppen ankämpfen. Eltern könnten wirklich depressiv werden, wenn sie die ethischen Unterschiede zwischen ihren Häusern und der Öffentlichkeit betrachten.

Jedoch gibt es auch auf Seiten der Eltern einen Faktor, der im Hinblick auf die Rebellion der Teenager nicht übersehen werden darf. Die Periode der Adoleszenz ist der Kulminationspunkt all dessen, was vorher im Leben eines Kindes geschehen ist. Alle Interaktion zwischen Eltern und Kind in den einen jungen Menschen formenden Jahren – ob richtig oder falsch, das Ergebnis von Absicht oder Vernachlässigung – bestimmt in hohem Maße die sozialen Merkmale und die Beziehungsfähigkeit eines Kindes, bevor es in die Teenagerphase eintritt. Das kann für Eltern ein erschreckender Gedanke sein. Zu erkennen, dass die Fäden des Verhaltens als Teenager verknüpft sind mit angemessener oder falscher Einübung in der frühen Kindheit (und in vielen Fällen, wo es keine Korrektur oder Ermutigung gibt, zieht sich das bis ins Erwachsenenleben hinein), ist zumindest ein sehr ernüchternder Gedanke.

Nachdem wir diese Dinge zum Ausdruck gebracht haben, wollen wir nach vorn schauen. Soweit es uns betrifft, ist es nicht nötig, das wieder ans Licht zu bringen, was in der Vergangenheit falsch gelaufen ist. Wir haben alle ähnliche Fehler gemacht. Das war gestern – und heute ist ein neuer Tag. Wir brauchen alle einen neuen Anfang. Gott sei Dank, er ist ein Gott der neuen Anfänge. Den Problemen, denen Sie sich gegenübersehen, mag Sünde zugrunde liegen – auf Ihrer Seite, auf der Seite Ihres Teenagers oder der Gesellschaft, oder auch von allen dreien. Unabhängig von der Quelle der Einflüsse, die zur Rebellion führten, der Ausgangspunkt für Erneuerung und Heilung wird immer der Gleiche sein – Ihre Beziehung zu Ihrem Teenager.

Rebell aus gutem Grund

Als Mike und Patty mit ihrer Tochter Megan zur Beratung kamen, dachten sie, es ginge um Schulprobleme, die Wahl von Freunden und nicht eingehaltene familiäre Regeln. Nach ein paar vorbereitenden Sitzungen, bei denen Beschwerden zur Sprache kamen, begann der Berater mit »Warum«-Fragen. Jedesmal zuckte Megan die Achseln und antwortete: »Ich weiß nicht«.

Mike und Patty mischten sich ein und brachten mögliche Gründe für Megans Verhalten vor. »Sie ist so schnell gewachsen und sah schon immer älter aus als ihre Klassenkameradinnen.« »Sie ist gar nicht wie unsere andere Tochter, Megan hatte immer einen Zug zur Unabhängigkeit.«

Mitten in diesen spekulativen Äußerungen ihrer Eltern explodierte Megan: »Was habt ihr erwartet? Chrissy ist immer euer Liebling gewesen. Ich war immer nur das ›große Mädchen‹, dem man für alles Mögliche die Schuld geben konnte...«.

Diese Offenbarung ihrer Tochter machte Mike und Patty sprachlos. Sie liebten beide Mädchen. Für den Rest des Tages ließen sie in Gedanken die Vergangenheit Revue passieren. Und als sie sich ihr eigenes Verhalten in Erinnerung riefen, trat die Wahrheit zutage. Irgendwie hatten sie in ihrer Freude an der weichherzigen, goldhaarigen zweiten Tochter ihre ältere vernachlässigt.

Leider begegnet man diesem Szenarium nur allzu oft. Jedesmal, wenn Eltern mit einer solchen Geschichte zu uns kommen, fragen wir: »Wer steht bei euch an erster Stelle?« War Megans beständiger Trotz die Ursache ihrer schlechten Beziehung zu ihren Eltern? Oder brachte eine unbeabsichtigt belastete Beziehung zu den Eltern Megan bis zu dem Punkt der Verweigerung und der Auflehnung?

Obwohl Rebellion grundsätzlich zur menschlichen Natur gehört und die Wurzel vieler menschlicher Konflikte ist, haben wir festgestellt, dass die Rebellion auf Seiten der Teenager nicht notwendig auch die Grundursache aller Krisen in der Beziehung zwischen Eltern und Teenagern darstellt. Oft sind es gar nicht die Regeln, gegen die sich die Teenager wehren, sondern es sind die Menschen, die diese Regeln festsetzen. Die Arbeit mit Teenagern, die sich im Konflikt mit ihren Eltern befinden, hat uns folgende Wahrheit gelehrt: Wenn ein Teenager durch andauernde Rebellion auffällt, dann hängt die Grundursache gewöhnlich ebenso sehr mit der Beziehung zusammen wie mit ethischen Prinzipien.

Au! Es ist uns bewusst, dass diese Aussage verletzen kann. Und wir wissen, dass es möglicherweise viele Katalysatoren gibt, die die Ablehnung einer Beziehung auslösen können. Ein physisch oder emotional abwesender Vater, eine anmaßende Mutter, Drogen, Alkohol, physischer oder emotionaler Missbrauch, zu wenig oder zu viel Regeln, zu viel oder zu wenig an Kontrolle, Scheidung, Wiederheirat – alle diese Faktoren können Stress produzieren. Was auch immer die Ursache ist, der

Gegenstand der Ablehnung ist immer der Gleiche: die Beziehung zu den Eltern. Warum? Weil man an dieser Stelle den Schmerz fühlt. Das Streben nach Unabhängigkeit, die verwirrte Suche nach Identität, der erschreckende Einfluss der Gleichaltrigen, Zorn und Machtkämpfe, Brüllen und Schreien und Drohungen – all das sind Symptome, aber nicht die Ursache. Für Teens, die durch ihre Rebellion auffällig werden, sind dies Folgeerscheinungen, nicht Auslöser. Wenn Sie das Problem klar erkennen wollen, beginnen Sie mit den Grundlagen: Arbeiten Sie an der Beziehung zu dem Teenager.

Eltern ohne Anhaltspunkte für eine Lösung der Probleme

Als Mike und Patty klar wurde, dass sie es versäumt hatten, eine gute Beziehung zu Megan aufzubauen, gab es Tränen. Sie baten Gott um Vergebung. Am nächsten Tag begegneten sie ihren Töchtern – unsicher, wie sie das Problem anpacken sollten, oder wie sie Eltern bleiben konnten, ohne die gleichen Fehler zu wiederholen. Es war für sie an der Zeit, mit ihren Kindern einen neuen Anfang zu machen. Doch sie wussten nicht, wie sie es anfangen sollten. Vielleicht stellen Sie die gleiche Frage wie dieses Paar: Wie soll ein neuer Start aussehen?

Zuerst ist zu sagen, dass der Neuaufbau einer Eltern-Teenager-Beziehung nicht bedeutet, dass Sie Ihre Rolle oder Ihre Verantwortlichkeit als Eltern ablegen sollen. Und Sie sollen Ihre Teenager auch nicht laufen lassen, wohin Lust und Leidenschaft sie auch immer hintreiben mögen. Die Adoleszenz ist eine Zeit, in der Ihrem Sohn oder Ihrer Tochter am besten damit gedient ist, wenn Sie sie durch Ihren Einfluss und eine gute Beziehung leiten – weniger durch Strenge und Autorität. Die Wahrheit ist, wenn unsere Kinder in die Teenagerjahre kommen: Ihre Beziehung zu ihnen – ob sie gut oder schlecht ist – ist der größte Aktivposten oder die größte Verpflichtung, die Sie je haben werden.

Unsere Kommentare hier sollen die Bedeutung sündiger Verhaltensweisen bei Teenagern oder Eltern nicht herunterspielen. Doch möchten wir vor allem auf die Macht guter oder unguter Beziehungen eingehen, die so häufig sündige Konflikte begünstigen. Aufbau der Beziehung ist der Schlüssel zu erfolgreicher Elternschaft, doch das braucht Zeit. Es gibt keine Abkürzungen auf diesem Weg, ob man nun neue Beziehungen aufbauen oder alte verbessern will. Das macht einfach Mühe und manchmal auch Schmerzen.

Schmerzen! Unsere Gesellschaft möchte allen Schmerzen ausweichen. Sie sollen verschwinden – jetzt sofort! In unseren Anstrengungen, uns selbst von Elend zu befreien, schauen wir uns nur allzu oft nach Augenblickslösungen um, die das Problem verschleiern, aber nicht wirklich angehen. Garys älterer Bruder litt fast täglich an schrecklichen Migräneanfällen. Seine einzige Erleichterung bestand in zwei Aspirintabletten und der Hoffnung auf Schlaf. Während einer zahnärztlichen Routineuntersuchung bemerkte der Zahnarzt, dass einer seiner krummen Schneidezähne anormalen Druck auf seinen Oberkiefer ausübte. Man traf die Entscheidung, den Zahn zu entfernen, um den Kiefer zu entlasten. Diese Entscheidung erwies sich als richtig, allerdings nicht aus dem Grund, um dessentwillen sie getroffen worden war. Als der Zahn entfernt war, verschwand die Migräne. Monate später kamen die Ärzte zu dem Schluss, dass der eingeengte Zahn die Ursache der Kopfschmerzen gewesen war. Nachdem das Problem an der Wurzel angefasst worden war, war er von seinen Schmerzen erlöst.

Eltern, die mit ihren Teenagern Probleme haben, schauen sich allzu oft nach Abhilfe um, die ihre Schwierigkeiten nur vorübergehend verschleiert, statt die Grundursache anzugehen. Häufig suchen wir die Gründe beim Kind, bei der Jugendgruppe, in der Schule etc. Doch keine dieser »Lösungen« beseitigt das Problem.

Wir schlagen einen anderen Weg vor. Wir glauben, wenn wir aufhören zu versuchen, unsere Teenager zu ändern – indem wir sie oder ihre Lebensweise mehr kontrollieren – und stattdessen uns darauf konzentrieren, unsere Beziehung zu ihnen zu verbessern, dann geschieht zweierlei. Erstens verlagern wir den Schwerpunkt der Sache dorthin, wo er hingehört: auf die Beziehung. Zweitens versuchen wir unsere elterlichen Bemühungen durch unsern Einfluss geltend zu machen statt durch Autorität.

Führen – nicht schieben und drängen

Wenn Sie Teenager haben, ist es wichtig, sie durch Einflussnahme zu leiten und nicht durch autoritäres Verhalten zu schubsen und zu drängen. Dieses Prinzip können wir mit einem gewöhnlichen Schnürsenkel veranschaulichen. Legen Sie ihn vor sich auf eine ebene Fläche hin. Betrachten Sie das Ihnen nähere Ende als Anfang und das weiter entfernte als Ende. Legen Sie jetzt Ihren Finger auf den Anfang und beginnen Sie, zu schieben und zu stoßen. Was geschieht? Der Schnürsenkel staut sich in Schleifen und in einem Gewirr von Schlingen, bewegt sich aber nicht nach vorne. Je mehr Sie stoßen, desto mehr dreht und windet er sich. Er bewegt sich in alle möglichen Richtungen, aber nicht in die von Ihnen gewünschte. Jetzt nehmen Sie das andere Ende des Schuhbandes und beginnen zu ziehen. Was geschieht jetzt? Sie können den Schnürsenkel in jede Richtung führen.

Eine auf Wertvorstellungen basierende elterliche Einflussnahme lehrt Mütter und Väter so zu führen, dass ihre Teenager ihnen gerne folgen. Viele Eltern wünschen, die Beziehungen zu ihren Teenagern so zu gestalten, wie sie sein sollten, stoßen aber auf Widerstand, weil Sie vom falschen Ende her schieben, statt vom andern her zu ziehen. Sie versuchen, eine Änderung durch Autorität zu erzwingen, statt durch die Macht Ihrer Einflussnahme zu führen.

Autorität und Einfluss

Ob Sie mit diesen beiden Faktoren richtig umgehen oder nicht, wird den Unterschied ausmachen, wie friedlich oder turbulent die Teenagerjahre für Ihre Familie sein werden. Wir werden den

Rest dieses Kapitels dem Anliegen widmen, ein richtiges Verständnis von der angemessenen Anwendung Ihrer Autorität gegenüber Ihren Teenagern zu entfalten. Später werden wir darüber diskutieren, wie Sie Ihrem Teenager helfen können, Wertvorstellungen zu verinnerlichen. Das ist nämlich der Schlüssel, der Ihnen erlaubt, Ihre Teenager durch Ihre Einflussnahme zu führen. Doch zuerst wollen wir über Ihre Autorität sprechen, genauer gesagt: wie sie nicht missbraucht wird.

Autorität ist unter den Menschen immer ein Streitpunkt gewesen. Von der Geburt an kämpfen die Kinder damit, und wenn wir älter werden, tun wir uns an der Stelle nicht leichter. Manche Leute scheinen damit nicht leben zu können. Die meisten haben allerdings den Eindruck, dass es nicht ohne Autorität möglich ist, friedlich miteinander auszukommen.

Allgemeine Merkmale gesunder Familien

1. Ein Kern von Wertvorstellungen, die alle Mitglieder der Familie teilen und alle einschließen.
2. Die Fähigkeit, miteinander zu kommunizieren.
3. Eltern, die sich nicht fürchten zu sagen: »Ich habe mich geirrt«.
4. Teenager, die bereit sind, auch ein Nein zu akzeptieren.
5. Eltern, die man auf ihre eigenen Sünden hin ansprechen kann.
6. Ehe als anerkannte Priorität im Hinblick auf die Gesundheit der Familie.
7. Familienmitglieder, die sich füreinander Zeit nehmen und sich an dem beteiligen, was den andern gerade bewegt.
8. Eltern, die sich vor den Teenagerjahren nicht fürchten.
9. Teenager, die wissen, dass ihre Eltern ihnen vertrauen.
10. Familienmitglieder, die sich gegeneinander loyal verhalten.
11. Gemeinsame geplante Familienaktivitäten.
12. Konfliktlösung geht über Konfliktvermeidung.
13. Ein kollektives Verantwortungsgefühl gegenüber allen anderen.

14. Familiäre Regeln werden zunehmend gegen familiäre Höflichkeit und Rücksichtnahme ausgetauscht, wenn die Teenager älter und reifer werden.
15. Akzeptanz der Voraussetzung, dass die Familie als Ganzes wichtiger ist als der Einzelne.

In einer christlichen Familie bildet die Bibel nicht nur die Grundlage aller Autorität, sondern gibt auch die ethischen Maßstäbe, wie die Autorität ausgeübt werden soll. Biblische Autorität ist etwas Schönes, weil sie ihren Schwerpunkt in der Ethik hat. Ähnlich wie es bei den Merkmalen der Liebe angegeben wird (1. Kor 13,5-7), äußert sich biblische Autorität auch nicht anmaßend, stolz, unfreundlich oder ungerecht, sondern liebenswürdig, beständig, barmherzig und integer. Ihr Motiv ist Liebe und sie findet nur Anwendung, wenn es nötig ist. Ihre Absicht ist es, durch Ermutigung und Beschränkung zu führen. Autorität ist notwendig, weil Gebot und Ordnung für Familie und Gesellschaft von der angemessenen Ausübung von Autorität abhängig sind. Doch Autorität kann auch ins Gegenteil umschlagen. Zu viel an Autorität führt zum Totalitarismus. Fehlende Autorität führt zu Ungerechtigkeit und sozialem Chaos. Das gilt für Völker ebenso wie für Familien.

In gesellschaftlichen Gruppierungen, sei es nun eine Nation mit vielen Familien oder eine einzelne Familie, ist die Summe der Regeln, Vorschriften und der Autorität, die gebraucht werden, um ein Volk zu regieren, der Spiegel der ethischen Übereinstimmung innerhalb dieses Volkes. Ethisch-moralische Übereinstimmung bezieht sich auf gegenseitig anerkannte Werte, nach denen das Verhalten des Einzelnen zum Guten der Allgemeinheit gelenkt wird. Je mehr Werte wir als Volksgemeinschaft gemeinsam anerkennen, desto weniger besteht die Notwendigkeit, durch Zwangsmaßnahmen soziale Ordnung herbeizuführen. Im Gegenteil, je mehr die individuellen Wertvorstellungen mit gesellschaftlichen Werten in Konflikt geraten, desto stärker muss eine Regierung durchgreifen, um den sozialen Frieden zu gewährleisten.

Um was wir uns in unsern Häusern bemühen, ist doch soziale Ordnung und Einigkeit ohne autoritären Zwang, vor allem, wenn ein Teenager in unserm Haus lebt. Um das zu erreichen, müssen wir die Notwendigkeit elterlicher Autorität mit dem wachsenden Empfinden für persönliche Verantwortlichkeit bei unsern Teenagern in eine Balance bringen. Je näher sich die Familie in ethischer Hinsicht steht, desto weniger gibt es eine Notwendigkeit für autoritative Regeln. Die Abbildung 1 veranschaulicht diese Wahrheit.

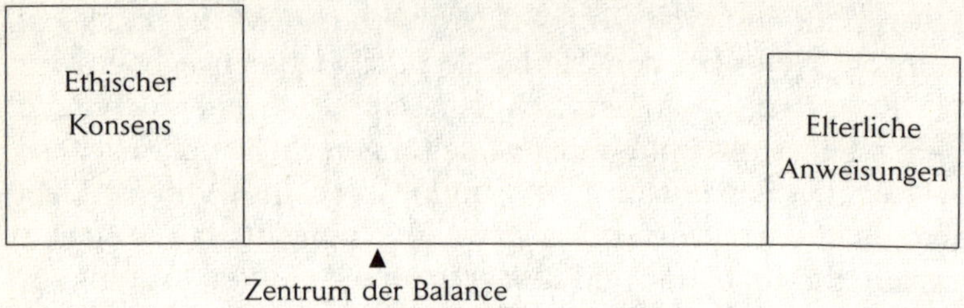

Abbildung 1

Bitte beachten Sie: Je größer der ethische Konsens unter Familienmitgliedern, desto weniger elterliche Anweisungen.

Abbildung 2 zeigt den entgegengesetzten Effekt. Je geringer der ethische Konsens ist (d. h. je größer die ethisch bestimmte Verschiedenheit in der Einstellung von Eltern und Teenagern), desto stärker muss die elterliche Kontrolle sein, um die soziale Ordnung innerhalb der Familie aufrecht zu erhalten. Während der Teenjahre gilt: Wenn Sie die elterliche Kontrolle verschärfen, erhöhen Sie die Wahrscheinlichkeit des Konflikts mit Ihrem Teenager.

Bitte beachten Sie, dass das Zentrum des Gleichgewichts in Abbildung 2 verschoben ist in Richtung auf mehr Kontrolle als Kompensation für weniger ethische Übereinstimmung. Es lässt sich sofort erkennen, dass dies der Punkt ist, an dem alle Eltern mit ihren Kindern anfangen. Doch da sollten wir nicht mehr stehen, wenn unsere Kinder ins Teenageralter kommen.

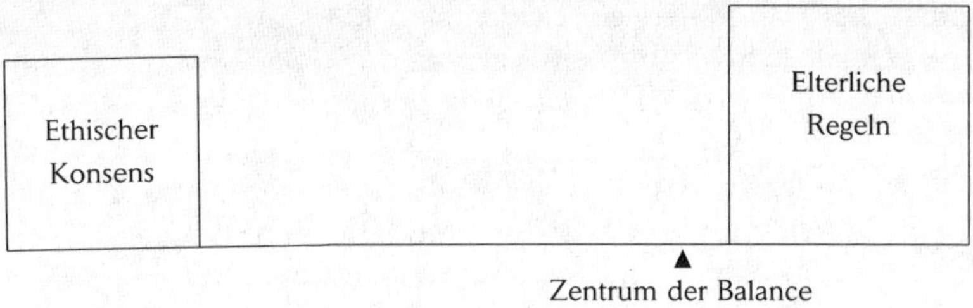

Abbildung 2

Das Schaffen eines gemeinsamen ethischen Fundaments

Der Glaube, dass gemeinsame Wertvorstellungen zur Einigkeit führen, ist nicht neu. Der Apostel Paulus ermutigte die Philipper mit diesen Worten: »Ist nun bei euch Ermahnung in Christus, ist Trost der Liebe, ist Gemeinschaft des Geistes, ist herzliche Liebe und Barmherzigkeit, so macht meine Freude dadurch vollkommen, dass ihr eines Sinnes seid, gleiche Liebe habt, einmütig und einträchtig seid.« (Phil 2,1.2) Eines Sinnes sein, gleiche Liebe haben, einmütig sein – diese Attribute stellen ein großartiges Ziel für eine christliche Familie dar. Doch wie erreicht man dieses Ziel? Nur, wenn man eine gemeinsame ethische Grundlage legt.

In der Familie – ebenso wie im Leib Christi, der Gemeinde – ist das Versagen bei zerbrochenen Beziehungen letztlich immer mit einem Zusammenbruch der Wertvorstellungen verknüpft. Aus diesem Grund kann man keine starken beziehungsmäßigen Brücken bauen oder erneuern ohne einen ethischen Konsens. Wenn sie auf biblischer Grundlage beruhen, dann sind es gemeinsame Wertvorstellungen, die die familiären Beziehungen stärken. Sie sind der Klebstoff, der eine Familie zusammenhält.

Ein ethischer Konsens, der durch gemeinsam anerkannte Werte zustande gekommen ist, schließt auch Gegenseitigkeit ein. Damit meinen wir, dass ethische Regeln für die Teenager in gleicher Weise natürlich auch von den Eltern befolgt werden. Wenn Sie die Möglichkeit von doppelter Moral ausklammern (»Tu, was ich sage, nicht das, was ich selbst tue«), dann räumen Sie damit auch die Wahrscheinlichkeit der Heuchelei aus dem Weg. An ihrer Stelle wird Sicherheit, Vertrauen, Zuverlässigkeit, Glaubwürdigkeit, Partnerschaft, Einigkeit und damit Harmonie in der Familie einziehen.

Wir möchten, dass Sie in positiver Weise an die Zukunft denken. Wir möchten, dass Sie Freude an Ihrem jugendlichen Erwachsenen haben. Jugendlicher Erwachsener? Wie kann ein Teenager sowohl Jugendlicher als auch Erwachsener sein? Das ist ein wichtiger Gedanke, weil ein Hauptfaktor in guten Eltern-Teenager-Beziehungen darin begründet ist, dass man den jungen Menschen als Erwachsenen behandelt, obwohl er physisch, sozial und intellektuell noch kein Erwachsener ist. Ein jugendlicher Erwachsener ist ein Teenager, der ethisch auf gleicher Stufe steht wie ein Erwachsener. Er besitzt die Voraussetzungen zum ethischen Reden und Handeln. Und das kann nur geschehen, wenn Ihre Teenager ethisch reif geworden sind. Wenn es dahin kommt, werden auch Sie als Eltern sich der Wohltat eines ethischen Konsenses erfreuen. Sie können damit beginnen, mehr durch eine gute Beziehung zu beeinflussen und weniger durch die Macht Ihrer Autorität zu erreichen zu suchen.

Der Wechsel im Hinblick auf die Autorität

Bringen Sie Ihre Autorität jetzt, wo Ihre Kinder sich in den Teenagerjahren befinden, mehr oder weniger ins Spiel? Wir hoffen, dass das Letztere der Fall ist. Wenn die Kinder in die Adoleszenzphase eintreten, sollte die Notwendigkeit elterlicher Regeln im gleichen Maße abnehmen, wie die ethisch bestimmte Eigenverantwortlichkeit des Kindes zunimmt. »Ethisch bestimmt« im vorhergehenden Satz ist der entscheidende Begriff.

Die ontologische Tatsache, dass Kinder mit einer natürlichen Neigung zur egoistischen Selbstbestimmung geboren werden, geht bis auf Kain und Abel zurück. Kinder drehen sich von Geburt an um sich selbst. Biblische ethische Maßstäbe sind auf den Nächsten ausgerichtet. Die Spannung zwischen beiden schafft Konflikte, die durch elterliche Führung gelöst werden müssen. Die Pflicht der Eltern besteht darin, die eigensinnigen Neigungen ihres Kindes umzulenken auf ein Verhalten hin, das Gott gefällt. Das geschieht durch Ermutigung zu richtiger Einstellung und entsprechendem Verhalten, während gleichzeitig negatives Verhalten abgewertet wird. Um dieses Ermutigen und Abwerten durchführen zu können, müssen Eltern ihre Autorität einsetzen.

Durch ihre Autorität veranlassen Eltern ihre Kinder zu angemessenem Verhalten und verstärken die Befolgung ihrer Anweisungen durch äußere Mittel, bis das Kind die ethische Reife hat, sich von inneren Wertvorstellungen her selbst zu regieren. Das setzt aber eine abnehmende Gewichtung der Führung durch Autorität voraus und eine zunehmende Führung durch Einflussnahme. Wir können diesen Punkt noch weiter verdeutlichen, indem wir uns verschiedene Entwicklungsphasen ansehen.

Wir wollen mit der frühesten Kindheit beginnen. Diese Phase umfasst den Höhepunkt elterlicher Autorität. Zu dieser Zeit werden noch alle Entscheidungen des Lebens von Vater und Mutter getroffen. Die Eltern des Kindes bestimmen, wann das Kind essen und schlafen soll, wie lange es aufbleiben, wann es baden oder auf einer Decke spielen soll, und wann es im Kinderwagen oder Buggy ausgefahren wird. Eine solche sorgfältige Überwachung ist absolut notwendig in diesem Alter, da das Kind einfach nicht das angemessene Bewusstsein oder die Intelligenz hat, um zu wissen, was für es am besten und notwendig ist.

Sehen wir uns jetzt die elterliche Autorität im Leben eines Fünfjährigen an. Mit fünf Jahren hat ein Kind bereits ein gewisses Maß an innerer Beherrschung über sein Leben und seine Aktionen gewonnen. Diese Beherrschung erlaubt ihm ein bestimmtes Maß an entsprechender Freiheit. Die abnehmende Notwendigkeit elterlichen Autoritätseinsatzes ist direkt proportional zu dem zunehmenden Anteil an altersangemessener, selbstauferlegter Selbstkontrolle. Bitte achten Sie darauf, dass die elterliche Autorität nicht geringer wird, nur die Notwendigkeit, sie einzusetzen, nimmt ab.

Zum Beispiel gibt es im Leben eines Fünfjährigen einige Aktivitäten, zu denen er nicht länger jedesmal die Erlaubnis von Mutter oder Vater braucht. Er könnte etwa in den Garten gehen und wieder hereinkommen, ein Brettspiel auswählen, in sein Zimmer gehen, ein Puzzle zusammensetzen oder mit dem Familien-Hamster spielen. Während es ein Gitter gibt, das den einjährigen Bruder daran hindert, die Treppe hinauf ins Schlafzimmer zu gehen oder zu kriechen, kann der Fünfjährige das Gitter umgehen oder wegräumen, ohne dass er die Eltern um Erlaubnis fragen muss. Warum? Weil eine solche Erlaubnis einfach vorausgesetzt wird. Wenn das Kind ein zunehmend verantwortliches Verhalten in diesen Bereichen zeigt, ist die elterliche Kontrolle nicht mehr nötig. Uns geht es um Folgendes: Obwohl die elterliche Autorität immer noch einen beachtlichen Einfluss auf das Leben eines Fünfjährigen hat, ist sie doch in der Kontrolle nicht mehr so durchgreifend wie einige Jahre früher.

Und wenn das Kind zehn Jahre alt ist? Da ein solches Kind zunehmend in der Lage ist, Zeiten einer gesunden Selbstkontrolle durchzuhalten, ist die Notwendigkeit sichtbarer elterlicher Autorität wesentlich geringer. Ein Zehnjähriger sollte sehr bald zur ethischen Reife gelangen. Doch wieder bedeutet das nicht, dass die Autorität von Vater und Mutter nichts mehr gilt. Es ist nur so, dass die Notwendigkeit äußerer Kontrolle mehr und mehr abnimmt. Allmählich wird die elterliche Autorität durch elterliche Einflussnahme ersetzt. Eine äußere Motivation, die das Leben des Kindes bestimmt, wird ersetzt durch innere Regeln und Normen, die das Kind vom eigenen Herzen her bestimmen.

Jetzt kommen wir zu den Teenagerjahren. Es ist die Zeit, in der Sie sich um ethischen Konsens aufgrund ethischer Reife bemühen sollten. Verinnerlichte Wertvorstellungen, nicht elterliche Autorität sollten die entscheidende Rolle spielen. Ethische Reife zu besitzen, bedeutet nicht, dass Ihr Teenager geistlich allwissend ist. Doch es bedeutet, dass Ihr Sohn oder Ihre Tochter die biblischen Maßstäbe im Hinblick auf Nächstenliebe kennt und danach lebt. Ethische Reife verbindet Eltern und Teenager im tiefsten Herzen durch gemeinsame Charakterzüge und gegenseitigen Respekt und gegenseitige Achtung. Gleichzeitig bewahren beide aber auch die Einzigartigkeit ihrer von Gott gegebenen Stellung als Eltern und Kinder.

Wir möchten noch einen Punkt eindeutig klären. Wenn wir von Führung durch Ihre Einflussnahme, nicht durch Ihre Autorität sprechen, möchten wir nicht missverstanden werden. Damit schlagen wir nicht vor, alle häuslichen oder familiären Regeln einfach beiseite zu schieben. Unsere Kinder sind uns gegenüber immer noch verantwortlich. Und es gibt gemeinsame Aufgaben und Pflichten, die erledigt werden müssen. Teenager müssen ihre Arbeiten, für die sie verantwortlich sind, auch ausführen – ihre Betten machen, aufräumen, wo sie Unordnung verursacht haben, zu einem vernünftigen Zeitpunkt zu Hause sein, und ja, auch elterliche Anweisungen befolgen. Wir wollen nur sagen, dass die Grundaufgabe des Lebens eine neue Bedeutung annehmen sollte – eine ethisch bestimmte – in der Reaktion auf die Beziehung zur Familie und nicht einfach als Antwort auf ein paar nüchterne, unpersönliche Regeln.

Die elterliche Autorität soll in der Teenagerphase nicht verschwinden, sondern als Unterstützung und Verstärkung eingesetzt werden in Zeiten mangelnder Übereinstimmung. Auf diese Weise funktioniert eine Regierung in einer freien Gesellschaft. Der größte Anteil Ihrer Führerschaft und der Reaktion Ihrer Teenager darauf, sollte auf einer neuen Ebene der Kooperation beruhen. Und das ruft jeden dazu auf, verantwortlich innerhalb der Grenzen der Gemeinschaft zu leben, die wir »Familie« nennen.

Bitte, verstehen Sie recht: Unsere Kinder werden immer unsere Kinder sein, und wir werden immer ihre Eltern bleiben. Aber früher oder später werden sie die ethische Reife erlangen und die elterliche Kontrolle ihres Verhaltens nicht mehr nötig haben. Wofür wir uns nur einsetzen ist: Je früher, desto besser.

Fragen

1. Denken Sie über die Aussage nach: »Teenager rebellieren gegen Beziehungen«. Stimmen Sie dem zu oder nicht? Warum oder warum nicht?
2. Wo hat der Schwerpunkt Ihrer elterlichen Bemühungen bis heute gelegen?
3. Das Modell einer ethisch bestimmten elterlichen Beziehung wurde in diesem Kapitel häufig erwähnt. Geben Sie eine Definition in Ihren eigenen Worten.
4. Hat Ihre Familie so etwas wie eine gemeinsame Basis? Wenn ja, worauf beruht sie?
5. Welche Rolle spielen strenge ethische Regeln im Hinblick auf Ihre emotionale Stabilität?

Teil II

Der Weg zum Herzen Ihres Teenagers

Kapitel 5

Der Schlüssel zu ethischer Reife

Wir beginnen dieses Kapitel mit zwei Wahrheiten. Die erste heißt, dass alles elterliche Bemühen einen Prozess darstellt, der zur Reife führt. Wer von uns war reif genug, Kinder zu haben, bevor die Kinder kamen? Es scheint so, dass Kinder nicht nur ein Segen sind, der sich mit der Ehe einstellt. Sie sind vielmehr Teil eines anderen Prozesses, aus dem zwei reife Menschen hervorgehen: Mutter und Vater. Die zweite Wahrheit ist die, dass nichts wirklich Wertvolles sich im »Hauruck«-Verfahren vollzieht. Ob Sie nun gerade dabei sind, eine gesunde Familie zu gründen, oder beginnen, eine belastete familiäre Situation zu erneuern – der Prozess erfordert Zeit.

Wenn wir zwei Dinge aus unserer Beratertätigkeit bei Eltern, die sich im Kriegszustand mit ihren Teenagern befanden, gelernt haben, dann sind es diese: 1. Es ist völlig natürlich zu versuchen, die Kontrolle über etwas zu bekommen, was außer Kontrolle geraten ist. Und 2. Eine Veränderung kann erschrecken, besonders Eltern. Doch wir bitten Sie, dieser Furcht ins Gesicht zu schauen, Ihre Autorität einmal zur Seite zu schieben und damit zu beginnen, Ihren Teenager mehr und mehr durch die Einflussnahme aufgrund Ihrer Beziehung zu führen.

Ein Vater sagte uns: »Wenn ich meine Autorität aufgebe, wird mich mein Teenager nur noch überfahren.« Eine Mutter erklärte: »Führen durch meinen Einfluss? Ich habe nicht den geringsten Einfluss auf meine Tochter. Sie tut, was sie will. Ich kann sie nicht daran hindern.« Das sind sehr reale Sorgen. Doch wenn sie berechtigt sind, dann ist es an der Zeit, eine Alternative in Betracht zu ziehen. Offensichtlich hat es mit der Kontrolle durch

Ihre Autorität nicht geklappt. Vielleicht ist etwas anderes möglich.

Die Strategie

Vor einigen Jahren musste sich Gary einer komplizierten Wurzelbehandlung beim Zahnarzt unterziehen. Es gibt Menschen, für die der bloße Gedanke an eine solche Prozedur schmerzhafte Erinnerungen weckt. Doch dieser Fall war nicht so schlimm, sondern wirklich erträglich. Der Dank dafür gebührt vor allem dem Zahnarzt, der sich vor der Operation ein paar Minuten Zeit nahm, um mit Gary den ganzen Prozess durchzusprechen. Er erklärte die Sachlage, zeigte ihm Diagramme, sagte ihm, wie er vorgehen würde und was er in der ersten Sitzung erledigen wollte. Er sagte es Gary sogar vorher, wenn es unangenehm werden konnte oder wenn er ein Knirschen hören würde. Weil der Zahnarzt sich die Zeit genommen hatte, sein Tun zu beschreiben, fühlte sich Gary schon wesentlich wohler. Das Wissen, was der Zahnarzt tun würde, gab ihm Zutrauen zu den Fähigkeiten des Mannes und zu dem ganzen Unternehmen.

Was dieser Zahnarzt für Gary tat, möchten wir für Sie tun. Und wir wünschten, andere Autoren täten es auch. Wir werden Ihnen jetzt und hier die Strategie für den ganzen Rest des Buches vorlegen. Wir möchten, dass Sie wissen, worauf Sie sich einlassen und wie wir Sie dorthin bringen wollen. Lassen Sie uns auf den Rest unseres Weges – Kapitel für Kapitel – einen Blick werfen.

Kapitel 5

Auf den folgenden Seiten möchten wir Sie ermutigen, einen besseren Weg zur Führung Ihrer Teens in Betracht zu ziehen. Statt Ihre Autorität stärker einzusetzen, werden Sie die Wohltat erkennen, weniger darauf zu bauen und mehr durch die Macht Ihres Einflusses zu führen. Der Schlüssel heißt: Helfen Sie Ihrem Kind, Wertvorstellungen zu verinnerlichen. Wir werden diesen Prozess für alle Altersstufen deutlich erklären – wie Sie Ihren Kindern dabei Hilfestellung geben können, solche Werte zu ihren eigenen zu machen. Wenn diese Werte im Herzen der Kinder Wurzeln geschlagen haben, dann ist es Ihnen möglich, durch Ihren Einfluss zu führen.

Kapitel 6

Als Nächstes geht es um den Start. Praktisch heißt das: »Wo fangen Sie an?« Dieses Kapitel bietet praktische Vorschläge, wie man seine Glaubwürdigkeit bei einem Teenager wiederherstellt, der davon überzeugt ist, dass man sich nicht um ihn kümmert. Alle in diesem Kapitel angeführten Vorschläge können sofort in die Tat umgesetzt werden … und es funktioniert.

Kapitel 7

Dieses Kapitel stellt zwei entgegengesetzte familiäre Strukturen einander gegenüber: gegenseitige Abhängigkeit und Unabhängigkeit. Das Empfinden Ihres Teens für Identität und Zugehörigkeit wird entweder ermutigt oder entmutigt je nachdem, ob die Familie ihn wahrnimmt oder nicht. Je näher Sie an das Modell von der gegenseitigen Abhängigkeit in der Familie herankommen, desto größer wird Ihr Einfluss sein im Gegensatz zu dem der Peergruppe Ihres Teenagers.

Kapitel 8

An dieser Stelle werden wir über Kommunikation sprechen. Dieses Kapitel stellt fünf verschiedene Wege vor, auf denen Sie Ihren Kindern sagen können: »Ich liebe dich«. Es sind emotionale Ausdrucksweisen der Liebe, die Ihnen helfen können, das Herz Ihres Teenagers zu erreichen und ihn wissen zu lassen, dass Sie sich tatsächlich um ihn kümmern. Wir alle wünschen uns, unsern Kindern Liebe zu vermitteln, aber oft scheinen auch unsere besten Bemühungen unbemerkt oder ungeschätzt zu bleiben. Zu lernen, wie man »Ich liebe dich« sagt in der Sprache der emotionalen Liebe Ihrer Teenager, kann alles in Ihrer Beziehung zueinander positiv verändern.

Kapitel 9

In diesem Kapitel wird die Diskussion über Kommunikation fortgesetzt. Wir haben hundert Teenager aus der neunten bis zwölften Klasse befragt. Wir baten sie, eine Liste der Gründe aufzustellen, warum manche Teenager ihren Eltern nicht mehr zuhören oder sich nicht mehr sinnvoll mit ihnen unterhalten möchten. Die Ergebnisse waren recht erhellend und zwingen uns alle, einmal genauer unter die Lupe zu nehmen, wie wir selbst unsern Kindern gegenüber reden und zuhören.

Kapitel 10

Wir schließen unsere Überlegungen über Kommunikation ab mit einigen grundsätzlichen Leitlinien für eine gute Kommunikation. Wissen Sie, wie man mit seinen Kindern sprechen muss, so dass sie Ihnen zuhören? Und wie man ihnen zuhören muss, so dass es die Kinder zum Reden veranlasst? Gute Kommunikation ist entscheidend bei dem Prozess der familiären Erneuerung und notwendig, um heile Familien zu behalten.

Kapitel 11

Die Tatsache, dass Sie nun durch Ihre Einflussnahme führen, statt durch autoritative Maßnahmen, bedeutet nicht, dass Sie keine Anweisungen mehr geben dürften, die auch befolgt werden müssen. Wissen Sie, wie man Anweisungen gibt, so dass es weder Sie noch Ihre Teenager frustriert, aber diese doch veranlasst, entsprechend zu handeln? Dieses Kapitel wird es Ihnen sagen.

Kapitel 12 und 13

Diese Kapitel befassen sich mit der Ermutigung zu richtigem Verhalten und der Korrektur falscher Einstellungen und Handlungsweisen. Welches ist die wirkungsvollste Weise, einen Teenager an Disziplin zu gewöhnen? Sollten Sie ihn oder sie bestrafen? Wissen Sie, wann eine verbale Mahnung angemessen ist und wann das ganze Gewicht der Rechtsprechung erforderlich ist? Diese Kapitel handeln mit den zahlreichen Aspekten, wie widerspenstiges oder schlechtes Verhalten von Teenagern korrigiert werden kann.

Kapitel 14

In unserem Schlusskapitel werden wir Sie und Ihren Teenager im Hinblick auf Ihre neue Beziehung ansprechen. Sie werden sehen, wie man diese aus einer biblischen Perspektive heraus sehen kann, und entdecken, wie man diese Perspektive lebendig erhält.

Da Sie nun wissen, wo der Weg uns hinführen wird, lassen Sie uns mit der Frage beginnen: »Was ist Moral bzw. Ethik?«

»Was ist Moral? Was ist Ethik?«

Heute begegnet uns so etwas wie Moral »in allen Formen und Größen«. »Wenn du dich gut dabei fühlst, tu es«, sagt uns ein Autoaufkleber. Selbst in christlichen Häusern klaffen die Wertvorstellungen auseinander. Es herrscht eine Tendenz dahingehend, mit einer zufällig zusammengestellten Moral Schluss zu machen – die teilweise von unsern Angehörigen, teilweise von Religionslehrern und Buchautoren, oder auch vom unterschwelligen Einfluss der Gesellschaft übernommen wurde.

Biblische Aussagen zu zwischenmenschlichen Beziehungen

»Ihr sollt nicht stehlen noch lügen noch betrügerisch handeln einer mit dem andern.« 3. Mose 19,11

»...der Herr Zebaoth sprach: Richtet recht, und ein jeder erweise seinem Bruder Güte und Barmherzigkeit.« Sach 7,9

»Ein neues Gebot gebe ich euch, dass ihr euch untereinander liebt, wie ich euch geliebt habe, damit auch ihr einander lieb habt.« Joh 13,34

»Die brüderliche Liebe untereinander sei herzlich. Einer komme dem andern mit Ehrerbietung zuvor.« Röm 12,10

»Seid eines Sinnes untereinander. Trachtet nicht nach hohen Dingen, sondern haltet euch herunter zu den Geringen. Haltet euch nicht selbst für klug.« Röm 12,16

»Darum nehmt einander an, wie Christus euch angenommen hat zu Gottes Lob.« Röm 15,7

»Ihr aber, liebe Brüder, seid zur Freiheit berufen. Allein seht zu, dass ihr durch die Freiheit nicht dem Fleisch Raum gebt; sondern durch die Liebe diene einer dem andern.« Gal 5,13

»... dass ihr der Berufung würdig lebt ... in aller Demut und Sanftmut, in Geduld. Ertragt einer den andern in Liebe.« Eph 4,1.2

»Seid aber untereinander freundlich und herzlich und vergebt einer dem andern, wie auch Gott euch vergeben hat in Christus.« Eph 4,32

»Ordnet euch einander unter in der Furcht Christi.« Eph 5,21

»Lasst das Wort Christi reichlich unter euch wohnen: lehrt und ermahnt einander in aller Weisheit; mit Psalmen, Lobgesängen und geistlichen Liedern singt Gott dankbar in euren Herzen.« Kol 3,16

»Darum ermahnt euch untereinander, und einer erbaue den andern, wie ihr auch tut.« 1. Thess 5,11

»... und lasst uns aufeinander Acht haben und uns anreizen zur Liebe und zu guten Werken.« Hebr 10,24

»Seid gastfrei untereinander ohne Murren.« 1. Petr 4,9

Was ist so verkehrt daran, wenn man sich unter dem Stichwort »potluck« trifft? (Wo nichts abgesprochen wird, aber jeder etwas mitbringt, und man zufrieden ist, mit dem, was da ist.) Warum müssen Eltern ihre Wertvorstellungen am Wort Gottes überprüfen? Zuerst und vor allem sollen christliche Normen die Person Jesu Christi widerspiegeln. Solche Wertvorstellungen formen das Bewusstsein des Kindes. Die natürliche Welt kann man sehen, hören, fühlen, schmecken und berühren. Doch die geistliche Welt wird offenbar durch stille, unsichtbare Dinge wie eine Offenbarung des Heiligen Geistes, durch den Glauben und durch die Werte, die beides reflektieren.

Zweitens: Weil biblische Werte auf den Nächsten orientiert sind, besitzt ein Kind, das darin geübt ist, eine hoch entwickelte Sensibilität – eine Voraussetzung für gute, dauerhafte Beziehungen. Jesus war immer da für andere und setzte die ethischen Maßstäbe für das »Liebe deinen Nächsten« der Heiligen Schrift. Biblische Wertvorgaben liefern den ethischen Auftrag der Schrift, der die Sensibilität für das Gebot »Liebe Gott« und »Liebe deinen Nächsten« erfordert. (Mk 12,28-31) Ich soll meine Haltung Ihnen gegenüber nicht darauf gründen, wie wertvoll Sie für mich oder nach irgendeinem menschlichen Maßstab sind, sondern nur darauf, wie sehr wir von Gott geliebt sind. (Röm 8,35-39)

Drittens: Biblische Wertmaßstäbe erzeugen Einigkeit. Ethischer Relativismus trennt die Gesellschaft in kulturelle Untergruppen. Biblische ethische Maßstäbe sind von sozialen, rassischen, ethnischen, ökonomischen und bildungsmäßigen Unterschieden unabhängig. (Gal 3,28; Kol 3,11; Jak 2,1-10) Ohne die Maßstäbe, die Gott setzt, wäre das Verhalten der Menschen nur von persönlichen Vorlieben bestimmt.

Mehr als der Verstand

Wenn Gottes Maßstäbe dem Leben eines Menschen nahe gebracht werden, bedeutet es einen merklichen Unterschied, ob dieser Mensch Gott anerkennt oder nicht. Aber es ist die Hoffnung und der Schwerpunkt christlicher Eltern, einen ethisch verantwortlichen jungen Menschen aufzuziehen, der erkennt, dass Jesus Christus in sein Leben gehört. Nur dann geht die ethische Erziehung über den Verstand hinaus und erreicht das Herz. Und nur dann reichen Gottes Wertmaßstäbe über die Vorstellung eines positiven Einflusses aufs Leben hinaus und schaffen eine Dauerhaltung.

Kennt Ihr Sohn, kennt Ihre Tochter Jesus Christus? Beten Sie darum, beten Sie, beten Sie! Aber lassen Sie sich von Ihrem Wunsch nicht blenden. Solange das Leben Ihres Teenagers den Ruf zum Glauben nicht widerspiegelt, den er als Kind gehört hat, rechnen Sie mit der Möglichkeit, dass bei Ihrem Teenager keine wirkliche Glaubensbeziehung zu Jesus vorhanden ist. Eine gemeinsame ethische Grundlage kann man nur auf dem aufbauen, was Eltern und Teenagern tatsächlich gemeinsam ist, nicht darauf, was die Eltern sich wünschen. Biblische Wertmaßstäbe sind kein Ersatz für ein Leben mit Christus. Sie stellen aber Verhaltensnormen dar, die mit Gottes ethischen Gesetzen in Einklang sind.

Jesus Christus will das Herz Ihres Kindes gewinnen. Doch es fällt uns schwer, ihm zuzutrauen, dass es ihm gelingt. Irgendwie denken wir immer wieder: »Wenn ich ihm nur die richtigen

Bibelverse sagen könnte... Wenn ich ihn nur in die richtige Jugendgruppe hineinbringen könnte... Wenn ich nur...«

Christliche Eltern mit Teenagern, die sich offensichtlich Jesus Christus nicht ausgeliefert haben, müssen sehr vorsichtig sein mit dem, was sie sagen. In diesem Alter haben Ihre Söhne und Töchter schon viel von Ihnen zu hören bekommen. Lassen Sie die Heranwachsenden stattdessen jeden Tag Ihre »in die Tat umgesetzten Worte« sehen. Lesen Sie selbst die Bibel. Erziehen Sie Ihre Kinder im Vertrauen auf Gott und fürchten Sie sich nicht vor den Umständen. Beten Sie – und noch einmal: Beten Sie!

Ihr Ziel als Eltern ist es, den Teenagern Jesus Christus nahe zu bringen, die ethischen Maßstäbe Gottes zu vermitteln und auf diesem Grund gemeinsam aufzubauen. Sie wünschen sich, das Herz Ihres Kindes zu gewinnen, aber seien Sie sich klar darüber, dass nur Gott dieses Ziel erreichen kann.

Wahre Erlösung

Es ist möglich, ein Kind zu erziehen, das ethisch einwandfrei handelt, aber im biblischen Sinn nicht glaubt. Es ist aber nicht möglich, ein Kind zu erziehen, das durch seine guten Taten und sein moralisches Leben den Eingang in den Himmel findet (Jes 64,6; Röm 3,28). Dieses Kind, dieser junge Mensch muss erlöst werden.

Die Bibel sagt, dass der Platz, an dem Gott verlorene Menschen zu sich ruft, das Kreuz ist. Das Kreuz ist der Ort, an dem Jesus den Tod starb, den wir zu erwarten gehabt hätten und den wir ohne ihn immer noch sterben müssen. Viele Teenager, die in christlichen Gemeinden groß geworden sind, wissen alles Notwendige über Gott, kennen ihn aber möglicherweise nicht persönlich.

Jesus Christus sagte: »Ich bin der Weg und die Wahrheit und das Leben; niemand kommt zum Vater denn durch mich.« (Joh 14,6). Die Bibel sagt uns weiterhin: »Wer den Sohn hat, der hat das Leben; wer den Sohn Gottes nicht hat, der hat das Leben nicht.« (1. Joh 5,12) Und weiter: »Denn wenn du mit deinem Munde bekennst, dass Jesus der Herr ist, und in deinem Herzen glaubst, dass ihn Gott von den Toten auferweckt hat, so wirst du gerettet. Denn wenn man von Herzen glaubt, so wird man gerecht; und wenn man mit dem Munde bekennt, so wird man gerettet.« (Röm 10,9-10)

Was man nicht tun sollte

Tun und Nicht-Tun gehören beide zur Einübung in ethische Maßstäbe. Doch leider konzentrieren sich christliche Familien allzu oft auf das Nicht-Tun, auf Verbote. Eltern sind manchmal mehr damit beschäftigt, schlechtes Verhalten ihrer Teenager zu unterdrücken, als gutes hervorzulocken. Wenn wir unsern Kindern ethische Vorschriften vermitteln, sagen wir ihnen oft, was falsch ist, und was sie nicht tun sollten, statt ihnen nahe zu bringen, was richtig ist und was sie tun sollten. Das Übergewicht, das wir in konfliktreichen Zeiten dem Belehren beilegen, bedeutet eine Verlagerung des Problems. Denken Sie einen Augenblick darüber nach – die meisten Eltern neigen dazu, ihre Kinder in Augenblicken des Konflikts mit Maßregeln zu bedenken. Sie geben ihnen dann allerhand Anweisungen über das, was sie nicht tun dürfen, mit auf den Weg. Das sollten Sie lieber in friedlichen Zeiten tun, wenn Sie ihre Kinder gleichzeitig anleiten können zu dem, was sie tun sollten.

Eine solche negative ethische Erziehung hinterlässt eine Leere, die ernste ethische Kompromisse in der Zukunft nach sich ziehen kann. Weil eine so starke Betonung auf das gelegt wird, was vermieden werden sollte, und zu wenig auf das, was getan werden sollte, bleibt der Weg zu einem soliden ethischen Fundament für das Kind unklar. Als Ergebnis wird nur die Seite der Einschränkungen oder Verbote vom Kind internalisiert und nicht die andere Seite der Definition eines Lebens auf der Basis ethischer Wertvorstellungen. Gewiss ist die Unterdrückung des Bösen im Verhalten eines Teenagers wichtig. Doch wenn es geschieht, ohne ein positives Verhalten hervorzulocken, haben die Eltern verzerrt, was »gut« und »richtig« auf dieser Ebene wirklich bedeutet.

Zum Beispiel hat ein Kind, das gelehrt wurde, den Gefühlen anderer Menschen gegenüber sensibel zu sein, viel bessere Voraussetzungen für sein zukünftiges Verhalten als ein Kind, das nur angehalten wurde, seinen Zorn zu beherrschen. Unsere Kinder zu lehren, freundlich zu sein, ist mehr, als sie dazu anzuhalten, nicht unfreundlich zu sein. Das Böse zu bekämpfen muss in einer Balance mit dem Hervorlocken des Guten geschehen. Ethische Verbote und positive ethische Bemühungen sind zwei Seiten der gleichen Münze. Beide sind notwendige Faktoren in der Erziehung.

Eltern haben einen großen Einfluss, wenn es darum geht, ihren Kindern zu helfen, göttliche Wertmaßstäbe zu verinnerlichen. Doch wie erreicht man dieses Ziel am besten?

Es beginnt bei Mutter und Vater

Als es an der Zeit war, eine gemeinsame ethische Basis zu schaffen, sah sich Mose vor eine Riesenaufgabe gestellt. Hunderttausende von Israeliten verließen Ägypten mit ethischen Normen, die vier Jahrhunderte lang durch den Einfluss von Idolen und falschen Göttern verdreht und verzerrt worden waren. In 5. Mose 6,4-7 sagt Mose seinem Volk: »Höre, Israel, der Herr ist unser Gott, der Herr allein. Und du sollst den Herrn, deinen Gott, lieb haben von ganzem Herzen, von ganzer Seele und mit all deiner Kraft. Und diese Worte, die ich dir heute gebiete, sollst du zu Herzen nehmen und sollst sie deinen Kindern einschärfen und davon reden, wenn du in deinem Hause sitzt oder unterwegs bist, wenn du dich niederlegst oder aufstehst.«

Aus diesen vier Versen können wir drei Prinzipien der ethischen Unterweisung ableiten. Erstens: Es gibt nur einen Gott, dem wir gefallen sollen, der Gott Jahwe. Er ist ein absoluter Gott und seine Gebote sind im Einklang mit seinem Wesen. Gott ist vollkommen und alle biblischen Wertmaßstäbe spiegeln nur sein Wesen wider. »Potluck«-Ethik gibt es da nicht!

Zweitens: Der Ausgangspunkt ethischer Erziehung liegt bei den Eltern. Mose sagte, vor jeder sorgfältigen Belehrung der Kinder »... sollst du (diese Worte) zu Herzen nehmen ...« Wenn die Prinzipien einer ethischen Haltung nicht in Ihrem eigenen Herzen verankert sind, können Sie sie nicht an Ihre Kinder weitergeben. Es ist ein Irrtum zu glauben, ethische Erziehung sei Sache der Sonntagsschule, der Tagesschule oder der christlichen Lehrer. Das stimmt einfach nicht! Aber ob sie es nun wollen oder nicht, Eltern haben den größten ethischen Einfluss auf ihre Kinder. Deshalb spricht das Wort des Mose den Kern der Sache an – das Herz der Eltern.

Drittens: Ethische Erziehung muss während der normalen Aktivitäten des Tages stattfinden. (»... und du sollst sie deinen Kindern einschärfen und davon reden, wenn du in deinem Hause sitzt oder unterwegs bist, wenn du dich niederlegst oder aufstehst.«) Daraus folgt, dass ethische Wahrheiten am besten in friedlichen Phasen vermittelt werden. Das soll nicht heißen, dass wir, wenn Korrektur angebracht ist, nichts Entsprechendes sagen dürften. Aber es heißt, dass eine gesunde Dosis ethischer Aufklärung durchaus im Laufe des Tages und in Zeiten der Harmonie erfolgen sollte, wenn das Kind sich nicht in der Situation befindet, seine eigene Handlungsweise verteidigen zu müssen.

Die Herausforderung an die Eltern von dieser Stelle aus heißt: Sie selbst müssen den Gott der ethischen Wahrheiten kennen, Sie selbst müssen danach leben und von dieser Erfahrung her Ihren Kindern diese Wahrheiten vermitteln.

Das »Wie« und »Warum«

Es reicht nicht aus, die Kinder zu lehren, wie man ethisch bestimmt handelt. Sie müssen sie auch lehren, nach ethischen Grundsätzen zu denken. Um dieses Ziel zu erreichen, müssen Sie selbst in Übereinstimmung mit biblischen Wertvorstellungen denken. Ethisch begründetes Denken ist eine Voraussetzung für den Prozess, ein ethisch verantwortliches Kind zu erziehen.

Ein Hauptgrund, weshalb Kinder Wertvorstellungen nicht verinnerlichen, liegt darin, dass ethischen Vorschriften nur allzu oft die ethische Begründung fehlt. Damit wollen wir sagen, dass Mütter und Väter ihren Kindern oft sagen, was sie tun sollen, sie sagen aber nicht, warum sie das tun sollen. Diese Unterscheidung muss betont werden, denn zu wissen, wie man richtig handelt, und zu wissen, warum man so handeln soll, sind zwei wirklich verschiedene Dinge. Das Erste spricht das ethische Handeln an, das Zweite das ethische Prinzip.

Es gibt viele Kinder, die um ethische Gebote wissen und davon, wie man sie anwendet. Doch nur wenige kennen die Begründung dafür. Wenn sie in die Kirche gehen, sagt man den Kindern, was sie dort tun sollen. Wenn sie in die Schule gehen, sagt man ihnen, dass sie gehorchen müssen. Wenn sie die Großmutter besuchen, sagt man ihnen, wie sie sich dort benehmen sollen. Auf diese Weise wird dem »Wie« des Verhaltens sehr viel mehr Betonung beigemessen als dem »Warum«. Dabei kommt heraus, dass einige Kinder das Erwachsenenalter erreichen und nach außen hin durchaus moralisch auftreten. Innerlich fehlt ihnen aber die Grundlage dafür.

Wenn wir sagen, dass die Eltern bei ihren Anweisungen dieses »Warum« einbauen müssen, meinen wir damit nicht, dass sie verpflichtet sind, für alle ihre Entscheidungen und Anweisungen eine Erklärung zu liefern. Es wird Zeiten geben, wo die Erklärung »Weil Mutti es gesagt hat«, ausreichen muss. Das gilt vor allem für die Kleinkindjahre. Doch wenn die Kinder drei Jahre alt geworden sind, sollten die elterlichen Anweisungen schon allmählich ethische und praktische Begründungen enthalten für das, was wir von ihnen verlangen.

Das ethische »Warum«

Nach dem Morgengottesdienst vergnügten sich einige Schüler der Unterstufe des Gymnasiums mit ihren Fahrrädern auf dem Innenhof der Kirche, wobei sie sich mitten durch Kirchgänger einen Weg suchten. Als Ryan seinem Vater schnell seine Bibel in die Hand drückte, um zu seinem Fahrrad zu rennen, hielt dieser ihn fest und fragte, wo er hin wollte. »Ich will mit den anderen um die Kirche herumfahren«, sagte Ryan. Sein Vater antwortete: »Und ich möchte dich bitten, das nicht zu tun.« Und er tat, was zu einer auf biblischer Basis angemessenen ethischen Erziehung gehört: Er gab seinem Sohn die nötige Begründung für seine Bitte.

Ryans Vater erklärte ihm, dass das Radfahren auf dem Innenhof der Kirche wegen der anderen Leute nicht in Ordnung sei. Er zeigte auf Mütter mit ihren Babys, auf alte Menschen, die kamen und gingen (manche von ihnen mit Krücken), Leute in Rollstühlen und andere, die mit einer Tasse heißem Kaffee in der Hand dastanden und plauderten. Er half Ryan damit, die möglichen Gefahren zu sehen, und erklärte ihm, warum das Radfahren unter diesen Umständen ethisch nicht vertretbar war. Diesmal hatte der Vater Ryans Verhalten bestimmt; das nächste Mal kann Ryan von sich aus so handeln, weil das Prinzip sein Herz erreicht hatte.

Um die Wichtigkeit, unsern Kindern die ethische Begründung unserer Anweisungen und Einschränkungsmaßnahmen zu geben, noch besser zu illustrieren, wollen wir die Situation einmal hypothetisch weiter ausmalen. Angenommen, Ryans Vater hätte ihm die Möglichkeit, mit seinen Freunden Fahrrad zu fahren, ohne jede Begründung verweigert. Wir haben die Feststellung gemacht: Wenn ein Nein ohne Erklärung erfolgt, halten die Kinder es für eine Regel, die nur für den einen Tag gilt. Wenn in der nächsten Woche Ryans Freunde ihn erneut auffordern, bei diesem Spaß im Innenhof der Kirche mitzumachen, hat dieser eigentlich keinen rechten Grund, es abzulehnen – weil er die dahinter liegende Begründung nicht erfahren und damit nicht verinnerlicht hat.

Wenn es kein Prinzip gibt, das das Herz in irgendeiner Weise bewegt, dann ist das Herz eben auch nicht berührt. Kinder, die immer das richtige Verhalten zur Schau stellen, ohne zu wissen warum, sind moralische Roboter. Sie reagieren oft auf Situationen und Umstände korrekt, aber nicht, weil ihr eigenes Herz, ihre eigene Überzeugung sie dazu anhält. Wenn es dahin kommt, dass das Herz der Jugendlichen an Lebensentscheidungen beteiligt ist, ist es ein unschätzbarer Gewinn für die Adoleszenzphase. Es ist eine Voraussetzung dafür, dass Sie Ihre Teenager durch Ihre Einflussnahme leiten können.

Vorsicht vor Gesetzlichkeit

Wenn man versucht, eine allgemeine ethische Grundlage zu entwickeln, muss man sich vor einem hüten: dass man nicht in Gesetzlichkeit verfällt. Eine gesetzliche Erziehungsweise ist äußerst gefährlich, besonders in den Teenagerjahren. Sie hinterlässt meistens frustrierte Jugendliche. Gesetzlichkeit schafft Verbote, indem sie die Regel über den Grundsatz erhebt. Der gesetzliche Mensch sieht alle Entscheidungen im Leben als schwarz oder weiß, als moralisch oder unmoralisch an. Er erkennt keine Herzensentscheidungen oder Motive an. Es bleibt kein Raum für persönliche Stärken und Schwächen. Der gesetzliche Mensch neigt zu der Forderung, dass die Gewissen aller Gläubigen identisch sein müssen.

Wir haben alle die Mahnung gehört: »Lasst uns die Dinge im Kontext, im Zusammenhang betrachten.« Der bemerkenswerteste Aspekt eines gesetzlichen Menschen ist, dass er den Kontext ablehnt. Darauf – auf den Zusammenhang einer Situation – zu achten heißt ja nicht, biblische Gebote oder Grundsätze aufzugeben. Es heißt nur, dass wir diese in der angemessensten Weise zur Anwendung bringen. Den Kontext zu beachten, bewahrt vor Gesetzlichkeit und hilft einem Menschen zur Entscheidung, wie er einem Problem begegnen kann.

Nehmen wir den Fall von Andrea. Ihr Vater sagte ihr: »Liebling, ich möchte nicht, dass du den Wagen auf der Straße parkst. Stell' ihn in die Auffahrt.« Er erwartete, dass seine Tochter ihm gehorchte. Doch als der Nachbar begann, sein Haus mit Farbe anzusprühen, und der Wind die Farbe bis in die Einfahrt und auf das geparkte Auto trieb, fuhr Andrea den Wagen doch wieder auf die Straße.

Ein gesetzlicher Mensch würde sagen, dass das eine klare Verletzung der väterlichen Anweisung war. Aber Andreas Verhalten verletzte in keiner Weise das Prinzip, für den Wagen des Vaters zu sorgen. Der Kontext erlaubt einem Kind, das Richtige zu tun, auch wenn die Situation sich ändert. Wenn man versäumt, ein Kind Grundsätze zu lehren, beraubt man es der ethischen Umsicht und Urteilsfähigkeit.

Die Bibel stellt höchste Autorität und ethische Vollkommenheit dar. Auf ihren Seiten finden wir die ethischen Wertmaßstäbe, die Gottes Gerechtigkeit und Weisheit widerspiegeln. Da gibt es keine ethischen Abweichungen in ihren Richtlinien. Die Wertvorstellungen, die das Verhalten regeln und gut und böse definieren, sind die gleichen für alle Menschen und alle Zeiten. Als Eltern muss Ihnen klar werden, dass es nicht genügt, Ihren Teenagern beizubringen, ethisch-moralisch zu handeln. Sie müssen Ihr Kind lehren, ethisch bestimmt zu denken. Um dieses Ziel zu erreichen, müssen Sie allerdings auch selbst in Übereinstimmung mit biblischen Wertvorstellungen denken und leben. Dieses Denken ist entscheidend wichtig in dem Prozess, in den Sie eingestiegen sind – den Prozess, ein ethisch verantwortliches Kind aufzuziehen.

Fragen

1. Denken Sie darüber nach, was Sie Ihren Kindern von Jesus Christus erzählt haben. Beschreiben Sie die Zeit, in der Sie mit jedem Kind über den Opfertod Jesu am Kreuz gesprochen haben.

2. Denken Sie darüber nach, was Sie selbst von der Bibel wissen. Was können Sie dazu tun, das Bewusstsein von Gottes ethischen Prinzipien wach zu halten oder zu vertiefen?
3. Schreiben Sie drei ethische Grundsätze nieder, die in Ihrem Leben gelten. Woher stammen diese Prinzipien.
4. Stimmen Sie dem zu, dass es wichtig ist, ethische und praktische Begründungen für Ihre Anweisungen zu geben? Warum ja, warum nein?
5. Warum ist der Kontext, der Zusammenhang so wichtig im Prozess der Erziehung?

Kapitel 6

Wo soll ich anfangen?

Als Dan und Laurie zum ersten Mal unsere Workshops »Wie erreiche ich das Herz meines Teenagers?« besuchten, wollte ihre Tochter Melody absolut nichts damit zu tun haben. Sie sagte ihren Eltern: »Das ist bloß 'ne neue Masche, mit der ihr mich dahin bringen wollt, das zu tun, was euch passt.«

Nach den beiden ersten Veranstaltungen war es Dan und Laurie klar, dass ihr Erziehungsstil autoritär gewesen war. Während Laurie mit ihrem Mann sprach, sagte sie: »Ich vermute, dass Melody aus diesem Grund der Meinung war, die Workshops wären nur ein neuer Trick, um sie unter Kontrolle zu bekommen. Aber was nun? Wie können wir es ändern? Und selbst, wenn wir das schaffen, wie soll Melody jemals dahin kommen, an die Veränderung zu glauben? Alles, was wir versuchen, wird in ihren Augen suspekt sein.«

Laurie wollte wissen, wie sie wieder Glaubwürdigkeit gewinnen könnte. Diese Frage stellen viele Eltern. Doch bevor sie sich mit dem »Wie« befassen, müssen Eltern sich zuerst klar darüber werden, warum sie von Neuem beginnen wollen.

Wo befindet sich Ihre Beziehung zu Ihrem Teenager auf der augenblicklichen »Normalschiene?« Ist die Beziehung erfreulich, konfliktbeladen oder irgendwo in der Mitte? Wenn Sie sich wünschen, dem positiven Ende der Schiene näher zu kommen, fragen Sie sich aufrichtig: »Wünsche ich mir, ich könnte von Neuem beginnen?« oder »Will ich wirklich von Neuem beginnen?«

Wünsche zielen auf eine Hoffnung im Bereich der Phantasie. Die Bereitschaft – »ich will« – spricht eine tatsächliche Fähigkeit an. Als Christ haben Sie die Fähigkeit und die geistliche Kraft, mit jeder Beziehung von Neuem zu beginnen. Und das gilt ganz sicher auch für die Beziehung zwischen Ihnen und Ihrem Kind. Christus lässt Sie an seiner Fülle teilnehmen (Kol 2,10). Er stärkt Sie und gibt Ihnen alles, was Sie brauchen (Phil 4,13+19), und er hat Ihnen alles zugesagt, was Sie zum Leben und an göttlicher Kraft nötig haben (2. Petr 1,3).

Christus hat die Werkzeuge für einen Neubeginn geschaffen, aber sind Sie auch willig und bereit, sie zu benutzen? Seine Erwartungen für uns sind hoch, und unsere sollten es auch sein. Ihr Ziel ist es nicht unbedingt, absolut untadelige Kinder vorzustellen, die niemals Drogen ausprobieren, nicht mit dem Gesetz in Konflikt geraten und die als Erwachsene in der Lage sind, für sich selbst zu sorgen. Solche Ergebnisse sind wichtig, aber für die Beziehung nicht von Bedeutung. Die Möglichkeiten sind so viel größer. Ihr Ziel sollte sein, in Ihrem Kind einen Hunger danach zu wecken, jedes Familienglied zu lieben und ihm zu dienen. Ihr Ziel sollte sein, eine Familie zu haben, wie sie durch die positiven Aspekte der ersten zwanzig Fragen unserer Untersuchung in Kapitel 1 beschrieben ist. Das Ziel ist eine Beziehung zu Ihrem Teenager. Und es ist niemals zu spät, den Anfang zu machen und daran zu arbeiten. Das gilt, ob Ihr Kind nun sieben oder siebzehn oder siebenundzwanzig Jahre alt ist.

Übrigens bezieht sich das »Sie« und »Ihr« in den vorhergehenden Sätzen auf Eltern als Team ebenso wie auf einen Elternteil. Um zu einem optimalen Ergebnis zu kommen, sollten beide sich im Prozess der Veränderung einbringen und bereit sein, auf eine neue Beziehung mit Ihrem Teenager hinzuarbeiten. Doch wenn Sie ein alleinstehender Elternteil sind oder Ihr Ehepartner nicht bereit ist mitzumachen, stecken Sie das Ziel deswegen nicht tiefer. Timotheus wurde ein hervorragender, geistlicher Mann, weil seine Großmutter und seine Mutter eine enge, auf ethischen Prinzipien basierende Beziehung zu ihm entwickelten.

Fangen Sie bei sich selbst an

Kommen wir zur Praxis: Wo sollten Sie anfangen? Wie machen Sie es, wenn Sie in einer Beziehung, die schlimm belastet und beschädigt wurde, neue Brücken schlagen wollen? Wie ändern Sie alte Gewohnheiten in der Erziehung, wenn schon so viel Jahre darüber hingegangen sind? Wie können Sie positive ethisch-moralische Veränderungen hervorbringen, nicht nur äußerlicher Art – die Sie vielleicht schon besänftigen könnten –, sondern solche, die sich im Herzen Ihres Teenagers vollziehen?

Der erste Schritt ist oft der schwierigste auf dem ganzen Weg. Vielleicht haben Sie in der Vergangenheit Versuche gemacht, Ihren Teenager zum Positiven zu verändern. Vielleicht haben Sie es mit Disziplin, mit laufen lassen, mit Belohnung, mit hartem oder weichem Kurs versucht, mit der kirchlichen Jugendgruppe, mit Sport, mit Familienberatung – und alles hat nicht geholfen. Alle Ihre Bemühungen haben nur Schmerzen ausgelöst. Sie fühlen sich beunruhigt, hilflos, hoffnungslos, gedemütigt und schuldig. Wenn es Ihnen endgültig klar geworden ist, dass Sie Ihren Teenager nicht kontrollieren können – trotz all Ihrer Anstrengungen –, dann bleibt nur noch das Empfinden einer großen Niederlage. Die Beziehung ist kaputt, und Sie sind entmutigt. Können Sie – mit Gottes Hilfe – wirklich an diesem Punkt noch zu einer positiven Beziehung zu Ihrem Jugendlichen kommen?

Wir sind davon überzeugt, wenn Sie sich zuerst ernsthaft und ausdauernd darum bemühen, sich selbst zu ändern, dann werden andere positive Veränderungen folgen. Doch es muss bei Ihnen, den Eltern, anfangen. Sie müssen der Initiator des Prozesses sein. Arbeiten Sie darauf hin, Ihren Einfluss wachsen zu lassen. Werden Sie glaubwürdig in den Augen Ihrer Teenager. Tun Sie alles, was erforderlich ist, um zu zeigen, dass Sie den Status quo ändern möchten.

Zu lernen, wie man mit den Teenagern umgeht, ist eine sekundäre Frage gegenüber der Aufgabe, wie man sie durch ethische Einflussnahme führt. Das heißt, dass Sie in diesem Bestreben die Führung übernehmen müssen und nicht aufgeben dürfen. Mit der Einübung des richtigen Verhaltens werden wir uns im letzten Kapitel noch beschäftigen. Im Augenblick ist das Ziel, Ihre Glaubwürdigkeit zu erreichen, so dass Sie mehr durch persönliche Einflussnahme führen können, als dass Sie Gesetze festlegen.

Der Rest dieses Kapitels enthält Vorschläge zur Starthilfe. Die Anwendung dieser Empfehlungen kann das Entstehen weiterer Risse und Gräben einschränken und gleichzeitig eine positive Veränderung in der Beziehung zu Ihrem Teenager bewirken.

Sagen Sie es Gott, dass Sie ganz von vorne anfangen wollen

Ihr himmlischer Vater weiß alles über Ihre Familie. Er kennt Ihre Schmerzen, Ihre Ängste und sorgenvolle Augenblicke. Er freut sich, wenn Sie, sein Kind, ihn um seine göttliche Führung bitten. Jakobus, der Bruder unseres Herrn, erinnert uns an eine simple Wahrheit: »Ihr habt nicht, weil ihr nicht bittet« (Jak 4,2). Von Neuem mit unsern Kindern beginnen, heißt – unabhängig von ihrem Alter – zum Herrn gehen, ihn in unser Leben einladen und ihn bitten, uns selbst zu entlarven, unsere Haltung aufzudecken und uns zu verändern.

In Psalm 139,23.24 bittet David Gott: »Erforsche mich, Gott, und erkenne mein Herz; prüfe mich und erkenne, wie ich's meine. Und sieh, ob ich auf bösem Wege bin, und leite mich auf ewigem Wege.« David wünschte sich von Gott, dass er die sündige Beschaffenheit seines Herzens bloßlegte und ihn auf den Weg der Gerechtigkeit führte.

Schließen Sie sich dieser Bitte Davids an. Bitten Sie den Herrn, dass er solche Dinge in Ihrem Leben aufdeckt, die nicht im Einklang mit seinem Willen sind. Dann bekennen Sie Ihre Sünde – die bewusste und die unbewusste. Auf welchem Wege auch immer – Sünden und Schwächen müssen vor Gott gebracht werden. Wir alle brauchen die göttliche Vergebung, bevor wir unsere irdischen Probleme angehen. Sie müssen die Vergebung des Vaters und dann seine Weisheit empfangen, wenn Sie auf eine effektive Weise Ihre Kinder erziehen wollen.

Nie würden Eltern absichtlich wirkungslose Maßnahmen bei der Erziehung ihrer Kinder ergreifen. Aber viele sind irregeführt durch säkulare Philosophien und folgen ihnen schließlich. Es gibt Vergebung und Hoffnung auch in diesen Dingen. Gott versteht Ihre Verzweiflung. Machen Sie sich selbst mit folgenden Worten Mut: »Sprichst du: ›Siehe, wir haben's nicht gewusst!‹, fürwahr, der die Herzen prüft, merkt es, und der auf deine Seele Acht hat, weiß es und vergilt den Menschen nach seinem Tun« (Sprüche 24,12). Sagen Sie Gott, dass Sie bereit sind, von vorne anzufangen.

Sehen Sie Ihrer Vergangenheit ins Gesicht

Wenn Gott auf Ihre Gebete antwortet und Ihre Sünde offenbart, dürfen wir an der Stelle noch nicht aufhören, falls Ihre Sünde auch das Leben anderer berührt hat. Der einzige Weg, um über unsere Vergangenheit hinwegzukommen, heißt: Vergebung zu suchen. Bitte beachten Sie, dass die Bitte um Vergebung nicht mit einem »Es tut mir Leid« abgetan ist. Diese Redewendung sollte den unbeabsichtigten Fehlern vorbehalten bleiben. Wenn Sie z. B. ungewollt an das Flugzeugmodell Ihres Teenagers stoßen und eine Tragfläche abbrechen, entschuldigen Sie sich mit diesen Worten. Vielleicht bezahlen Sie sogar ein Ersatzmodell, aber es gab keinerlei böse Absicht dabei.

Vergebung suchen ist aber etwas anderes. Wir suchen danach, wenn wir wissentlich Unrecht getan haben – durch eine Tat, durch Unterlassen oder mit Worten. Zu sagen: »Es tut mir Leid« heißt, einen Fehler zuzugeben. Um Vergebung zu bitten, bedeutet, falsche Motive des Herzens anzuerkennen.

Diese Unterscheidung ist sehr wichtig. Wenn wir absichtlich andere beleidigen, sind wir verpflichtet, Vergebung zu suchen, indem wir sie erbitten. Das ist mehr, als zu sagen, dass es uns Leid tut. Einfach zu sagen: »Bedaure« oder »Ich entschuldige mich« ist nicht genug. »Bedauern« ist etwas Subjektives und kann von einer Kleinigkeit bis zu großen Dingen reichen. Vergebung ist etwas Objektives und dabei gibt es keinen Mittelweg – sie ist etwas Absolutes. Das heißt, sie wird entweder gesucht oder nicht. Es gibt keine teilweise oder bedingte Vergebung.

Unser Freund Allen scheint sich in einem ständigen Kriegszustand mit seiner jüngsten Tochter Rebecca zu befinden. Der Vorschlag eines Neuanfangs mit der Bitte um Vergebung war für ihn nicht leicht zu akzeptieren. Es ging ihm nicht darum, dass er das biblische Gebot der Vergebung abgelehnt hätte. Er fürchtete nur, dass das Zugeben von Unrecht ihn das letzte bisschen an Kontrolle kosten würde, das er noch über Rebecca hatte.

Es ist demütigend und oft extrem schwer, einen Teenager, den Sie verletzt haben, aufzusuchen und seine Vergebung zu erbitten. Aber die Demut ist es, die zu neuer Glaubwürdigkeit führt. Und die Demut ist es auch, die die Tür dazu öffnet, dass Sie Ihre Teenager durch Einflussnahme führen können. Und die Demut erwartet auch nicht eine ganz bestimmte Antwort von Sohn oder Tochter. Unrecht zuzugeben schmälert die Autorität oder Führungsfähigkeit der Eltern nicht. Im Gegenteil, damit wird Integrität offenbar. Und so war es auch bei Allen.

Vergebung zu suchen für Fehler der Vergangenheit sollte nicht auf Sie und Ihre Teenager beschränkt sein, sondern sollte sich auch auf Sie und Ihren Ehemann beziehen. Es ist leicht, jemand Schuld zuzuweisen, mit dem Finger auf jemand zu zeigen und zu murmeln: »Das Problem hätten wir nicht, wenn du nicht so viel nachgegeben hättest.« Oder zu sagen: »Wenn du mehr da gewesen wärst, sähen die Dinge anders aus.«

Jeder Elternteil hat sowohl in positiver als auch in negativer Weise zum gegenwärtigen Stand der Dinge beigetragen. Jeder hat Beiträge zur gesunden Entwicklung der Familie geleistet, und jeder hat Fehler gemacht. Aber den andern wegen seiner Fehler zu beschuldigen und über das Gute zu schweigen hilft nicht zur Lösung der familiären Probleme. Gegenseitige Vergebung aber vermag es (Mt 6,14 und Lk 6,37.38).

Bitten Sie den Herrn, dass er Ihnen den Mut gibt, gegenseitig Ihre Schwächen und verborgenen Ängste zu bekennen. Wir ermutigen alleinstehende Elternteile dazu, einen Freund oder eine Freundin zu finden, der oder die sich verantwortlich um sie kümmert und sie auf dem Weg mutmachend begleitet.

Bekenntnis und Vergebung können helfen, mit sündigen Verhaltensweisen zu brechen, die schon seit langem eingeschliffen wurden. Das erfordert eine Gelegenheit, von Neuem zu beginnen. Ergreifen Sie diese um Ihrer Beziehung willen und um Ihrer Kinder willen. Und denken Sie daran, dass Ihre Kinder immer Ihre Kinder bleiben werden. Nur der Tod bildet die äußerste Grenze, jenseits dieser Grenze ist keine Versöhnung mehr möglich.

Überprüfen Sie Ihre Ehe

Wenn Sie in einer Ehe leben, arbeiten Sie an der gegenseitigen Beziehung zu Ihrem Partner und beschränken Sie sich nicht auf die Rolle als Mutter oder Vater. Manche Leute fragen sich: »Was hat unsere Ehe mit der Beziehung zu unsern Teenagern zu tun?«

Die Antwort lautet: Sehr viel.

Ihre Kinder haben den angeborenen Wunsch zu erkennen, dass Mutter und Vater sich lieben. Dieser Wunsch stirbt niemals, selbst dann nicht, wenn das Kind in die Adoleszenzphase eintritt oder zum Erwachsenen wird. Wenn die Beziehung zwischen den Eltern nicht sichtbar heil ist, warum sollte ein Teenager emotional in die Familie investieren? Wenn die beiden Menschen, die die Familie führen, nicht miteinander zurechtkommen, kann eine familiäre Erneuerung kaum erwartet werden.

Roger und Kims dreizehnjähriger Sohn Neil demonstrierte diese Wahrheit in seiner Situation. Er war außer Kontrolle geraten und wurde zunehmend schwierig. Verzweifelt suchten Roger und Kim Hilfe bei einer Beratungsgruppe für Eltern. Doch dabei ergab sich das Problem: Würden sie jemand finden, der bei Neil wohnte, während sie ein Seminar besuchten, das ihnen helfen sollte?. Weil man ihm nicht zutrauen konnte, ihn allein zu Hause zu lassen, und sich niemand bereit fand, bei ihm zu bleiben, brachten sie ihren Sohn jede Woche mit. Sie wiesen ihn an, im Hintergrund des Raumes Platz zu nehmen, während sie weiter vorn sich die Video-Darstellung ansahen, die zum Programm gehörte.

In der dritten Veranstaltung drehte sich das Thema um die Beziehung der Ehepartner und das damit zusammenhängende Bedürfnis der Kinder, konkret zu wissen, dass Mutter und Vater einander liebten. Zu den Hausaufgaben gehörte in dieser Woche, dass die Eltern sich jeden Tag nach der Arbeit eine Viertelstunde Zeit nahmen, sich zusammen auf die Couch setzten und sich privat ein bisschen unterhielten. Eine solche einfache Aufgabe täglich wiederholt, so erklärten wir, zeigt den Kindern handgreiflich Gemeinsamkeit und Freundschaft zwischen Vater und Mutter.

Nachdem die Eltern diese Aufgabe drei Wochen lang vernachlässigt hatten, klagte Neil in einer Situation der Krise seine Eltern an, dass sie ihn nicht liebten. »Warum könnt ihr mir nicht geben, was ich wirklich brauche? Warum könnt ihr beiden nicht mehr auf der Couch zusammensitzen und mir zeigen, dass ihr euch liebt? In drei Wochen habt ihr nun nichts von dem getan, was der Mann auf dem Videofilm euch gesagt hat.«

Offensichtlich hatte Neil mehr getan, als nur im Hintergrund zu sitzen und sein Fahrradmagazin zu lesen. Aus seiner eigenen Verzweiflung heraus, hatte er sehr genau zugehört, was da vorne dargestellt und erklärt wurde, und hatte im geheimen Hoffnung geschöpft.

Es war Roger und Kim bis dahin niemals in den Sinn gekommen, dass selbst Neil diese selbstverständliche Wahrheit begriffen hatte: Gute Ehen schaffen gute elterliche Beziehungen. Mehr als alles, was sie tun oder sagen konnten, wünschte sich ihr Sohn zu wissen: »Liebt ihr euch noch, Mutter und Vater?« Von diesem Augenblick an war Neil ein völlig verwandelter Teenager, weil seine Eltern nun wirklich ihm gaben, was er brauchte, indem sie ihre Liebe zueinander wieder deutlich machten.

Jeder Schritt, den man zur Verbesserung der ehelichen Beziehungen unternimmt, ist ein Schritt auf eine bessere Eltern-Kind-Beziehung zu, unabhängig vom Alter des Kindes. Wenn Sie Konflikte in der Ehe beseitigen, beseitigen Sie auch Konflikte in Ihrer Situation als Eltern.

Es gibt eine eindeutige Wechselbeziehung zwischen gesunden Ehen und erfolgreichem Erziehen. Die eheliche Beziehung ist die Bühne, auf der die Darstellung von Vertrauen vor einem Publikum mit wachsamen Augen und Ohren vorgeführt wird. Die Art und Weise, wie Ihre Kinder Sie selbst einander lieben und betreuen sehen, hat einen mächtigen Einfluss auf Ihre Glaubwürdigkeit als Eltern.

Es gibt einen weit verbreiteten Mythos, dass Kinder es nicht lieben, bei ihren Eltern Zärtlichkeiten zu sehen. Das ist einfach nicht wahr. Kinder – selbst Teenager – streben danach, Zeichen der Liebe zwischen ihren Eltern festzustellen. Sie sehnen sich selbst nach dem Vertrauen, das auf dem Wissen gründet, dass Vater und Mutter stark ineinander verliebt sind. Eine gute Ehe macht das Familienleben attraktiv.

Ein Vater kann im Leben seiner Kinder wundervoll aktiv sein. Er kann mit ihnen wandern, fischen gehen, Schlittschuhlaufen und auch zelten. Er kann ihnen bei den Hausaufgaben helfen und sie zu jeder möglichen schulischen Veranstaltung fahren. Er wird aber die Sicherheit, die all seine guten Bemühungen hervorgebracht haben, untergraben, wenn er nicht die gleiche Zeit und Mühe in das Verhältnis zu seiner Frau investiert. Zu sehen, dass der Vater die Mutter vernachlässigt, löst die unbewusste Frage aus: »Was wird ihn eines Tages davon abhalten, mich genauso zu vernachlässigen?«

Ebenso kann eine Mutter vierundzwanzig Stunden des Tages mit ihren Kindern verbringen und dabei ständig liebevoll und opferbereit mit ihnen umgehen. Doch all ihr Bemühen hat nur begrenzte Wirkung bei ihren Kindern, wenn sie nicht auch eine beständige Liebe zu ihrem Mann an den Tag legt.

Wie weit kann ein Teenager seinen Eltern vertrauen, wenn diese sich nicht die Zeit zum Miteinander nehmen und ihre gegenseitige Achtung bekunden? Wie weit kann ein Teenager sich auf seine Eltern verlassen, die beständig in barschem Ton über den Partner sprechen, einen Mangel an Geduld bezeigen oder die ehelichen Beziehungen manipulieren wollen? Wie kann ein Kind von Eltern, die in Konflikten leben, an ihre Liebe zu ihm glauben, während sie als Partner die gegenseitige Liebe in Frage stellen? Die Liebe zwischen den Eltern ist die Basis für gesunde familiäre Beziehungen.

Erlauben Sie Ihrem Teenager, Ihnen in Ihren Schwächen zu helfen

Die Vorstellung, Ihren Teenager zu bitten, Ihnen bei der Bewältigung Ihrer Schwachpunkte zu helfen, mag Ihnen riskant oder sogar erschreckend erscheinen. Doch es hat sich herausgestellt, dass man auf diese Weise die Beziehung zwischen Eltern und Teenagern wirksam lebendig erhalten kann.

Ihr Teenager hat vom dreizehnten bis zum neunzehnten Jahr mit Ihnen zusammengelebt, und glauben Sie mir, die Teenager kennen Ihre Schwächen schon. Unvollkommen zu sein ist für Eltern ziemlich leicht. Diese Unvollkommenheit zu akzeptieren ist schon erheblich schwerer. Ihren Teenager aufzufordern, Ihnen die Schwachpunkte einmal zu zeigen, kann regelrecht schmerzhaft sein, doch notwendig – für das Kind und für Sie.

Ein Merkmal einer heilen Familie ist die Freiheit, die jedem Familienmitglied gewährt wird, jedem andern in liebevoller Konfrontation begegnen zu können, wenn es nötig ist. Sensibilität und Weisheit gehören allerdings dazu, wenn eine solche Interaktion wirkungsvoll sein soll. Beide Parteien müssen offen sein, um zu lernen. Und derjenige, der mit etwas konfrontiert wird, muss bereit sein zuzuhören. Die Absicht einer solchen Konfrontation ist es nicht, zu verurteilen, sondern zu stärken. Damit soll nicht ein Konflikt noch angeheizt werden, sondern einer soll den anderen zu Liebe und guten Werken anreizen (Hebr 10,24).

Der Heilige Geist zeigte der neutestamentlichen Gemeinde einen Weg, der es einem Gläubigen erlaubte, zu einem andern Glied am Leibe Christi hinzugehen und es zu ermutigen oder auch zu ermahnen. Die gleiche Strategie kann zur Stärkung familiärer Beziehungen angewendet werden: »...wenn ein Mensch etwa von einer Verfehlung ereilt wird, so helft ihm wieder zurecht mit sanftmütigem Geist, ihr, die ihr geistlich seid; und sieh auf dich selbst, dass du nicht auch versucht werdest« (Gal 6,1). Beachten Sie die Leitlinien. Sie sollen einen Geist der Freundlichkeit entfalten und der Macht der Sünde in Ihrem eigenen Leben bewusst bleiben.

Wir haben dieses Prinzip in unserer eigenen Familie praktiziert. Als Eltern wissen wir, dass es natürlich in der Erziehung bei uns auch Fehler gab – falsche Perspektiven, einen Mangel an Geduld, gelegentlich eine zu starke Überzeugung von der Richtigkeit unserer eigenen Entscheidungen und zu wenig Zutrauen zu denen unserer Kinder. Wir wussten, dass unsere Kinder all unser Versagen sahen. Sie kannten unsere Stärken und Schwächen. Und uns war klar, dass niemand mehr wünschte, dass wir an dieser Stelle die Wahrheit erkennen würden, als unsere eigenen Kinder. So luden wir sie ein und ermutigten sie sogar noch dazu, uns zu helfen, bessere Menschen zu werden. Indem wir das taten, vermittelten wir unsern Kindern, dass wir ihnen vertrauten. Wir vertrauten ihren Motiven, und wir vertrauten ihrem Scharfblick. Dieses Zeichen von Vertrauen sprach für unsere Töchter Bände.

Trotzdem ließen wir sie nicht einfach die Oberhand behalten. Wir stellten einige Leitlinien auf, die das Privileg regeln sollten. Und nun denken Sie daran: Obwohl die folgenden Regeln für Teenager geschrieben wurden, die ihren Eltern gegenüberstehen, so könnten die gleichen Grundsätze der Achtung auch für Eltern gelten, die ihren Teenagern gegenüberstehen.

1. Teens dürfen ihre Eltern nicht verbal angreifen. Sie sollten jederzeit aufrichtig und respektvoll mit ihnen reden.
2. Teens und Eltern müssen sich an diesem Punkt in innerer Übereinstimmung befinden, wenn es um die Arbeit

an einer besonderen Schwachstelle oder an Schwächen geht.

3. Teenager müssen mit dem Wunsch zu helfen, nicht um anzuklagen, auftreten.
4. Teens müssen ihr eigenes Verhalten unter Kontrolle haben, wenn sie Beobachtungen machen oder Anklagen laut werden lassen.
5. Teens im Kriegszustand müssen den Wunsch zu einem Neuanfang haben. Ihre Bereitschaft zeigt an, ob der Wunsch zu einer guten Beziehung zu Mutter und Vater echt ist.

Es hat ein paar Vorteile, wenn Sie Ihren Teenagern die Freiheit einräumen, gegen Ihre Schwachpunkte anzugehen. Erstens lässt es in Ihnen eine gesunde Verwundbarkeit entstehen. Die allgemeine Ansicht ist, dass Verwundbarkeit Schwäche bedeutet. Doch wir benutzen den Begriff, wenn wir Stärke bezeichnen wollen. Einer der Schlüssel, um die Tür zu einem Menschenherzen aufzuschließen, ist eine gesunde Verletzlichkeit. Verwundbar zu sein heißt offen zu sein für eine gesunde Korrektur oder Kritik eines ethisch reifen Mitgliedes der Familie.

Verletzlichkeit hilft, den inneren Menschen unter Kontrolle zu behalten. Sie erlaubt einem anderen, uns einen Spiegel vorzuhalten, so dass wir sehen können, wer wir wirklich sind und wohin wir uns entwickeln. Wenn wir uns den Spiegel selbst vorhalten, neigen wir dazu, nur auf unsere guten Seiten zu schauen. Unsere Teenager sind sehr gut darin, uns alle Seiten aufzuzeigen. Teens hassen Heuchelei bei ihren Eltern. Unsere Verwundbarkeit und Offenheit gegenüber ihren Einwänden hilft dazu, die Heuchelei zu verhindern.

Ein zweiter Vorteil ergibt sich, wenn Ihr Teenager etwas in die Beziehung zu den Eltern investiert. Was man investiert, darum sorgt man sich. Diese Wahrheit kam bei uns zum Tragen, als ein Verwandter uns überredete, in einer europäischen Firma, die in den USA Geschäfte machte, zu investieren. Wir kauften die Aktien dieser Gesellschaft zu achtzehn Dollar das Stück. Innerhalb eines Monats stieg der Kurs auf einundzwanzig Dollar. Im

Laufe der nächsten Monate beobachteten wir, wie der Kurs unserer Aktien stieg und fiel und wieder stieg.

Diese Beteiligung am Börsenmarkt vermittelte uns eine ganz neue Wertschätzung des Begriffs »Investition«. Jeden Tag informierten wir uns nun über den durchschnittlichen Stand des Dow Jones. Unsere Aufmerksamkeit richtete sich von der anfänglichen Investition auf das, was wir in Zukunft damit anfangen wollten, auf das, was wir glaubten, tun zu müssen. Wir beobachteten und pflegten unsere Anteile. Wir achteten auf die Dividende. Je mehr wir unsere anfängliche Investition wachsen sahen, desto engagierter wurden wir. Wenn die Dividende sank, erhöhte sich unsere Aufmerksamkeit noch einmal.

Das Gleiche gilt für Investitionen in Beziehungen. Wenn wir unsern Teenagern die Freiheit gewähren, sich mit unsern Schwächen auseinanderzusetzen, dann geben wir ihnen damit die Gelegenheit, emotional und im Hinblick auf die Beziehung in uns zu investieren. Es gibt eine eindeutige Wahrheit, die in gleicher Weise für die menschliche Natur und die Natur von Geld-Investitionen gilt: Die Menschen lassen eine Investition nicht so leicht wieder los, die sie schon eine Menge gekostet hat. Persönliche Investition gibt uns einen Grund, an etwas festzuhalten, es zu pflegen, zu beobachten und weiter hinein zu investieren.

Ihr Teenager wird Ihnen gegenüber auch so verfahren. Doch zuerst müssen Sie ihm eine positive Perspektive geben, dass sich die Investition auch lohnt – sich selbst. Sind Sie bereit, verletzlich und offen für Investitionen zu sein? Wie sieht es mit Ihrem Einsatz im Bereich der Beziehung aus? Wenn Sie sich nicht selbst verwundbar machen, hat Ihr Teenager keinen offenen Weg zu Ihrem Herzen und keine Hoffnung auf Erfolg.

Entfalten Sie Ihre Fähigkeiten zur Ermutigung

Es ist ein großer Unterschied zwischen einer gelegentlichen ermutigenden Äußerung und der Tatsache, auf Dauer als Eltern eine ermutigende Rolle zu spielen. Wirkliche Ermutigung strömt aus einer Beziehung heraus. Es ist mehr als hin und wieder ein Wort, das man zu hören bekommt. Es ist Ihre Gegenwart, Ihr Lächeln und Ihre Ausstrahlung, die Ermutigung vermittelt.

Es ist leicht, einen Freund zu ermutigen. Wesentlich schwieriger ist es schon, jemand zu ermutigen, mit dem Sie in Konflikt leben. Aber die Ermutigung bedeutet für eine schwache Beziehung viel mehr als für eine starke, vor allem, wenn sie von einem früheren Feind ausgeht. Beständige und aufrichtige Ermutigung vermittelt die Bereitschaft zur Veränderung des Status quo – den Wunsch, eine Beziehung weiterhin zu verbessern.

Wie wäre es mit einer kleinen schriftlichen Bemerkung? Das ist ein guter Weg, um Ermutigung zu geben. Denken Sie an Ihre Kindheit zurück. Haben Sie jemals von Vater oder Mutter eine handgeschriebene Äußerung bekommen – etwas außerhalb der üblichen Weihnachts- und Geburtstagsgrüße? Etwas ganz Schlichtes, Ermutigendes – und am Schluss die kostbaren Worte »Ich liebe dich«? Wenn ja, dann wissen Sie, wie wertvoll so ein Gruß sein kann. Wenn nicht, dann können Sie sich vielleicht noch vorstellen, welches Gefühl Ihnen ein solches Geschenk vermittelt hätte.

Es kostet nicht viel, gelegentlich eine Notiz zum Frühstücksbrot oder ins Schulbuch Ihres Teenagers zu stecken – vielleicht einen Satz oder zwei über das Baseballspiel vom letzten Abend oder einen Spaziergang, den Sie zusammen gemacht haben. Die Zeit, die sie brauchen, um zwanzig Worte auf einen Zettel zu schreiben, beträgt vielleicht dreißig Sekunden. Aber der Einfluss, den es auf Ihr Kind hat, kann ein Leben lang dauern. Je älter ein Kind ist, desto mehr braucht es ein paar ermutigende Worte von Ihnen.

Ein Schritt weiter wäre es, einen Brief zu schreiben. Ein Brief bietet eine ausgezeichnete Gelegenheit, um das mitzuteilen, was

Sie wirklich im Herzen fühlen. Wenn Sie sich schriftlich mitteilen, können Sie die Worte sorgfältig wählen, Ihre Gedanken ins Reine bringen und Ihre Absichten offenbar werden lassen. Ihre Gedanken auf Papier zu übertragen ist besonders dann hilfreich, wenn Sie schon wissen, dass die Kommunikation Auge in Auge versagt. Nehmen Sie sich Zeit, Ihre Sorgen auszusprechen, Ihre Kämpfe und Frustrationen, auch die Hoffnungen, Wünsche und Freuden im Hinblick auf Ihre Beziehung.

Es spielt keine Rolle, welche Art der Kommunikation Sie wählen – Worte, Notizen, Briefe oder eine andere Form –, nehmen Sie das Bedürfnis Ihrer Teenager nach Ermutigung ernst. Warten Sie nicht erst auf warnende Signale, die Ihnen sagen, wie sehr Ihre Teenager Sie brauchen. An der Oberfläche mag es so aussehen, als ob nichts die Aufmerksamkeit Ihrer Teenager besonders auf sich ziehen könnte. Oder es wirkt so, als ob sie sich nur mit trivialen Dingen abgäben. Doch für einen Teenager können unausgesprochene oder kaum angedeutete Kämpfe eine ernste Angelegenheit sein. Häufig unterschätzen Eltern die Dringlichkeit einer Bitte ihres Kindes. Probleme, die uns trivial vorkommen, können für einen Teenager unüberwindlich erscheinen.

Hören Sie auf Stichworte und erkennen Sie, dass vielleicht einige Dinge von größerer Wichtigkeit unter belanglos klingenden Aussagen verborgen sind. Wenn Sie sorgfältig zuhören, kann es sein, dass Sie vielleicht etwas von einem ernsthaften Problem erfahren, das Ihr Teenager mit einem Freund, einem Lehrer oder einem Feind hat. Vielleicht hören Sie auch zufällig von einem Problem, bei dem der Druck der Peergruppe eine Rolle spielt. Ergreifen Sie die Gelegenheit, Ihre Teenager in ihren Schwierigkeiten zu ermutigen, indem Sie Ihre Erfahrung und Ihre Weisheit mit einfließen lassen. Die jungen Leute brauchen Ihre Hilfe und Ermutigung, ob sie es nun zugeben oder nicht.

Lernen Sie Ihren Teenager gut kennen

Was hält Ihren Teenager in Schwung? Was ist seine besondere Begabung? Was sind seine bevorzugten Hobbys? Liebt er die Computer, den Sport, klassische Musik oder das Summen des Motors mit vielen PS? Wenn Sie es bis jetzt noch nicht geschafft haben, ist es an der Zeit Ihren Teen gut kennen zu lernen. Lernen Sie es, Fragen mit offenem Ausgang zu stellen, die eine nachdenkliche Antwort erfordern. Lieber als zu fragen: »Wie geht's in der Schule?«, worauf Ihr Kind allenfalls antwortet »gut«, setzen Sie lieber ein bisschen tiefer an: »Was ist in deiner neuen Klasse der schwierigste Bereich in Mathematik? Verstehst du dich mit Sarah noch so gut wie in der Unterstufe?« »Welche hältst du dieses Jahr für das netteste Mädchen in der Schule?«

Sie können beachtliche Einsichten gewinnen, wenn Sie beobachten, wie Ihre Teenager ihr Leben leben. Teenager führen, ebenso wie Erwachsene, ihr Leben in drei verschiedenen Welten: in der Öffentlichkeit, auf persönlicher Ebene und im privaten Bereich. Die Welt der Öffentlichkeit umfasst viel von ihrer Zeit außerhalb des Hauses – die Schule, den Arbeitsplatz und öffentliche Ereignisse. Die Welt des Persönlichen ist dem Zuhause schon näher. Hier leben sie mit den andern Gliedern der Familie zusammen, hier begegnen sie engen Freunden und Verwandten. Doch nur in den innersten Kammern des Herzens haben wir alle unsere private Sphäre.

Ihr Teenager lebt in allen drei Welten. Und Ihren Jugendlichen kennen zu lernen, bedeutet, zu allen drei Bereichen Zugang zu gewinnen. Wir haben entdeckt: Wenn wir unsere eigenen Töchter wirklich kennen lernen wollten, blieb uns nichts anderes übrig. Regelmäßiges Aufsuchen der Teenies in allen drei Welten half, in unserm Denken ein vielschichtiges Bild von dem, wer sie waren und sich zu werden anschickten, zu bewahren.

Wir erfuhren eine Menge über unsere Tochter Amy – im Hinblick auf ihr Empfinden für Konkurrenz und Fairness und ihre Haltung gegenüber Sieg und Niederlage –, indem wir während ihrer Unterstufen- und Oberstufenjahre zu ihren Basketballspielen gingen. Wie sie ihre Überzeugung auf dem Spielfeld, im Spindraum und auf dem Platz vertrat, ließ uns ihre Vielseitigkeit besser verstehen. Die Öffentlichkeit verschaffte uns einen anderen Blickwinkel als den, aus dem wir sie sonst meist sahen. Das gab uns als Vater und Mutter ein vollständigeres Bild von ihr.

Das Gleiche galt für unsere Tochter Jennifer. Sie hatte ein besonderes Geschick im Umgang mit Geld, Finanzen und Investments. Sie wusste als Siebzehnjährige mehr über die Börse, als einer von uns anderen jemals wissen wird. Jedesmal, wenn wir in der Familie eine größere finanzielle Entscheidung treffen mussten, war Jennifer dabei und half uns, mit dem Problem fertig zu werden.

Wenn Sie Ihre Teenager kennen lernen, haben Sie die Gelegenheit, bei ihren Stärken Anleihen zu machen. Dies wiederum bestätigt sie und stärkt die Beziehung zu Ihnen.

Wenn Sie mit diesem Prozess beginnen, entdecken Sie zuerst, in welchem der drei Bereiche Ihr Sohn oder Ihre Tochter ihre meiste Zeit verbringt. Lebt Ihr Sohn mehr außerhalb der Familie als daheim? Ist Ihre Tochter der Typ, der sich auf sich selbst zurückzieht und im Stillen Sicherheit in ihrer privaten Welt findet? Der Schlüssel zum Verständnis Ihres Teenagers, soweit es seine öffentliche und seine persönliche Welt angeht, liegt darin, dass man sich hineinbegibt, wenn es angemessen ist.

Sportliche Ereignisse, Klubaktivitäten, Vorträge, Konzerte, Leseabende und schulische Veranstaltungen gewähren Ihnen den Zugang zur öffentlichen Welt Ihres Kindes, doch einen Einblick in die Privatsphäre gibt es nur, wenn die Tür von innen aufgeht. Zeit, die mit dem Teenager verbracht wird und nicht nur von Oberflächlichem gefüllt ist, kann sein Herz öffnen. Bei uns zu Hause wurden diese besonderen Zeiten manchmal geplant und genauso oft ergaben sie sich von selbst. Wenn wir wirklich von den Kindern etwas hören wollten oder wenn sie von uns etwas wissen wollten, gingen wir zum Essen aus an einen neutralen Platz, wo wir vor Unterbrechungen sicher waren. Dort hörten wir ihnen mit dem Kopf und dem Herzen zu.

Aktivitäten außerhalb des Hauses schaffen manchmal auch Gelegenheiten zur Kommunikation. Ein gemeinsamer Spaziergang, ein Basketballspiel, ein morgendliches Schlendern durch ein Einkaufszentrum, Angeln, Bootfahren, oder ein langer Ausflug mit dem Fahrrad bringt uns einander näher. Und das ist notwendig, wenn Herzen sich öffnen sollen. Verlassen Sie sich nicht nur auf zufällige Gelegenheiten für solche Begegnungen, sondern planen Sie Zeit dafür ein und schaffen Sie die Gelegenheiten.

Achten Sie auf das, was Sie sagen, und auf den Ton

Es gibt einen ganz alten Grundsatz: »Denk nach, bevor du etwas sagst«. Anders ausgedrückt heißt das: Lernen Sie, Ihre Gedanken zu zügeln, wenn Ihre Teenager sich aufregen. Gary hatte es schwer, das zu lernen. Er ist der Typ, der radikale Veränderungen nicht liebt, besonders, wenn es keine Vorwarnung dabei gibt. So können Sie sich vorstellen, was sich in unserm Haus abspielte, als unsere Töchter im Teenageralter in das Zimmer hineintanzten und mit ihren gerade neu dauergewellten Locken herumwirbelten. »Vati, wie gefällt dir unsere Frisur?«

Gary starrte sie an. Mit allen Sinnen nahm er das Bild auf. Dann sagte er irgendetwas Dummes wie »Weiß eure Mutter das?« Einmal geäußert, konnten die Worte nicht mehr zurückgenommen werden. Und er konnte auch die Hoffnung nicht mehr auf die beiden hübschen Gesichter zaubern, dass Vati, der wichtigste Mann in ihrem Leben, die Freude und Aufregung dieses Augenblicks mit ihnen teilen würde. Sein Reden und der Ton hatten ihm ihre Herzen verschlossen.

Als Eltern treffen wir oft vorschnelle Entscheidungen, ohne an die möglichen Konsequenzen zu denken. Wenn Sie die Beziehung zu Ihren Teenagern neu aufbauen oder sie auch nur mit emotioneller Freundlichkeit erfüllen wollen, hüten Sie Ihre Zunge und achten Sie auf Ihren Ton. Stimmen Sie Ihre Antworten gemäß der Erregung auf den Gesichtern Ihrer Teenager ab. Tun Sie das, bevor diese zu dem Schluss kommen, dass man Ihnen nicht trauen kann, wenn es um die eigene Lebensfreude geht.

Was tun, um die Familie zu stärken

Jedes Familienmitglied muss lernen, aufrichtig mit dem anderen zu kommunizieren und aufmerksam zuzuhören. Sind Sie bereit, für Ihre Kinder Gelegenheiten zu schaffen, um mit ihnen zu sprechen und sie anzuhören? Hier sind fünf praktische Vorschläge, wie man dies für alle wichtige Bündnis pflegt.

Teilen Sie wenigstens jeden Tag eine Mahlzeit als Familie miteinander

Mit einem Teenager zusammenleben, bedeutet auf der Schnellspur leben. Schule, Sport, Jugendgruppe, Klubaktivitäten, soziale Einrichtungen, Freunde und Arbeitsplatz – Zeiten für die Familie einzuplanen, wo jeder da sein kann, ist eine Herausforderung.

Wir wissen, wie schwierig das sein kann. Als unsre Kinder ins Teenageralter kamen, gerieten alle Zeitpläne in Konflikt zueinander. Aktivitäten nach der Schule übten Druck auf das aus, was einmal ein regelmäßiges Familienleben gewesen war. Es schien, als ob jedesmal, wenn wir in unsre Einfahrt einbogen, eines der Kinder gerade im Abfahren begriffen war – sich auf dem Weg zum nächsten Ereignis befand.

Da zeitliche Beanspruchungen den familiären Zusammenhalt lockern und bereits geschwächte Beziehungen ernsthaft gefährden können, müssen extra Anstrengungen gemacht werden, um die Familie zusammenzuhalten. Aus diesem Grund verpflichteten wir uns, uns jeden Abend bei der Mahlzeit zu treffen. Manchmal bedeutete es, dass wir unseren Terminplan ändern mussten, ein andermal mussten die Teens sich anpassen. Doch wir hatten uns abgesprochen, dass wir jeden Tag eine Mahlzeit zusammen einnehmen wollten – um zu entspannen, miteinander zu reden, unsere emotionalen Batterien wieder aufzuladen, zu sehen, was im Leben der anderen vor sich ging, und uns an der wachsenden Freundschaft mit unsern Teenagern zu erfreuen.

Lesen nach dem Essen

Etwas miteinander zu lesen ist eine familiäre Kunst, die allmählich verloren geht. Und doch ist es eine der vergnüglichsten Aktivitäten, die es zwischen Eltern und Kindern allen Alters geben kann. Jeden Abend nach dem Essen, bevor das Geschirr vom Tisch abgeräumt wurde, las Anne Marie uns Geschichten vor. Das gehörte zu unseren besten Freizeitbeschäftigungen. Georg Müller, D.S. Moody, Hudson Taylor ... ein Kapitel am Abend gab uns die Möglichkeit, die großen Männer und Frauen des christlichen Glaubens ein Stück weit auf ihrem Weg zu begleiten.

Dieses gemeinsame Lesen nach dem Abendessen regte nicht nur unsern Verstand an. In solchen Zeiten gaben wir unsern Kindern wirklich das, was sie nötig hatten – ein Empfinden von familiärer Identität auf dem Hintergrund der Erinnerungen an unser Zusammensein. Wenn Sie einen Neuanfang machen wollen, ist das gemeinsame Lesen nach einer Mahlzeit eine gute Gelegenheit zum Start.

Erlauben Sie Ihren Teenagern, einen Familienabend selbst zu planen und zu gestalten

Manche Leute denken, gemeinsame Freizeitgestaltung mit den Kindern sei Luxus. Es ist kein Luxus, sondern eine absolute Notwendigkeit. Familienabende helfen dazu, Arbeit und Spiel in der richtigen Perspektive zu behalten. Wir haben jede Woche einen Familienabend eingeplant. Das war eine Zeit, in der wir uns aus Arbeit und Schule lösten und etwas taten, was der ganzen Familie Freude machte. Ein Familienabend verlangte von uns ein formloses, entspanntes Zusammensein mit Familienmitgliedern, die nicht darauf schauten, wie unsere Frisur aussah oder was wir gerade angezogen hatten.

Schließlich gaben wir den wöchentlichen Familienabenden noch eine kleine andere Wendung. Lange bevor unsere Kinder das Teenageralter erreichten, übernahmen sie die Verantwortung für jeden zweiten Familienabend. Sie stellten einen Kostenvoranschlag auf und planten den Abend. Wir spielten Brett- und Kartenspiele, machten ein Picknick zu Hause oder taten uns an einer Pizza oder Fondue gütlich. Dabei sahen wir uns einen besonders beliebten Videofilm an.

Und was kommt dabei heraus? Die Kinder übernehmen nicht nur alle zwei Wochen die Verantwortung für einen Familienabend, sie übernehmen mit der Zeit Verantwortung für die ganze Familie. Das ist ihre Investition in die Freude, die ihnen das Anteilnehmen am Leben der andern Familienmitglieder bereitet. Es ist für sie ein weiterer Anlass, der Familie nahe zu bleiben. Planen Sie solche Familienabende. Das bewahrt davor, dass Ihre Kinder nur mit der Zeit abgespeist werden, die Sie zufällig übrig haben.

Lassen Sie sie am Sammeln familiärer Erinnerungen mitwirken

Sie können Ihre Teenager nicht nur dazu ermutigen, einen Familienabend zu planen, Sie können sogar noch einen Schritt weitergehen und Ihren Kindern nahelegen, Ihnen bei der nächsten Ferienplanung zu helfen. Ob es nun ein Camping-Ausflug mit einer Jungschargruppe übers Wochenende ist oder mehrere Urlaubswochen in größerer Entfernung – das gemeinsame Planen und Teilhaben hat für Ihre Teenager immer die Dimension positiver Erinnerungen. Je positiver die Erinnerungen sind, desto stärker wird das Gefühl der Zusammengehörigkeit in der Familie.

Mit den Kindern gute Erinnerungen aufzubauen bedeutet mehr, als nur mit ihnen irgendwelche Plätze aufzusuchen und etwas Lustiges anzustellen. Es ist erforderlich, dass sie an allen Aspekten der Aktivitäten beteiligt sind. Einige unserer Freunde erkannten das vor vielen Jahren. Lange Zeit waren sie regelmäßig der Februarkälte im Norden Neu-Englands entflohen und hatten zwei Wochen im warmen Florida verbracht. Und jedes Jahr waren unsere Freunde deprimiert heimgekommen, weil ihre Kinder sich beständig beklagt hatten und all dem nur geringschätzig begegnet waren, was ihre Eltern ihrer Meinung nach für sie getan hatten.

Dann kam ein Jahr, in dem irgendjemand ihnen vorschlug, dass sie doch ihre Kinder an der Planung für den nächsten Familienurlaub beteiligen sollten. Dazu gehörte nun auch, dass sie über die Reiseroute mitentscheiden durften, dass sie den Zeitplan mitbestimmten und ein paar der besonderen Gelegenheiten, die sie auf dem Weg dorthin wahrnehmen wollten, auswählen durften. Und plötzlich war die ganze Welt verändert.

Was hatte diese Veränderung bewirkt? Die Kinder waren nun Teilnehmer der Urlaubszeit geworden, statt nur Zuschauer der elterlichen Entscheidungen zu sein. Und das Gesamtergebnis? Das gemeinsame Planen und Entscheiden, die Vorwegnahme der Realisierung der Pläne in der Phantasie und das Empfinden, selbst dazu beigetragen zu haben, vermittelte jedem Familienmitglied bleibende schöne Erinnerungen.

Geht zusammen spazieren

Wenn Ihnen dazu als Antwort auf der Zunge liegt: »Puuuh – vor hundert Jahren hat man das gemacht«, dann probieren Sie es doch erst mal aus. Es mag Sie überraschen, wenn dieser einfache Vorschlag vielleicht doch akzeptiert wird. Wir haben entdeckt, dass Spaziergänge mit unseren Töchtern – immer nur mit einer auf einmal – Gespräche gezeitigt haben, die sonst niemals zustande gekommen wären. Da ist etwas an einem zwanzigminütigen Gang, was die Menschen veranlasst, nachzudenken, sich zu öffnen und ihr Herz sprechen zu lassen. Solche Augenblicke der Reflektion führten oft zu sehr persönlichen und intimen Gesprächen mit unseren Töchtern.

Mit unsern Kindern ein Stück zu gehen, gab ihnen Zugang zu uns und uns zu ihnen. Sie ließen uns in ihre Gedanken, Ängste und Zweifel hineinschauen. Manchmal hatten sie es einfach nur nötig, ein bisschen zu reden. Das hieß dann für uns, dass wir bei solchen Gängen gut daran taten, uns weitgehend aufs Zuhören zu beschränken. Nicht alles, was wir hörten, konnten wir verstehen, aber es war in Ordnung so. Wir wussten, dass unser Zuhören einem bestimmten Zweck diente. Es verschaffte unsern Kindern einen Resonanzboden, der sie ihre Angelegenheiten leichter klären ließ. Bei solchen Gelegenheiten bekamen wir oft ein aus dem Herzen kommendes »Danke fürs Zuhören, Mutti und Vati« zu hören. Solche bedeutungsvollen Worte machten uns jedes Mal das Herz warm, wenn wir sie hörten.

Essen, Lesen, Planen und Miteinander-Gehen... das ist nur eine unvollkommene Liste der Aktivitäten, die wir als Familie zusammen unternommen haben. Stellen Sie sich Ihre eigene Liste auf. Sehen Sie zu, dass Sie zehn verschiedene Möglichkeiten finden. Was sind die individuellen Lieblingsbeschäftigungen der einzelnen Familienmitglieder? Wählen Sie eine oder zwei aus, die Sie diese Woche gemeinsam praktizieren könnten. Und dann setzen Sie es in die Tat um.

Leben Sie Ihren christlichen Glauben aus

Ein letzter Faktor zur Begründung Ihrer Glaubwürdigkeit ist Ihre persönliche Integrität. Gesunde Familien regieren sich selbst durch klare Wertmaßstäbe. Für Christen haben diese Wertvorstellungen eine biblische Grundlage. Wenigstens sollte es so sein.

Wahrscheinlich ist eine der destruktivsten Kräfte in der Erziehung eines Teenagers die Heuchelei. Es geschieht oft, wenn Eltern sich selbst von den Wertmaßstäben freimachen, deren

Einhaltung sie von ihren Kindern fordern. Diese doppelte Moral zeigt sich z. B., wenn Sie den Kindern etwas von der Wichtigkeit der Kirche erzählen und auf der Heimfahrt schon den Gottesdienst madig machen oder andere Gottesdienstbesucher abwerten. Sie zeigt sich auch, wenn Sie Ihren Kindern sagen, dass sie nicht stehlen dürfen, und dann zufällig zu viel gezahltes Wechselgeld eines Angestellten nicht zurückgeben. Heuchelei erzeugt Verachtung, und die führt schließlich zu einer zerstörten Beziehung.

In unserer Familie galt die Bibel als letzte Autorität. Das Wort Gottes war der Schiedsrichter, der allen Diskussionen ein Ende bereitete. Nur biblische Ethik gibt den Schutz, der Eltern davor bewahrt, zu Heuchlern zu werden, weil nur biblische Grundsätze sowohl Eltern wie auch die Kinder zur Verantwortung ziehen. Das heißt, dass die ethischen Regeln, die unsere Kinder betreffen, ebenso uns gelten.

Salomo sagt, dass es die kleinen Füchse sind, die den Weinberg verderben (Hoheslied Salomo 2,15). Die kleinen Heucheleien, die vielleicht in den frühen Jahren Ihrer Kinder diesen nicht weiter auffielen, stechen in den Teenagerjahren wie Signallampen ins Auge. Heuchelei der Eltern macht die Familie kaputt. Wenn Sie einen Neuanfang machen wollen oder auch nur wünschen, Ihre Beziehung zu den Teenagern zu verbessern, dann predigen Sie Ihren Glauben bitte nicht nur, sondern leben Sie ihn aus.

Fangen Sie heute an

Sind Sie zu einem Neuanfang bereit? Wenn ja, dann gibt es noch einige Dinge, die Sie bedenken sollten, wenn Sie den Erziehungsprozess und den Aufbau einer neuen Beziehung angehen. Als Erstes sollten Sie alle zu einer »Familienkonferenz« zusammenrufen. Sprechen Sie offen über die Fehler, die Sie in der Vergangenheit gemacht haben, und bitten Sie Ihre Kinder um Vergebung. Danach reden Sie darüber, was Gott von Eltern und Kindern fordert. Überspringen Sie dabei nicht, was Gott von Ihnen selbst erwartet. Wenn es um Gehorsam geht, was fordert Gott auf diesem Gebiet? Wenn es um Achtung voreinander geht, was sagt sein Wort darüber? Sprechen Sie darüber, wie Sie sich als Familie nicht nach den ethischen Maßstäben der Heiligen Schrift gerichtet haben. Und legen Sie eine gemeinsame Basis fest, die für alle Familienglieder in Zukunft verbindlich sein soll. Erklären Sie diese neue Handlungsgrundlage, auf der sich alle von jetzt ab bewegen werden.

Und schließlich – nachdem alle ihre Fragen beantwortet sind – vereinigen Sie sich im gemeinsamen Gebet. Bitten Sie den Herrn, Ihnen und Ihren Teenagern die Weisheit zu geben, mit neuem Mut das zu tun, was recht ist.

Der Schlüssel zu einem Neuanfang ist Konsequenz. Wenn Sie es als Familie wagen, werden Ihre Teenager Sie und Ihren Ehepartner aus der Entfernung sehr genau beobachten, um zu sehen, ob es da wirklich irgendwelche Veränderungen gibt. Tun Sie alles, was Sie können, um Ihre Bemühungen glaubwürdig erscheinen zu lassen. Durch Gottes Gnade kann und wird es Ihnen gelingen, mit Ihrem Teenager einen neuen Anfang zu machen.

Fragen

1. Können Sie gut andern Mut machen? Führen Sie eine gute Ehe? Sehen Sie sich noch einmal die Aussagen über die Voraussetzung für Glaubwürdigkeit an. Was halten Sie für Ihre größte Stärke? Und für die größte Schwäche? Was können Sie tun, um positive Veränderungen herbeizuführen?
2. Was fällt Ihnen leichter zu sagen: »Es tut mir Leid?« oder »Willst du mir bitte vergeben?« Warum ist das so? Was würden Sie gerne anders machen, nachdem Sie dieses Kapitel gelesen haben?
3. Denken Sie noch einmal nach über unsere Vorschläge zur Unterstützung des Empfindens für familiäre Zusammengehörigkeit. Jetzt nehmen Sie sich Ihre eigene Liste der Aktivitäten

vor, die Sie als Familie gemeinsam unternehmen könnten. Entscheiden Sie, welche davon Sie in dieser Woche ausprobieren wollen, und machen Sie gleich den Termin fest.

4. Biblische ethische Maßstäbe vermitteln einen Schutz gegen elterliche Heuchelei. Schreiben Sie nieder, was Sie auf diesem Gebiet gerade aus der Bibel erfahren und gelernt haben.

Kapitel 7

Beziehung pflegen ist Sache der ganzen Familie

Es ist noch nicht lange her, dass wir einen gemeinsamen Urlaub mit unsern beiden verheirateten Töchtern und ihren Familien verbrachten. Eine Woche lang hatten wir unsern Spaß auf einem gemieteten Hausboot auf dem Lake Mead. Innerhalb der Möglichkeiten unseres Wohnens auf dem Wasser schwammen wir, angelten, lasen, entspannten uns und hatten alles in allem eine unglaublich gute Zeit. Es war tatsächlich so schön gewesen, dass Amy auf der Heimfahrt vorschlug: »Das sollten wir noch einmal machen.«

Alle stimmten zu: »Oh ja! Das machen wir nochmal!« »Ich nehme nächstes Jahr zwei Wochen Urlaub.« Bevor wir unsere verschiedenen Wohnstätten erreichten, waren die meisten Pläne zur Wiederholung unserer Hausbootferien schon geschmiedet.

Die Freundschaft unserer erwachsenen Kinder ist eine »Dividende« an uns Eltern, über die wir nicht viel nachgedacht haben, als wir ihnen noch die Windeln wechselten oder ihnen biblische Geschichten vorlasen. Aber wenn die Kinder zu Teenagern werden, sollte man sich diese Fragen stellen: Wenn meine Kinder alt genug sind, um ihre eigenen Freunde auszuwählen, werden sie dann Grund haben, Mutter und Vater oder Schwestern und Brüder dabei einzubeziehen? Sehen meine Kinder ihre Familie als zum innersten Kreis der engsten Freunde gehörig an?

Auch andere Fragen vermitteln Einblick in die Qualität der Beziehung, die einmal im Zuhause angelegt wurde.

Wie wird es mit der Identität unserer Familie in drei, fünf oder zehn Jahren aussehen? Haben wir in unserm Haus einen Teamgeist gepflegt? Haben wir ein Wertesystem im Leben unserer

Kinder entwickelt, in dem Gott geehrt wird? Wer trägt außer uns noch zur Erziehung unserer Kinder bei?

Familiäre Strukturen fördern oder hindern gesunde Beziehungen zwischen Eltern und Teenagern und ebenso zwischen den Geschwistern.

»Beziehungsgeflecht« oder »Einzelkämpfer«

Selbst in der engsten und natürlichsten aller menschlichen Beziehungen, der zwischen Eltern und Kindern, gibt es keine Garantie für ein harmonisches Verhältnis für alle Zeiten. Obwohl beide Parteien an einem guten oder schlechten Ergebnis des Verhaltens in einer Beziehung beteiligt sind, haben die Eltern doch meist das Steuer in der Hand. Sie können das Ergebnis durch die Entscheidungen, die sie treffen, kontrollieren oder weitgehend beeinflussen. Eine dieser Entscheidungen hat mit den familiären Strukturen zu tun. Leben Sie in einem voneinander abhängigen oder unabhängigen Verhältnis der Familienmitglieder untereinander? Das Erste ist wünschenswert, das Zweite gefährlich. Lassen Sie uns beide Möglichkeiten ins Auge fassen.

Voneinander abhängig (interdependent) contra unabhängig (independent)

Bitte achten Sie auf die Vorsilbe »inter« in dem Wort interdependent (voneinander abhängig). Wie die Fäden in einem Wandteppich oder die Balken im Gerippe eines Hauses, unterstützt jeder einzelne Bestandteil den andern, um ein Ganzes zu schaffen. Die Beziehung jedes einzelnen Fadens oder Balkens zu den anderen ist eine gegenseitige. In gleicher Weise ist jedes Mitglied einer interdependenten Familie abhängig vom anderen.

Das kann weiterhin illustriert werden durch eine Gruppe von Menschen, die sich an der Hand halten, während sie im Kreis stehen und sich gegenseitig ansehen. Dieses Bild zeigt am besten, wie familiäre Wertvorstellungen vermittelt und empfangen werden können. Die Werte werden von Mutter und Vater angesprochen und vorgelebt. Sie werden an die Kinder weitergegeben und von ihnen mit anderen geteilt, und gelangen schließlich wieder zurück zu den Eltern. Durch den ständigen elterlichen Einfluss werden die Maßstäbe für ethisches Verhalten für jedes Familienmitglied vor allem zu Hause festgelegt.

Interdependenz (gegenseitige Abhängigkeit) sollte nicht verwechselt werden mit einem Begriff aus der allgemeinen Beratungspraxis, der Codependenz, d. h. einer gemeinsamen Abhängigkeit. Wenn in voneinander abhängigen Beziehungen Probleme aufkommen, stellt man sich der Frage, um die es geht, und jeder Einzelne versucht, eine für das Ganze annehmbare Lösung zu finden. Wenn in Beziehungen mit gemeinsamer Abhängigkeit Probleme auftauchen, erzeugen Angst und Unsicherheit ein Verhalten, das den Streitpunkt zudeckt und umgeht.

Interdependente Beziehungen gewähren Befriedigung, Schutz und Sicherheit in den frühen Jahren. Und sie dienen als Barriere gegen sich einschleichende andere Wertmaßstäbe im Teenageralter. Die interdependente Familie pflegt ein Empfinden von Zusammengehörigkeit, das zur Loyalität gegeneinander und gegenüber den wichtigsten Wertvorstellungen der Familie führt. Kinder wachsen mehr mit einem »Wir«-Gefühl in Bezug auf ihre Familie als mit einer egoistischen »Ich«-Haltung auf, die schließlich zu einsamer Unabhängigkeit führt.

Im Gegensatz dazu ist in einer unabhängigen Familienstruktur jedes Familienmitglied frei von Einfluss, Führung und Kontrolle der andern. Die Familienmitglieder sind nicht einbezogen, verhalten sich entfremdet und unverbindlich gegeneinander – kurz gesagt, sie stehen allein da.

Auch hier können wir die Analogie des Bildes vom Kreis benutzen, um diese Struktur zu beschreiben. Wie die voneinander abhängige Familie steht auch diese Familie im Kreis und hält sich an den Händen. Doch da hört es mit der Ähnlichkeit auf. Statt dass alle Familienmitglieder nach innen gekehrt sind und sich ansehen, schaut hier jeder nach außen – weg vom Zentrum.

Von weitem sieht die unabhängige Familie aus, als ob sie sich einig sei. Doch sie ist weit von dem entfernt, was eine Familie sein sollte. Jeder ist hier gefangen in seiner eigenen kleinen Welt und handelt für sich völlig unabhängig. Als Ergebnis wenden sich die Kinder – mehr aus einer Mangelsituation heraus als aus eigener Wahl – ihrer Peergruppe zu.

Auf dem Papier wählen die meisten Menschen die interdependente Struktur für ihre Familie. Jeder möchte irgendwie dazugehören, möchte unterstützen und unterstützt werden. Doch diese Struktur in die Realität des Lebens umzusetzen, bedeutet Opfer bringen. Es bedeutet, dass einer für den andern da ist. Da wir als Eltern dem Haus vorstehen, beginnt der Prozess bei uns.

Es wird immer bessere Arbeitsmöglichkeiten geben, höhere Positionen, angenehmere Sporthallen und bessere Gelegenheiten für Selbstverwirklichung und Bereicherung. Das sind alles gute Dinge, und es ist schwer, Nein zu sagen. Doch wenn Eltern keine Zeit mehr haben, ihre Rolle als erste ethische Einflussquelle ihrer Kinder zu übernehmen, dann wird das dadurch entstehende Vakuum von den Stimmen öffentlicher Institutionen und denen der Peergruppen der Kinder gefüllt werden. Die unvermeidliche Folge für die Kinder besteht in zunehmender Entfremdung, Gleichgültigkeit und Unabhängigkeit.

Sie können keine familiäre Harmonie erwarten, wenn andere Leute Ihre Kinder mit ihren Wertvorstellungen vereinnahmen. Je stärker der Einfluss von außen in den frühen Jahren ist, desto größer ist die mögliche Trennung im Teenageralter.

Konsequenzen der Gestaltung

Wenn man die beiden familiären Strukturmuster einer Prüfung unterzieht, kommt man zu interessanten Schlussfolgerungen. Kinder, die Trost und Bestätigung aus intimen und abhängigen Beziehungen in einer interdependenten Familie gefunden haben, neigen dazu, in der Zeit der Adoleszenz nach gleichen oder ähnlichen Beziehungen Ausschau zu halten.

Im Gegensatz dazu wird ein Kind, das durch äußere Einflüsse entfremdet und für die Befriedigung seiner elementaren sozialen Bedürfnisse von der Peergruppe abhängig ist, viel empfindlicher auf Gruppendruck und Missbilligung reagieren. Es neigt dazu, sich den Gleichaltrigen anzuschließen und wird für andere Einflüsse – wie die der Eltern – gleichgültig. Das ist der Weg, den die unabhängige Familie vor sich hat.

Leider hat man uns glauben machen wollen, dass die Teenager von Natur aus eine Identität suchen, in der sie unabhängig von den Eltern sind – ohne Rücksicht auf die familiäre Struktur. Und wir hören von Söhnen und Töchtern, die sich von ihren Familien abwenden und mehr auf die Gleichaltrigen schauen als auf ihre Eltern, wenn sie nach einer eigenen Identität suchen. Um uns mit dieser Einstellung auseinanderzusetzen, müssen wir verstehen lernen, was die Identität der Adoleszenzphase wirklich ist.

Wer bin ich?

Womit ich mich identifiziere, resultiert nicht aus einer psychologischen Erfindung, die fern der Praxis entwickelt worden ist. Es ist eine lebendige Dynamik, die man in allen menschlichen Beziehungen findet. Es ist ein Sozialisierungsprozess, durch den eine Person sich mit einer Gruppe identifiziert, die ihr vertraut ist, zu der sie sich hingezogen fühlt oder in der sie sich zugehörig empfindet. Von unseren Identitätsassoziationen leiten wir unser Gefühl für Zusammengehörigkeit ab, und wir geben diesen Verbindungen dafür Loyalität in unterschiedlichem Maße zurück.

Jeder hat ein Allerlei an Identitätsassoziationen, die ein Gefühl der Zugehörigkeit und Loyalität auslösen. Manche dieser Verbindungen sind beiläufig und nur lose geknüpft, während andere eng mit uns verbunden sind. Zum Beispiel identifizieren wir uns alle vier Jahre mit unseren olympischen Athleten. Als unsere Stellvertreter kämpfen sie für uns im sportlichen Wettbewerb. Wenn sie gewinnen, gewinnen wir. Wenn sie verlieren, verlieren wir. Wir können uns auch mit Schmerzen, Verletzungen und Kummer identifizieren. Wenn Eltern ein Baby durch den »plötzlichen Kindstod« verloren haben, gibt es ebenfalls ein Identitätsgefühl gegenüber andern mit der gleichen Erfahrung. In der engeren Heimat identifizieren wir uns mit Klubs, ethnischen Gruppen, Berufen und Gewerben, örtlichen Sportvereinen, Gemeinden und kirchlichen Gruppierungen und mit denen, von denen wir eine Bestätigung der Zugehörigkeit empfangen. Und so ist es auch mit den Teenagern und ihren Identitätsassoziationen.

Identität in Christus

Christ sein heißt, mit Christus identifiziert werden. Jesus sagt in Johannes 13,35: »Daran wird jedermann erkennen, dass ihr meine Jünger seid, wenn ihr Liebe untereinander habt.« Mit dieser Aussage stellt Jesus die Liebe dar als das identifizierende Merkmal, durch das seine Leute sich von der übrigen Welt unterscheiden. Der Apostel Paulus sagt, dass die Gläubigen mit Christus gleichgesetzt (identifiziert) werden sollen – in seinem Tod, seiner Auferstehung, seiner Himmelfahrt und seiner Herrschaft. Ein Synonym für Identität (Gleichgesetztsein) ist das Wort Vereinigung: »... ihr in mir und ich in euch« (Joh 14,20). Wenn man es auf diese Weise betrachtet, ist Identität eine fundamentale Voraussetzung für Einheit.

Teil einer Gruppen-Identität zu sein raubt uns nicht unsere individuelle Einzigartigkeit. Das bringt der Apostel Paulus in 1. Korinther 12,20 zum Ausdruck: »Nun aber sind es viele Glieder, aber der Leib ist einer.« Wenn sich eine Person mit einer Gruppe identifiziert, verliert sie deshalb nicht ihre Individualität. In Wirklichkeit bringt jeder Entschluss, sich mit Gegenständen oder Personen zu identifizieren, eine Erweiterung der Individualität mit sich. So ist es auch in der Familie Jesu Christi. Wir sind alle als Individuen zur Identität im Leibe Christi miteinander verbunden.

Die definierende Verbindung

Unsere Identität wird dadurch definiert, dass eine Reihe von gesellschaftlich üblichen Bezugspunkten herangezogen wird. Ein Pastor einer Kirche z. B. besitzt eine religiöse Identität, die sich in seiner Kleidung, seiner Sprache und seinem Lebensstil zeigt. Auch den Rockmusiker kann man an Kleidung, Sprache und Lebensweise erkennen. Sie haben beide eine Identität, die ihre Wertvorstellungen ergänzt, und sie werden beide identifiziert durch das, was sie glauben und wie sie handeln. Die Menschen werden niemals einem Rockmusiker begegnen und denken: »Oh, da geht ein Geistlicher vorbei.« Und sie halten einen Priester auch nicht für einen Pop-Rock-Sänger.

Mit was oder mit wem wir uns assoziieren, verrät, wer wir sind und was wir glauben. Doch es geht um mehr als eine äußere Assoziation. Identität fördert auch ein Empfinden der Zusammengehörigkeit. Wir fühlen uns wohler unter Gleichgesinnten, die die Existenz unserer Wertvorstellungen festhalten, unterstützen und rechtfertigen. Im Gegensatz dazu fühlen wir uns isoliert und manchmal bedroht durch Gruppen, die unsere Werte nicht teilen. Aus diesem Grunde neigen wir alle dazu, Beziehungen mit solchen Personen zu suchen, die in Bezug auf Wertmaßstäbe mit uns übereinstimmen. Das gilt ganz entschieden für Teenager.

Die bindende Kraft gleicher Wertmaßstäbe

Wertmaßstäbe einigen Menschen oder bringen sie auseinander. Gemeinsame Werte fördern Harmonie und Frieden. Entgegengesetzte Wertmaßstäbe können einen Bürgerkrieg auslösen. Je ähnlicher unsere Wertmaßstäbe sind, desto enger schließen wir uns an diese Menschen an. Je mehr die Wertvorstellungen auseinanderdriften, desto mehr gehen die betreffenden Personen auf Abstand zueinander. Das gilt für Familien, Eltern und Teenager. Und das ist der Grund dafür, warum Erziehung auf der Basis von Wertvorstellungen so erfolgreich ist. Erziehung auf der Grundlage gemeinsamer Werte, aufgebaut auf der natürlichen Neigung der Kinder, sich ihren Eltern anzuschließen, schafft ein Empfinden der Zugehörigkeit und sichert ihre Loyalität gegenüber der Familie.

In gesunden Familien ist die Adoleszenzphase nicht eine Zeit, in der Teenager eine neue Identität suchen. Es ist eher so, dass sie die Stichhaltigkeit dessen, was sie von den Eltern übernommen haben, prüfen wollen. Es sei denn, dass sie durch die früher schon beschriebenen Einflüsse aus dem Haus getrieben werden, suchen Teenager vorrangig ihre Identität innerhalb ihrer Familien.

Es gibt keine verborgene, genetisch bedingte, instinktive Dynamik, die Teenager automatisch veranlasst, ihre Eltern und die Familie zugunsten von Peergruppen abzulehnen. Das ist eine gute Nachricht im Hinblick auf familiäre Beziehungen.

Altersgenossen (Peers) und die voneinander in Abhängigkeit lebende (interdependente) Familie

Unter Verhaltensforschern wird allgemein akzeptiert, dass Teenager sich ganz natürlicherweise auf der Suche nach ihrer eigenen Identität befinden. Sie benutzen Altersgenossen, dass sie ihnen helfen, festzustellen und dann für gültig zu erklären, was sie glauben. Das gilt allerdings nicht für Teenager, die aus einer interdependenten Familie kommen.

Innerhalb des Schutzraums der interdependenten Familie haben die Eltern – nicht die Peergruppe – gewöhnlich den größeren Einfluss. Die Natur ihrer fortschreitenden Entwicklung zeigt, dass Teenager die Identität der Gemeinschaft, in der sie leben – d. h. ihrer Peerfreunde –, erst dann wählen, nachdem ihre Familienidentität zuerst etabliert und dann akzeptiert oder abgelehnt wurde. Wenn die Familie als erste Quelle für Werte und Trost akzeptiert wurde, dann identifiziert sich ein Teenager nicht nur damit, sondern schließt auch Freundschaft mit denen, die ähnliche Wertvorstellungen besitzen. Das schafft einen positiven Einfluss der Peergruppe. Wenn Harmonie zwischen den Wertmaßstäben der Eltern und der Teenager herrscht, dann suchen beide auch ähnliche Maßstäbe bei andern Familien und Freunden. Aus diesem Grund ist letztlich der Druck der Peergruppe auf ein Kind nur so stark, wie die Familienidentität schwach ist.

Je dichter die Wertvorstellungen zwischen Eltern und Kindern beieinanderstehen, desto stärker ist die Loyalität, und desto weniger leicht wird ein Teenager sich von den Eltern abwenden. Noch einmal soll es gesagt werden: Wir müssen das Denken korrigieren, das eine Verzerrung der Sachlage geschaffen hat und so populär geworden ist. Es ist nicht die Macht des Peerdrucks, der die Teenager von ihren Eltern wegreißt. Es ist vielmehr ein Wertekonflikt, der die Teenager verwundbar und für den Peerdruck empfänglicher macht.

Bitte beachten Sie, dass die gesunde Familie den normalen Einfluss der Peergruppe nicht ausschließt, soweit sie vernünftige Wege findet, damit umzugehen. Aus diesem Grunde ist es auch falsch, den Peerdruck als vorrangige Ursache für Drogenmissbrauch, Kriminalität, Rebellion, sexuelle Promiskuität und den allgemeinen Zusammenbruch der Familie anzusehen. Grundsätzlich liegt das Problem bei der Unvereinbarkeit der Wertvorstellungen.

Peergruppen und die unabhängig voneinander lebende (independente) Familie

Junge Kinder haben die natürliche Neigung, sich mit ihren Familien zu identifizieren. Dafür gibt es gute Gründe. Für die meisten Kinder ist ihre häusliche Umgebung die Hauptquelle für Befriedigung, Schutz und Sicherheit. Erst mit dem Eintritt in die Adoleszenzphase erreicht der Peerdruck die größte Bedeutung für Kinder. Und während dieser Periode werden auch die vorherigen Stärken und Schwächen der elterlichen Erziehung offenbar.

Anders als die voneinander in Abhängigkeit lebende Familie neigt diese Familie dazu, unvereinbare Wertvorstellungen hervorzubringen. Wenn Eltern den Bereich der Beziehung zu ihren Kindern während der hauptsächlichen Entwicklungsjahre – von der Geburt bis zum zwölften Lebensjahr – selbst beschränken, indem sie die unabhängige Familienstruktur fördern, dann neigt das Kind beim Erreichen der Adoleszenzphase eher dazu, seine Identität woanders zu suchen als bei den Eltern. Ein Teenager braucht es, sich irgendwo einzupassen. Wenn die Familie abgelehnt wird und Christus abgelehnt wird, dann hat der Teenager nur noch die Peergruppe, um die Gültigkeit seiner Überzeugungen festzulegen.

Um sich der Akzeptanz in der Peergruppe zu versichern, lernt der Teenager, dass er die Gruppeninteressen und Maßstäbe ebenfalls akzeptieren muss. Er kann es sich nicht leisten, sich von den andern zu unterscheiden, weil das seinen Status in der Gruppe gefährden würde. Um seine Loyalität zu zeigen, vertritt er seine neue Zuordnung und bekennt sich zur Gruppenidentität. Das wird z. B. im Stil von Frisur, Kleidung, Musik und dem Gebrauch von Slangausdrücken oder einer vulgären Sprache dargestellt. Auch die Ablehnung der Eltern wird zum Ausdruck dieser Gruppenidentität. Eine Wiederherstellung der Beziehung wird umso schwieriger durch die Tatsache, dass die Teenager dann viel eher bereit sind, auf Beifall oder Missbilligung von Gleichaltrigen zu achten als auf die Meinung der Eltern.

Der Keil der passiven Rebellion

Unmerklicher als negativer Peerdruck, aber genauso destruktiv für die Beziehungen zwischen Eltern und Kindern, ist die passive Rebellion. Diese ist im Teenageralter nicht viel anders als bei kleinen Kindern. Ein Kind mag äußerlich ganz friedlich sein, ist es aber nicht notwendigerweise auch innerlich. Ähnlich kann ein Teenager privat die Familie ablehnen, doch in der Öffentlichkeit bleibt er in Verbindung mit ihnen – auf Armlänge. Passiv rebellische Teens stehen den Überzeugungen ihrer Eltern feindlich gegenüber, aber aus den verschiedensten Gründen sind sie nicht bereit, ihre Eltern mit ihren eigenen Wertvorstellungen zu konfrontieren.

Viele Teenager warten, bis sie »aus dem Haus« sind, um ihre wahren Ansichten zu offenbaren. Solange sie daheim sind, fühlen sie sich nicht sicher genug dazu. Das ist eine gefährliche Situation. Wie ein Virus kann diese Krankheit sich ausbreiten und den Wirt zerstören – oder auch eines Tages zu gar nichts führen. Diese Teens verhalten sich konform um der Harmonie willen, bis sie eines Tages einfach weg sind.

Teenager lehnen ihre Eltern in passiver Rebellion ab, indem sie sich in den Sport und andere Gruppenaktivitäten stürzen, die einen sicheren Abstand von den Eltern garantieren. Sie mögen sogar ihre vorrangige Identität eher in einer kirchlichen Jugendgruppe finden als in ihrer eigenen Familie.

Zu einer Jugendgruppe zu gehören, ist für manche Teenager nur ein Weg, um ihre Eltern zu besänftigen, weil sie so ihre Wertmaßstäbe tolerieren. Leider wird das Problem noch komplizierter, wenn solche kirchlichen Jugendveranstaltungen allmählich zur Ersatzfamilie werden. Ein Jugendleiter sollte nicht an Stelle der Eltern die geistliche Autorität im Leben eines Teenagers sein. Das ist Verrat an der Familie und untergräbt ihre Führungsposition.

Die Botschaft: »Deine Eltern verstehen nicht, was du durchmachst, aber wir tun es«, bewirkt Spaltung und trägt nicht zur Förderung der Einigkeit in der Familie bei. Solche Aussagen bestätigen die feindselige Haltung der Teenager noch, indem sie einem Beziehungskonflikt noch den Anschein der Rechtmäßigkeit geben. Aus der Perspektive des Teenagers dient die Aussage: »Ihr versteht mich nicht« sowohl der Rechtfertigung als auch der Motivation zu weiterer Lockerung der Bindung an die Maßstäbe der Eltern.

Einschätzung von kirchlichen Jugendveranstaltungen

Um abzuklären, ob die Jugendgruppe Ihres Teenagers gute familiäre Beziehungen unterstützt oder schmälert, sehen Sie sich die folgenden vier Fragen an:

1. Unterstützen die Jugendleiter die elterliche Autorität, indem sie sich anerkennend äußern zu der Zeit, die die Teenager in der Familie verbringen, und indem sie dazu anregen?
2. Unterstützen die Jugendleiter die elterliche Autorität, indem sie mit Ihnen Rücksprache nehmen, wenn sie über sensible sexuelle Fragen sprechen?
3. Unterstützen die Jugendleiter die Führungsrolle der Eltern, indem sie sich nicht über die Autorität von Mutter und Vater hinwegsetzen?
4. Fördern die Jugendleiter die Beziehung zwischen Eltern und Teenagern, indem sie sich positiv über die Eltern äußern und ihnen helfen, die Probleme der Teenager zu verstehen?

Wenn Sie eine dieser Fragen mit Nein beantworten müssen, überlegen Sie, ob Sie nicht die Jugendleiter aufsuchen und mit ihnen sprechen sollten. Oft ist das Problem nur durch den jugendlichen Eifer eines Leiters entstanden und entspringt nicht seinem bewussten Wunsch, den elterlichen Einfluss und ihre Führung zu untergraben. Ihre Motive mögen sauber sein, aber ihre Methoden sind falsch. Wenn sich die Schwierigkeiten aber nicht beheben lassen, wählen Sie für Ihre Jugendlichen andere Angebote für Teenager aus.

Fragen

1. Nehmen Sie sich ein paar Minuten Zeit, um über Ihre familiäre Struktur nachzudenken. Ist sie independent oder interdependent? Notieren Sie einige Stärken und Schwächen Ihrer Struktur.
2. Hat Ihre Familie eine christliche Identität? Erklären Sie Ihre Antwort.
3. Notieren Sie einige der Assoziationen in Ihrem Leben, die Ihnen Identität verleihen. Tun Sie das Gleiche für Ihre Teenager.
4. Schreiben Sie zwei Dinge auf, die Ihrer Familie ein Empfinden der Zusammengehörigkeit vermitteln.
5. Denken Sie darüber nach, warum Sie der folgenden Aussage zustimmen oder nicht zustimmen:»Es ist nicht die Macht des Peerdruckes, die die Jugendlichen in der Adoleszenzphase ihren Eltern entfremdet, sondern ein Konflikt der Werte, der Teenager verwundbarer und offener macht für den Druck der Peergruppe.«

Teil III

Wege der Kommunikation öffnen

Kapitel 8

Lernen zu sagen: »Ich liebe dich«

In unserer Familie scherzen wir über das »SLS«. SLS ist ein wenig bekannter Zustand, den man gewöhnlich bei Menschen an Tagen antrifft, wo alles schief gegangen ist – vom Augenblick an, wo ihnen die Vorfahrt auf der Schnellstraße genommen wurde, bis zu der Aufforderung zum Chef zu kommen »zwecks einer kurzen Unterredung«. SLS steht für »Schlechte-Laune-Syndrom«, und an diesem Tag traf das auf Gary in besonderem Maße zu. Anne Marie und Jennifer waren nicht da, als er nach Hause kam. Aber die achtzehnjährige Amy befand sich in der Garage und hatte sich eine bestimmte Arbeit vorgenommen. Als ihr Vater auftauchte, lächelte sie und sagte: »Hi, Vati, schön, dass du zu Hause bist!«

Normalerweise hätte Gary auf diese harmlose Begrüßung in gleicher Weise geantwortet. Aber der Stress dieses Nachmittags hatte ihn ausgelaugt, und leider zeigte er das jetzt. »Amy, was tun diese Kartons in der Garage? Wie oft habe ich euch Mädchen schon gesagt, dass ich möchte, dass sie auf den Regalen bleiben? Und überall liegt da Styropor herum. Ich will, dass dieses Durcheinander jetzt sofort verschwindet! Ist das mein guter Hammer?«

Was als Nächstes geschah, ist kaum zu glauben. Es gehörte eine Menge Mut dazu und noch mehr Liebe. Amy legte ihre Arbeit nieder und ging zu ihrem Vater. Dann legte sie ihre Arme um ihn, hielt ihn eine Weile fest und flüsterte ihm zu: »Du musst einen schlimmen Tag gehabt haben, Vati. Du brauchst jetzt eine Umarmung.«

Die Liebe hinter drei Worten

Es war für Amy nicht leicht, ihrem Vater an dem Tag Liebe entgegenzubringen. In dem Augenblick war er wirklich nicht liebenswert. Manchmal ist es auch für Eltern nicht leicht, ihre Teenager zu lieben. Aber Liebe ist für Christen keine Option (Wahlmöglichkeit). Sie ist ein Befehl. In Johannes 13,34 sagt Jesus: »Ein neues Gebot gebe ich euch, dass ihr euch untereinander liebt, wie ich euch geliebt habe, damit auch ihr einander lieb habt.«

Jesus Christus ist ein Beispiel der reinsten Liebe – das beste Vorbild, das es je gegeben hat. Er verließ den Glanz des Himmels, um auf die Erde zu kommen und für die Menschheit zu sterben (Phil 2,6-8). Wie er geliebt hat, sollen auch wir lieben. So einfach und so kompliziert ist es. Wissen, was es heißt, wie Jesus zu lieben, ist entscheidend wichtig, wenn wir unsern Teenagern und anderen die Wahrheit des Christus zeigen wollen. In Johannes 13,35 sagt Jesus: »Daran wird jedermann erkennen, dass ihr meine Jünger seid, wenn ihr Liebe untereinander habt.« Liebe ist das Kennzeichen, das uns als Jünger Jesu Christi ausweist. Gott will, dass wir einander lieben, damit die Welt erkennt, dass wir zu ihm gehören. Und der Ort, wo man etwas über die Liebe lernen kann, ist das Zuhause der Christen.

Zweiseitige Liebe

Liebe hat zwei Seiten: Geben und Empfangen. Liebe zu schenken ist die aktive Seite. Das Empfangen ist die andere Seite, wo wir etwas von der Liebe fühlen. Für manche Menschen hat Liebe nichts mit Gefühl zu tun – sie »lieben« einfach. Für andere ist es ein Gefühl ohne jedes Aktiv-Werden. Da gibt es Worte von Liebe, aber sie wird nicht sichtbar. Wenn diese zwei Seiten nicht ausgeglichen sind, macht es letztlich das Lieben zu einer frustrierenden Angelegenheit.

Taten und Gefühle müssen im Kontext von Liebe nicht miteinander in Konflikt geraten. Jesus war auch nicht ohne Emotionen. Er liebte mit der Tat und mit dem Gefühl. Seine »Tat«-Liebe brachte ihn dahin, für uns zu sterben. Seine gefühlsmäßige Liebe zeigte sich in den Tränen beim Tod seines Freundes Lazarus (Joh 11,35). Taten und Gefühle sind beide Bestandteile der Gleichung von »Liebe«. Und wie andere biblische Gebote, werden beide oft verletzt und nicht eingehalten.

Wir erkennen alle an, dass zu unsern tiefsten emotionalen Wünschen gehört, dass wir uns geliebt fühlen möchten. Gott hat uns sowohl zu rationalen als auch zu emotionalen Wesen erschaffen. Er gab uns die Fähigkeit, uns geliebt zu fühlen. Gleichzeitig, was genauso wichtig ist, gab er uns die Möglichkeit, nun auch Liebe zu geben. Das kann allerdings auch frustrierend sein, weil wir nicht immer sicher sind, dass unsere Taten auch als Liebe interpretiert werden. Die Frage, auf die wir eine Antwort finden müssen, heißt: Wie kann ich meine Liebe durch Taten zeigen, so dass die Person, auf die sie gerichtet ist, auch tatsächlich die Liebe spürt?

Wir wissen, dass Eltern natürlicherweise ihre Kinder lieben. Und wir wissen auch, dass sie bei dieser Liebe enttäuscht werden können. Sie versuchen, auf verschiedenen Wegen dieses »Ich liebe dich« zum Ausdruck zu bringen, doch manchmal ist nicht zu erkennen, dass das Kind diese Liebe empfindet oder schätzt. Es mag sogar so erscheinen: Je mehr die Eltern sich bemühen, desto weniger Wert legt das Kind auf diese Anstrengungen.

Viele Eltern haben auch eine falsche Vorstellung im Hinblick auf den Weg, wie sie ihren Teenagern ihre Liebe zeigen können. Manchmal glauben sie, den Teens alles zu geben, was sie sich wünschen und wann sie es haben wollen, sei ein solcher möglicher Weg. Angemessene Geschenke können ein wichtiger Ausdruck von Zuneigung für ein Kind sein, aber extravagante Dinge auf Verlangen zu geben, sind kein Zeichen von Liebe, jedenfalls nicht im biblischen Sinn. Solche Äußerungen bringen Teenager niemals dahin, sich selbst gut oder von den Eltern geliebt zu fühlen.

Wir müssen lernen, wie man »Ich liebe dich« sagt, und zwar so, dass die Botschaft die Herzen unserer Kinder erreicht und ihre emotionalen Bedürfnisse befriedigt. Ehrliche Äußerungen Ihrer Liebe werden Ihre Teenager dazu veranlassen, sich Ihnen gegenüber in der gleichen Weise zu zeigen.

Sprachen der Liebe

Liebe findet ihren Ausdruck in emotionalen Äußerungen. Eine Sprache der Liebe ist die Fähigkeit, Liebe und Fürsorge für eine andere Person in der vorrangigsten gefühlsmäßigen Sprache dieser Person auszudrücken. Gary gewann ein besseres Verständnis für die Notwendigkeit, Liebe in der dem andern gemäßen Sprache zum Ausdruck zu bringen, als er die frühere Sowjetunion besuchte und dabei die Gelegenheit hatte, auf den Roten Platz zu kommen.

Als er den Platz überquerte, bemerkte er eine Menschenansammlung, die die Wachablösung am Grabe Lenins beobachtete. Die Menschen, die sich da versammelt hatten, sprachen Russisch – ihre Muttersprache. Da Gary nicht Russisch sprechen konnte, hatten die Worte keine Bedeutung für ihn. Sie waren für ihn nur ein gewaltiges Summen im Ohr. Als die Wachablösung ihren Marsch zu dem Grab hin begann, hörte er plötzlich von links jemand rufen: »Hey, Larry! Komm hierher! Hier hast du ein phantastisches Bild!« Augenblicklich drehte er den Kopf in diese Richtung.

Gary war von da an ganz und gar bei dem Geschehen, weil jemand in seiner Muttersprache geredet hatte – in Englisch. Auch wenn einer Spanisch geredet hätte, würde er dem Aufmerksamkeit geschenkt haben. Es ist zwar nicht seine Muttersprache, aber da er in Südkalifornien gelebt hatte, wo man oft Spanisch zu hören bekommt, hätte er sich auch damit identifiziert. Es wäre nicht so schnell gegangen wie im Englischen, aber er hätte sich angesprochen gefühlt, weil er Spanisch am zweitbesten spricht. Es geht um folgende Erkenntnis: Die Sprachen, die uns am meisten vertraut sind, stoßen bei uns auf die größte Bereitschaft, uns auf das Gehörte einzustellen.

Was bei solchen im üblichen Sinn gebrauchten Sprachen passiert, geschieht ebenso bei emotionalen Sprachen. Wir mögen uns in der uns am nächsten liegenden emotionalen Art äußern, was aber auf andere wie eine unbekannte Sprache wirken kann. Wir sagen »Ich liebe dich« auf eine bestimmte Weise, während unser Gegenüber es ganz anders ausdrücken würde. Als Ergebnis kommt dabei heraus, dass unsere Bemühungen, Liebe zu zeigen, enttäuscht werden. Wenn das innerhalb unserer Familien passiert, geraten wir in Versuchung, uns emotional von unsern Kindern und unsern Partnern zu entfernen. Wir denken vielleicht, dass es niemand kümmert, dass wir Liebe zum Ausdruck bringen wollten. Um diese Frustrationen zu vermeiden, müssen wir die fünf Basis-Sprachen der Liebe lernen und dabei zu entdecken versuchen, welches die »angeborene Sprache« jedes einzelnen Familienmitgliedes ist.

Sprache der Liebe Nr. 1: Ermutigende Worte

Der Apostel Paulus identifizierte die Macht der Liebe, als er den Korinthern sagte, dass die Liebe aufbaut (1. Kor 8,1). Ein Weg, um Liebe zum Ausdruck zu bringen, ist es, andere durch verbale Ermutigung aufzubauen. »Du bist solch ein mitleidiger Mensch, ich könnte eine Menge von dir lernen.« »Deine Blumen im Garten sind herrlich. Du musst viel Zeit darin investiert haben«. »Das Kleid steht dir phantastisch«. Doch diese Worte erreichen die Herzen nur, wenn sie ehrlich sind. Schmeichelei ist keine Ermutigung.

Sich die Zeit zu nehmen, um jemand verbal »auf den Rücken zu klopfen«, ist eine Weise, auf die man sagen kann: »Ich liebe dich«. Für manche gibt es keinen besseren Weg, um Liebe auszudrücken, als Worte des Lobes und der Anerkennung.

Sprache der Liebe Nr. 2: Taten der Liebe (Dienste der Liebe)

Der Apostel Johannes ermutigt Christen, mit der Tat und mit der Wahrheit zu lieben (1. Joh 3,18). Das ist ein anderer Weg, um Liebe auszudrücken – durch aufrichtige Aktionen der Hilfsbereitschaft. Das bedeutet, dass man auch einmal etwas Besonderes für jemand anderen tut, etwas, von dem man weiß, dass der andere es schätzt. Normalerweise geht es dabei um Dinge, die außerhalb der täglichen Routine liegen. Für einen Ehemann mag es darin bestehen, den Wagen seiner Frau am Sonntagabend aufzutanken, so dass sie sich die Woche über nicht mehr darum zu kümmern braucht. Oder er zeigt seine Liebe dadurch, dass er den tropfenden Wasserhahn neu abdichtet; oder dass er die Regale macht, die seine Frau im Wandschrank haben möchte.

Ein Ehemann kommt von der Arbeit nach Hause, wohl wissend, dass der Innenhof gekehrt werden muss. Wenn er dann entdeckt, dass seine Frau es bereits getan hat, steigt die Wertschätzung für sie. Das gilt besonders dann, wenn für ihn die Sprache der Liebe sich zuerst in Taten ausdrückt. Weil er es nicht erwartet hatte, bedeutete dieses Tun für ihn umso mehr. Er ist sich dessen bewusst, dass sie es deshalb getan hat, weil sie seine Einschätzung kennt. Jedesmal, wenn Sie etwas für einen anderen tun, was außerhalb des normalen Ablaufs des Geschehens liegt, heißt das in der Sprache des Tuns: »Ich liebe dich«.

Sprache der Liebe Nr. 3: Schenken

Die größte Gabe der Liebe, die es je in der Welt gegeben hat, ist Jesus Christus, der sich selbst für seine Gemeinde hingab. (Eph 5,25) Schenken ist ein dritter Weg, um zu sagen: »Ich liebe dich«. Sogar ganz schlichte Gesten, die nichts kosten, können eine große Bedeutung haben durch das, was sie zum Ausdruck bringen.

Aus dem Stegreif gemachte Geschenke (andere als solche, die man zu bestimmten Gelegenheiten wie Geburtstagen oder anlässlich von Festtagen macht, wo sie erwartet werden), übermitteln die Botschaft: »Wenn wir auch getrennt sind, denke ich doch an dich. Das Geschenk ist ein Zeichen dafür und spiegelt meine Gedanken an dich wider.« Die Botschaft dringt noch tiefer ins Herz des Empfängers ein, wenn die Gabe z. B. seine Lieblingsfarbe trägt oder etwas ist, was der Empfänger mit Vorliebe sammelt. Diese Art von Gaben übermittelt die Aussage: »Ich achte auf dich und merke mir, was du besonders gern hast«.

Ein bescheidenes Geschenk ist möglicherweise ein bedeutungsvolles Zeichen, das einem mutlosen Herzen sagen kann: »Ich liebe dich«.

Sprache der Liebe Nr. 4: Besondere Zeiten

Die Berichte der Evangelien geben Einblick in die besondere Zeit, die Jesus mit seinem himmlischen Vater und den Männern verbrachte, die er zu seinen Schülern und Nachfolgern machte. Obwohl er das Ziel hatte, seine Jünger für den Dienst am Evangelium vorzubereiten, war ihm doch klar, dass sie auch eine persönliche Zeit mit ihm für sich selbst nötig hatten.

Wir können damit beginnen, dass wir erst einmal feststellen, was diese »besondere Zeit« nicht ist. Zum Beispiel ist das keine »besondere Zeit«, wenn wir auf der Couch sitzen und die Zeitung lesen, oder miteinander auf den Bildschirm schauen. »Besondere Zeit« erfordert, dass Sie sich selbst in die andere Person investieren – in Ihr Kind oder Ihren Partner. Dazu gehört auch, dass Sie aufmerksam zuhören und angemessen antworten. Es gehört dazu, dass zwei Menschen sich aktiv an einer Unterhaltung beteiligen und dabei über das einfache Mitteilen von Fakten hinausgehen. Eine solche Zeit mag nur zehn Minuten betragen, doch für eine Person, deren Sprache der Liebe auf dem Gebiet der »besonderen Zeit« zu Hause ist, sind diese Minuten kostbar.

Sprache der Liebe Nr. 5: Physische Berührung und körperliche Nähe

Denken Sie einmal darüber nach, was es für die Kinder bedeutet haben mag, so behandelt zu werden, wie es in Markus 10,13-16 beschrieben ist. Jesus schloss sie in seine Arme und segnete sie. Und gleichzeitig machte er aus dieser Begegnung und der Liebe der Kinder einen Gegenstand der Belehrung für seine Jünger.

Vier Wahrheiten über Sprachen der Liebe

1. Ihre vorrangige Ausdrucksweise für Liebe zeigt sich auf zwei verschiedenen Wegen: Sie verwenden sie öfter als alle anderen Redeweisen, und Sie fühlen sich am meisten geliebt, wenn man in dieser Sprache mit Ihnen redet.
2. Sie haben die Fähigkeit, sich in allen fünf Sprachen der Liebe zu äußern, und es ist auch nötig, dass Sie das tun.
3. Im Alter von sieben Jahren hat sich die vorrangige Sprache der Liebe bei einem Kind so weit entwickelt, dass Sie sie erkennen können. Die verschiedenen Sprachen der Liebe mögen schon vorher in Erscheinung treten, aber sie sind dann noch schwieriger zu unterscheiden und nach ihrer Priorität einzuordnen. Natürlich lieben alle Kinder unter sieben Jahren Geschenke, Umarmungen und besondere Zeiten für sich.
4. Der wichtigste Punkt, der zu bedenken ist, ist folgender: Jeden Tag entscheiden wir uns, ob wir lieben wollen oder nicht. Der Entschluss, Ihrem Partner in seiner Sprache der Liebe zu begegnen, ist ein größerer Akt der Liebe als Ihre eigene Sprache der Liebe anzuwenden. Jesus liebt uns, auch wenn wir absolut nicht liebenswert sind, und wir sollten bereit sein, das Gleiche zu tun: einander zu lieben, »wie ich euch geliebt habe.« (Joh 13,34b)

Im Kontext ehelicher Beziehungen nehmen manche Ehemänner an, dass ihre vorrangige Sprache der Liebe auf dem Gebiet der körperlichen Berührung liegen muss, weil sie Freude an der sexuellen Begegnung haben. Das ist aber nicht der Fall. Die Sprache der physischen Berührung und Nähe geht viel weiter als das. Es ist eine bestimmte Art und Weise zu sagen: »Ich liebe dich«. Die Hand anfassen, Ihren Arm um die Schulter Ihres Partners oder Ihres Kindes legen, warme Umarmungen oder auch nur das Beieinander-Stehen, können eine besondere Botschaft der Liebe »telegrafisch« übermitteln.

Hier ein anderes Beispiel für eine »Sprache der Liebe«. Ein Ehemann arbeitet im Garten. Seine Frau sitzt dabei und liest in einem Buch. Sie hätte das Buch auch irgendwo im Haus lesen können, doch sie wollte in der Nähe ihres Mannes sein. Auch das übermittelt eine Botschaft der Liebe. Manche Paare sind auch gern beieinander, wenn keiner spricht. Einfach nur zu wissen, dass der andere da ist, kann schon eine Bestätigung der Zuneigung und Fürsorge des Partners sein.

Welche Sprache sprechen Sie selbst?

Eine der fünf »Sprachen der Liebe« ist auch Ihre eigene. Eine dieser verschiedenen Arten, sich auszudrücken, bedeutet mehr für Sie als die vier anderen, und eine andere hat das geringste Gewicht bei Ihnen. Ihre bevorzugte Sprache der Liebe ist diejenige, die Sie am liebsten »hören«, wenn andere sich bei Ihnen äußern, und zu deren Anwendung Sie am ehesten neigen andern gegenüber. Jedoch zu lernen, wie man am besten »Ich liebe dich« in der vorrangigen »Sprache« des Partners oder des eigenen Kindes sagt, heißt oft, sich über die eigene Vorliebe hinaus zu bemühen zu dem, was der andere bevorzugt.

Beispiel eins

Bill und Sally führten eine gute christliche Ehe, doch das Empfinden für eine tiefgehende Erfüllung ihrer Liebe fehlte ihnen. Sie wussten, dass sie sich gegenseitig liebten, fühlten sich aber auch frustriert im Hinblick auf ihre Kommunikation. Es stellte sich heraus, dass Bills vorrangige Sprache der Liebe die der physischen Berührung und Nähe war. Er sprach selbst diese Sprache und fühlte sich geliebt, wenn man auf diese Weise zu ihm redete. Das, was ihm am wenigsten bedeutete, waren Worte der Ermutigung. Im Gegensatz dazu war dies die vorrangige Sprache für Sally. Und das Letzte auf ihrer Prioritätenliste war physische Berührung und Nähe.

Dieses Paar liebte sich, wusste aber nicht, wie sie ihrer Liebe in einer gemeinsamen Sprache Ausdruck verleihen konnten. Bill fragte seine Frau oft: »Kommst du in meine Arme?« Sally aber wünschte sich, dass Bill ihr mehr Zettel und Briefe schreiben würde, wie er es in der Verlobungszeit getan hatte. Sie wünschte sich Worte der Ermutigung, während er sich physische Berührung und Nähe wünschte. Wenn Sally z. B. im Vorgarten hart gearbeitet hatte, hoffte sie im Stillen, dass Bill beim Heimkommen vielleicht sagen würde: »Deine Rosen sind wundervoll. Danke für deine Mühe.« Bill ging durch den Garten und freute sich daran. Doch nur sehr selten brachte er seine Freude zum Ausdruck – in Worten der Ermutigung.

Bei einem Seminar über die fünf Sprachen der Liebe lernten Bill und Sally, dass jeder von uns sich jeden Tag entscheidet, ob er Liebe vermitteln will oder nicht. Als sie diese Grundwahrheit verstanden hatten, beschlossen beide, den andern in der ihm gemäßen Sprache zu lieben. Bill erklärte Sally nun seine Liebe in der Sprache, die sie verstand: mit anerkennenden Worten. Er ließ Notizzettel mit liebevollen Bemerkungen im Haus liegen oder rief seine Frau tagsüber zwischendurch einmal an. Er hatte sich jetzt dazu entschlossen, seine Liebe verbal zum Ausdruck zu bringen. Auch Sally hatte sich für neue Wege entschieden. Sie begegnete ihm nun in der Sprache körperlicher Berührung und

Nähe. Sie hielt öfter seine Hand und umarmte ihn, und stand bei sozialen Veranstaltungen nahe bei Bill. Weil sie sich beide entschlossen hatten, ihrer Liebe in Übereinstimmung mit der vorrangigen »Sende- und Empfangsmöglichkeit« des anderen Ausdruck zu verleihen, hatte die Liebe wieder in ihrer ganzen Fülle in ihrer Ehe Einzug gehalten.

Beispiel zwei

Für Dave ist die primäre Sprache der Liebe helfendes, dienendes Handeln – für Ruth ist es qualitativ intensive zeitliche Zuwendung. Hier haben wir ein typisches Beispiel, wie diese Unterschiede ihre gemeinsame Zeit beeinflussen. Dave kommt heim, umarmt seine Frau und wird sofort gebeten, sich eine Weile zu setzen und vor dem Essen noch ein wenig zu plaudern. Dave stimmt ihr zu und schlägt vor, dass Ruth etwas zu trinken holt, während er sich umzieht. Ruth geht in die Küche und bereitet ein Tablett mit Getränken und einer Kleinigkeit zum Knabbern vor. Dann setzt sie sich auf die Couch und wartet auf ihren Mann.

Nach ein paar Minuten ruft sie ihm zu: »Liebling, kommst du?«

Er antwortet: »Ich bin gleich da, Schatz. Es lag noch Wäsche auf meinem Bett, ich räume sie eben fort.«

Nach ein paar Minuten ruft sie etwas lauter nach ihm.

Diesmal antwortet er: »Ich komme, Liebes! Ich habe nur noch meine Krawatte aufgehängt und dabei festgestellt, dass die elektrische Glühbirne kaputt war. Ich dreh' dir schnell noch eine andere rein.«

Nach einigen weiteren Minuten hört sie ihn in der Küche und fragt nun noch einmal – inzwischen aber schon mit einer gewissen Schärfe in der Stimme – »Kommst du nun?«

Seine Antwort: »Ich werfe nur noch die alte Glühbirne weg.« Als Dave endlich zur Couch kommt, springt Ruth auf: »Vergiss es! Ich bin sicher, du hast sonst noch was zu tun!«

Dave ist verwirrt. Was hab ich gemacht? Ich habe mich doch so sehr bemüht, ihr zu helfen.

Ruths Problem ist nicht, dass ihr Mann sie nicht liebt. Er zeigt ihr seine Liebe dauernd durch helfendes Handeln. Aber so schön das auch ist, es ist nicht die emotionale Sprache der Liebe, für die sie zugänglich ist.

Beispiel drei

Fünfundzwanzig Jahre lang akzeptierte Betty widerwillig die vielen Geschenke, die ihr Mann Mike für sie kaufte. Immer wieder dachte sie: »Das ist alles oberflächlich und leichtsinnig. Ich brauche es gar nicht.« Ab und zu hatte sie den Eindruck eines Verletztseins in seinen Augen, tat es aber im Stillen ab mit dem raschen Empfinden: Schließlich war es nur ein Geschenk.

Später lernte Betty etwas über die verschiedenen Sprachen der Liebe und erkannte sofort, welches die ihres Mannes war. Sie weinte und es wurde ihr zum ersten Mal bewusst, dass sie das, was ihr Mann an Liebe zum Ausdruck brachte, abgelehnt hatte. Was ihren Kummer noch vermehrte, war die Erfahrung, dass das Schenken bei ihr an der untersten Stelle der Prioritätenliste ihrer Liebeserweise stand und dass sie kaum einmal in dieser Sprache zu ihm gesprochen hatte – außer an Feiertagen. Wie entmutigend ist es, »Ich liebe dich« zu sagen, wenn man nur immer wieder abgelehnt wird!

Betty lernte den schweren Weg gehen, auf dem wir nicht nur die vorrangige Sprache der Liebe unseres Partners sprechen, sondern auch lernen, alle Ausdrucksformen seiner Liebe wohlwollend anzunehmen.

Beispiel vier

Schenken stand ganz unten auf der Liste der Ausdrucksformen der Liebe bei Kevins Eltern, doch für ihn selbst war es die Nummer eins. Seine Eltern stellten fest, dass er bei jedem Einkaufsweg um Geld bat, um irgendetwas zu kaufen. Jahrelang interpretierten sie diese Wünsche als materialistische Veranlagung. Erfolglos versuchten sie nachdrücklichst, ihm diese Tendenz abzugewöhnen.

Als Kevins Eltern sich über die verschiedenen Sprachen der Liebe informierten, wurde ihnen klar, dass die vorrangige Ausdrucksmöglichkeit ihres Sohnes sich auf der Ebene von Geschenken bewegte. Nachdem sie mehr Verständnis für ihren Sohn entwickelt hatten, versuchten sie auf andere Weise, ihm zu begegnen. Sie brachten ihm nun häufiger kleine Geschenke mit nach Hause: Ein Päckchen Kaugummi, ein paar farbige Stifte, Tintenkiller u.ä. – keine teuren Sachen, nur ein paar Kleinigkeiten, um ihre Liebe zu zeigen. Diese Praxis brachte seine Kaufsucht in den Geschäften nahezu zum Verschwinden. Mutter und Vater hatten es gelernt, »Ich liebe dich« auf eine Weise zu sagen, die ihr Sohn sofort verstand. Andernfalls hätte Kevin seine Teenagerjahre vielleicht in dem Gefühl verbracht, nicht geliebt zu sein.

Welche »Sprache der Liebe« spricht Ihr Teenager?

Wie unser letztes Beispiel zeigt, ist es ebenso wichtig, diese Sprache bei unsern Teenagern zu erkennen, wie es nötig ist unserm Ehepartner gegenüber. Der Weg übers Schenken ist auch die bevorzugte Art unserer jüngsten Tochter. Viele Male kamen wir nach Hause und wurden von Jennifer begrüßt: »Ich habe eine Überraschung für euch.« Immer wenn sie einen Kuchen, eine Pastete oder Kekse gebacken hatte, wollte sie damit sagen »Ich liebe euch.« In diesen Fällen schenkte sie uns nicht etwas, was sie gekauft hatte, sondern gab uns etwas, was sie selbst gemacht hatte. Es waren Taten der Liebe. Dasselbe praktizierten wir ihr gegenüber dann auch und machten ihr oft kleine Geschenke. Ein neues Haarband konnte ihr Gesicht zum Strahlen bringen, weil diese kleine Geste ihr im Herzen bestätigte, dass wir sie liebten.

Unsere älteste Tochter bevorzugt stattdessen eine intensive zeitliche Zuwendung. Als wir das erkannten, nahm immer einer von uns Amy – wenn irgend möglich – zu einem gemütlichen Lunch mit. Indem wir das taten, sagten wir: »Ich liebe dich« – in einer Sprache, die sie leicht verstand. Augenblicke solch intensiver Begegnungen gab es während der ganzen Woche, und wenn wir irgendwo zum Lunch zusammensaßen und ihr unsere ungeteilte Aufmerksamkeit gewährten, war das für sie eine besondere Bestätigung unserer Liebe.

Ohne Einsicht in diese Sprachen der Liebe und ihre Rangordnung, schätzen Eltern oft das Verhalten ihrer Kinder falsch ein und missverstehen ihre Motive. Das kann zur Frustration der Eltern und zur Verwirrung bei den Teenagern führen.

Nach einem Wochenendausflug brachten wir ausgestopfte Bären für unsere Kinder mit. Als wir ihn Jennifer überreichten, begann sie mit uns zu schmusen. Sie umarmte uns mit den Worten: »Mutti, Vati, vielen Dank! Der ist ja wunderschön. Ich mag diesen kleinen Bär.«

Später rutschte es uns – dummerweise in Gegenwart der anderen – heraus: »Die Kleine hat so ein dankbares Herz.«

Als wir Amy ihren Bären aushändigten, war ihre Antwort nur: »Der ist hübsch. Kann ich euch jetzt was erzählen?«

»Komm mal mit, Amy«, baten wir. »Möchtest du nicht deinem neuen Bären in deinem Zimmer mit den andern Tieren zusammen einen Platz geben?« Nachdem wir versucht hatten, ihr deutlich zu machen, wie schön das Geschenk auch für sie war, drehten wir uns um und kamen zu dem Schluss, dass Amy einfach nicht so dankbar war wie Jennifer.

Das war aber eine falsche Diagnose! Amy war ebenso dankbar wie Jennifer, wir hatten ihr Handeln nur falsch verstanden. Die Dynamik der Kommunikation der Liebe nicht zu begreifen, kann eine Beziehung teuer zu stehen kommen. Man missversteht so leicht die Motive der Kinder, je nachdem, wie man ihre Aktionen interpretiert. Deshalb ist es so entscheidend wichtig zu wissen, welches die Sprache der Liebe bei Ihrem Kind ist.

Biblische Liebe

An diesem Punkt mögen einige von unsern Lesern sich fragen, wo 1. Korinther 13 und andere biblische Aussagen über die Liebe in das Bild der »Sprachen« der Liebe hineinpassen. Gott ruft uns auf, zu lieben, wie er selbst geliebt hat. Das bedeutet, dass wir die Sprache der Liebe unseres Nächsten sprechen sollen. Denn biblische Liebe schaut immer um sich, nicht nach innen. Und doch werden gleichzeitig all unsere inneren Bedürfnisse befriedigt.

Damit nun unsere Teenager lernen, den Wert anderer Menschen anzuerkennen, müssen sie erst unsere Liebe erfahren haben. Die feste Gewissheit, geliebt zu werden, ist zwar nicht die Basis für richtiges Verhalten, aber es macht den Weg frei für eine umfassendere, angemessene Liebe des Nächsten. Einer der besten Wege, ein Herz zu verändern, ist der, einen Menschen zu lieben, wenn er am wenigsten liebenswert ist.

Wenn biblische Liebe schon im Herzen eines Teenagers Wurzeln geschlagen hat, wird er oder sie nicht von den Ketten der Selbstliebe, der Selbstverwirklichung und der Angst um sich selbst gefesselt werden können. Das Gleiche gilt für die Eltern. An diesem Punkt brauchen wir alle das Gefühl, geliebt zu werden, bleiben wir alle Kinder. Aus diesem Grund kommt der Familie eine so große Bedeutung zu. Sie sollte ein sicherer Hafen sein, aus dem die Liebe herausströmt. Die Liebe, die sich Mutter und Vater ständig zeigen, sollte auf die Kinder überspringen. Denken Sie immer daran: Jeden Tag entscheiden wir uns neu, ob wir lieben wollen oder nicht.

Wenn wir unsere Liebe im Kontext der Familie angemessen zum Ausdruck bringen, wird es für jedes einzelne Familienmitglied leichter, anderen Menschen außerhalb der Familie zu sagen: »Ich liebe dich«. Wenn wir die biblische Liebe praktizieren, repräsentieren wir tatsächlich Gott in der Welt.

Fragen

Kennen Sie von jedem einzelnen Familienmitglied »die Sprache der Liebe«? Wir bieten hier eine Übung für Sie und Ihre Teenager an, um sich darin Klarheit zu verschaffen. Bewerten Sie jeden Satz je nach Ihrer Einschätzung auf einer Skala von 1 bis 5. Wobei würden Sie sich am meisten geschätzt oder geliebt fühlen von Ihrem Partner (Ihren Eltern oder Ihrem Teenager)? 5 bedeutet, was Sie am meisten schätzen. 1 bezieht sich aufs Gegenteil. (Geben Sie keine Zahl in je einer Gruppe zweimal an. Und achten Sie bitte darauf, dass einige Fragen zwischen männlichen und weiblichen Personen unterscheiden. Antworten Sie bitte zutreffend je nach Geschlecht und Position in der Familie.

Gruppe eins

A ___ Ihr(e) Partner/Teenager/Eltern sagt(sagen). »Du hast wirklich etwas ganz Tolles gemacht. Ich freue mich darüber.«

B ___ Ihr(e) Partner/Teenager/Eltern hat (haben) unerwartet etwas im oder ums Haus oder in Ihrem Zimmer getan, was Sie sehr schätzen.

C ___ Ihr(e) Partner/Teenager/Eltern bringt (bringen) Ihnen irgendeine besondere Überraschung vom Einkaufen mit.

D ___ Ihr(e) Partner/Teenager/Eltern lädt (laden) Sie zu einem gemütlichen Spaziergang ein, nur um ein bisschen zu plaudern.

E ___ Ihr(e) Partner/Teenager/Eltern hält (halten) einen Augenblick an, um Sie zu umarmen und zu küssen, bevor Sie aus dem Haus gehen.

Gruppe zwei

A ___ Ihr(e) Partner/Teenager/Eltern sagt (sagen) Ihnen, wie sehr sie Sie schätzen.

B ___ Ihr (männlicher) Partner/Teenager/Elternteil bietet sich freiwillig an, für Sie das Geschirr zu spülen, so dass Sie sich ausruhen können. Ihr (weiblicher) Partner/Teenager/Elternteil bietet freiwillig an, Ihr Auto zu waschen, so dass Sie sich ausruhen können.

C ___ Ihr (männlicher) Partner/Teenager/Elternteil bringt Ihnen Blumen mit, nur um Ihnen sein Interesse zu zeigen. Ihr (weiblicher) Partner/Teenager/Elternteil bringt Ihnen irgendetwas Besonderes aus der Bäckerei mit nach Hause.

D ___ Ihr(e) Partner/Teenager/Eltern lädt (laden) Sie ein, sich erst mal hinzusetzen und von Ihrem Tag zu erzählen.

E ___ Ihr(e) Partner/Teenager/Eltern freut (freuen) sich über eine Umarmung, auch wenn Sie bloß von einem Raum in den andern gehen.

Gruppe drei

A ___ Während einer Party erzählt (erzählen) Ihr(e) Partner/Teenager/Eltern von einem Erfolgserlebnis, das Sie kürzlich hatten.

B ___ Ihr(e) Partner/Teenager/Eltern räumt(räumen) Ihr Auto aus.

C ___ Ihr(e) Partner/Teenager/Eltern überrascht (überraschen) Sie mit einem unerwarteten Geschenk.

D ___ Ihr(e) Partner/Teenager/Eltern überrascht (überraschen) Sie mit einem besonderen Nachmittagsausflug.

E ___ Ihr Partner hält Ihre Hand, während Sie durch das Einkaufszentrum gehen. Oder aber Ihr Teenager oder Ihre Eltern steht(stehen) bei einem öffentlichen Ereignis neben Ihnen mit dem Arm um Ihre Schulter.

Gruppe vier

A ___ Ihr(e) Partner/Teenager/Eltern lobt (loben) Sie wegen einer Ihrer speziellen Begabungen.

B ___ Ihr(e) Partner/Teenager/Eltern bringt (bringen) Ihnen das Frühstück ans Bett.

C ___ Ihr(e) Partner/Teenager/Eltern überrascht (überraschen) Sie mit einer Mitgliedschaft, die Sie sich schon immer gewünscht haben.

D ___ Ihr(e) Partner/Teenager/Eltern plant (planen), zu einem besonderen gemeinsamen Abend mit Ihnen auszugehen.

E ___ Ihr(e) Partner/Teenager/Eltern fährt (fahren) Sie zu einer Veranstaltung, wenn Sie auf einen Fahrer angewiesen sind.

Gruppe fünf

A ___ Ihr(e) Partner/Teenager/Eltern sagt (sagen) Ihnen, wie sehr seine oder ihre Freunde Sie schätzen.

B ___ Ihr(e) Partner/Teenager/Eltern nimmt (nehmen) sich die Zeit, lange, komplizierte Anträge auszufüllen, für die Sie gehofft hatten, am Abend noch eine Möglichkeit zu finden.

C ___ Ihr(e) Partner/Teenager/Eltern sendet (senden) Ihnen einen besonderen Gruß mit der Post.

D ___ Ihr(e) Partner/Teenager/Eltern entführt (entführen) Sie zum Lunch in ein besonders beliebtes Restaurant.

E ___ Ihr(e) Partner/Teenager/Eltern macht (machen) Ihnen eine Massage.

Ergebnistabelle

Übertragen Sie die Punktzahl von Ihren Testfragen in diesen Raster:
Mutmachende Worte, helfende Taten, Schenken, intensive zeitliche Zuwendung, physische Berührung und Nähe.

Gruppe 1: A B C D E
Gruppe 2: A B C D E
Gruppe 3: A B C D E
Gruppe 4: A B C D E
Gruppe 5: A B C D E

zus.: A B C D E

Vergleichen Sie Ihre Punktzahl mit Ihrem Partner, Ihrem Teenager und Ihren Eltern. Führen Sie für jedes Familienmitglied »die Sprache der Liebe« auf – von der vorrangigsten bis zu der am wenigsten wichtigsten.

1.
2.
3.
4.
5.

Und nun entschließen Sie sich, jeden Tag die Sprache der Liebe zu sprechen, die der andere versteht.

Kapitel 9

Warum Teenager nicht reden oder nicht zuhören

»Als sie noch klein war, konnte ich nicht mal zur Toilette gehen, ohne dass sie durch die Tür mit mir redete. Heute spricht sie kaum noch ein Wort mit mir.« Die Frustration und Verletzung, die in der Stimme dieser Mutter mitschwangen, bezeugten die Wichtigkeit einer funktionierenden Kommunikation und guter familiärer Beziehungen.

Reden und Zuhören sind von Gott geschenkte Fähigkeiten, die uns in die Lage versetzen, unsere Gefühle verbal auszudrücken. Gott kennt unser Bedürfnis nach Kommunikation. Er selbst ist ein redender Gott. Die Bibel ist reich an Beispielen, wo Gott zu seinem Volk gesprochen hat: Er sprach zu Adam und Eva im Garten Eden, zu dem Kind Samuel im Tempel und zu Mose im brennenden Busch. Die Wendung: »Der Herr sprach« wird Hunderte von Malen in der Bibel gebraucht.

Aber Gott redet nicht nur, er hört auch zu. Er hört auf das Schreien seines Volkes und auf ihre Gebete. Er ist nicht nur der Erfinder der Kommunikation, er gibt uns auch das großartigste Beispiel für die Nutzung dieser Möglichkeit.

Im Gegensatz dazu könnten wir alle unsere Fähigkeit zur Kommunikation noch verbessern. Wir könnten aufmerksamer zuhören und barmherziger miteinander reden, vor allem gilt das für die meisten von uns gegenüber ihren Teenagern. In diesem Kapitel wollen wir allgemeine Fehler ansprechen, die Eltern machen, wenn sie mit ihren Kindern reden oder ihnen zuhören. Das wird die Voraussetzungen schaffen für die Art und Weise, wie die wechselseitige Kommunikation verbessert werden kann, die wir dann im darauffolgenden Kapitel behandeln wollen.

Kommunikation in der richtigen Perspektive

Man muss beachten, dass eine verbesserte Kommunikation nicht all das heilt, was in unguten Beziehungen falsch ist. »Kommunikation« ist in Diskussionen über schwierige Ehen und gequälte Eltern zum Schlagwort geworden. Während ein Mangel an Kommunikation gewöhnlich ein Symptom für eine kranke Beziehung ist, stimmt es nicht notwendigerweise, dass eine schlechte Kommunikation dies verursacht hat.

Ein begabter Kommunikator zu sein ist keine Garantie für familiäre Harmonie oder gute Beziehungen. Die Fähigkeit zur Kommunikation ist kein Ersatz für gemeinsame oder miteinander geteilte Wertvorstellungen. Was eine Familie zusammenhält, ist die gemeinsame ethische Basis, die sich im psychischen Bereich widerspiegelt. Moralische, ethische Vertrautheit unter den Familienmitgliedern kann durch nichts ersetzt werden. Es gibt keine andere Absicherung, nichts, gegen das man diese wichtige Sache eintauschen könnte. Solange wir nicht Beziehungen in unseren Familien pflegen, die auf Prinzipien beruhen, werden unsere Bemühungen zur Verbesserung der Kommunikation wenig bleibenden Wert haben. Gute Begabungen zum Reden und Hören sind ein wichtiger Teil einer gesunden Beziehung, aber sie sind kein Ersatz für sie.

Zu wissen, wie man mit dem Partner und den eigenen Kindern kommuniziert, ist eine wichtige Angelegenheit. Viel wichtiger aber ist es, zu lernen, wie man auf biblischer Basis lebt und wie man die biblische Liebe praktiziert. Bedingungslose Liebe sollte nicht nur die Basis unserer Kommunikation sein, sie ist der ausschlaggebende Weg, um das harmonische Miteinander zu entwickeln, das eine heile Familie kennzeichnet.

Ohne den ethischen Kompass der Heiligen Schrift können unsere Gespräche leicht die Richtung verlieren und in eine Wüste geraten, an deren Tor in großen Buchstaben steht: »Ich«. Gemeinschaft der Herzen und des Denkens findet nur zwischen Menschen statt, die eine gleiche Einstellung zu Wertmaßstäben haben. Menschen, mit gleichen ethischen Prinzipien kommen besser miteinander zurecht als andere.

Warum Teenager nicht reden

Man braucht kein professioneller Berater zu sein, um festzustellen, dass eine gute Kommunikation Beziehungen verbessert, während das Gegenteil Beziehungsprobleme signalisiert. Wie die Mutter am Anfang dieses Kapitels wissen wir instinktiv, dass etwas nicht stimmt, wenn unsere Teenager uns ausschließen. Aber wir wissen nicht immer, was es mit diesem »Etwas« auf sich hat. Die beste Möglichkeit, eine Antwort darauf zu finden, liegt bei unsern Teenagern selbst. Aus diesem Grund haben wir eine ganze Anzahl von ihnen interviewt. Vielleicht geht es Ihnen mit den Antworten wie uns: Wir fanden sie enorm erhellend. Hier beschreiben wir nun die fünf Gründe, die sie uns angaben, warum sie gegenüber ihren Eltern verstummt sind.

»Mein Vater und meine Mutter reden nicht mit mir.«

Einige Unterhaltungen zwischen Eltern und Teenagern gehen nicht über das Austauschen von Fakten oder Anweisungen und Kritik hinaus. Das ist tatsächlich die unterste Ebene von Kommunikation und läuft so ab, weil Eltern mit solchen Angaben zufrieden sind. Das mag an ihrem sehr ausgefüllten Alltag liegen, dem Zeitdruck, unter dem das Essen vorbereitet und verzehrt wird, oder dem Wunsch, zu einer Versammlung oder einer abendlichen Veranstaltung schnell wieder aus dem Haus zu kommen. Doch was auch immer die Gründe sein mögen, die Eltern legen nicht genug Wert auf das Gespräch mit ihren Teenagern. Leider wird es mit der Kommunikation nicht besser, solange die Eltern mit dieser Ebene zufrieden sind.

Fakten zu sammeln, die zum Tagesablauf Ihres Kindes gehören, ist wichtig. Ein bisschen Plauderei ist auch nötig. Aber wenn das die einzige Ebene ist, auf der sie miteinander umgehen, dann wundern Sie sich nicht, wenn es etwa so aussieht:

»Wie war das Mittagessen heute?«
»Gut«.
»Wie bist du heute mit deiner Prüfung zurechtgekommen?«
»Weiß ich nicht.«
»Wohin gehst du heute Abend?«
»Fort.«
»Wohin?«
»Weiß ich noch nicht.«
»Weißt du, wann du nach Hause kommen wirst?«
»Nein«.

Was ist der Grund für diese Art von Unterhaltung? Was war zuerst da: Das flache Gespräch oder die leere Beziehung? Wir müssen wirklich mit unseren Kindern reden – über Dinge des Herzens – nicht nur über die prosaischen Dinge des alltäglichen Lebens. Gesunde Kommunikation geht weit über das Austauschen von Fakten hinaus.

»Meine Leute hören gar nicht zu.«

Manche Kinder gewinnen den Eindruck, dass es nie »der richtige Zeitpunkt« ist, um mit ihren Eltern reden zu können. Oder dass sie niemals die ungeteilte Aufmerksamkeit von Mutter und Vater bei einem Gespräch haben. Eltern haben nicht die Absicht, ihren Kindern die Botschaft zu vermitteln, dass sie nicht verfügbar sind oder nur halb zuhören, aber häufig handeln sie entsprechend. Das Ausgefülltsein der Eltern von ihrem Beruf, von Hausarbeit, anderen Kindern und sogar von kirchlichen Aktivitäten kann in einem Teenager das Gefühl erwecken, dass alles andere wichtiger ist als er oder sie. Die Aufmerksamkeit von Vater oder Mutter mit der Zeitung, dem Fernseher, dem Computer oder der Einkaufsliste teilen zu müssen, ist ein Beiseitegeschobenwerden und ein Abgetanwerden.

Es mag Zeiten geben, wo Sie im Augenblick wirklich »jetzt nicht reden« können. Aber es ist wichtig, dafür Zeiten frei zu halten, wann immer Sie es nur ermöglichen können. Wenn es solche Zeiten zum Gespräch gibt, hören Sie richtig und mit gesammelter Aufmerksamkeit zu? Das »Hören« mit den Augen gehört ebenso dazu wie das Hören mit den Ohren. Wenn Ihre Augen gleichzeitig zu einem kleineren Kind oder aus dem Fenster wandern, dann hören Sie in Wirklichkeit nur halb zu. Teenager merken es sofort. In solchen Augenblicken bringt es weniger Frustration, gar kein Gespräch zu führen, als Eltern vor sich zu haben, die nur halb hinhören.

»Sie antworten schon, wenn ich noch am Reden bin.«

Ich, Gary, habe meinen Kindern gegenüber bei vielen Gelegenheiten versagt. In Sprüche 18,13 heißt es: »Wer antwortet, ehe er hört, dem ist's Torheit und Schande.« Es gab Zeiten, wo ich dachte, ich wüsste schon, wo ein Gespräch hinführen würde, und wo ich mit beiden Füßen gleichzeitig hineinsprang. Später musste ich feststellen, dass dieses Wort aus den Sprüchen auf mich zutraf.

Wie viele Eltern hatte ich meiner Meinung nach schon lange genug zugehört, um zu begreifen, was ich für das Wesentliche im Anliegen meines Kindes hielt. Sehr schnell bot ich eine Lösung an: »OK, das musst du jetzt tun.« Mit halbem Verstand hörte ich zu. Die andere Hälfte schätzte die Situation ein und entschied sich für die Lösung.

Teenager in der Adoleszenzphase (und Kinder) können sehr schnell sagen, ob Sie wirklich zuhören oder nur oberflächlich beim Gespräch sind, und werden entsprechend reagieren. Und dann: Haben Sie wirklich Lust, mit jemand weiterzureden, der Ihnen kaum die Chance einräumt, zu Ende zu sprechen, bevor er Sie mit Antworten eindeckt, denen man den Mangel an Information abspürt? Wahrscheinlich nicht. Unsere Teenager mögen das auch nicht und werden Gespräche dieser Art in Zukunft vermeiden. Wir müssen uns auf das konzentrieren, was unsere Kinder uns zu sagen versuchen, und sie es aussprechen lassen, bevor wir ihnen eine Antwort anbieten.

»Wir kommen nie auf einen Nenner. Warum sollten wir also noch Gespräche führen?«

Da werden vielleicht keine Kanonen abgeschossen, es zischen keine Kugeln durch die Luft, und es gibt auch keine heimliche Sabotage. Aber solche Kommentare lassen es eindeutig offenbar werden, dass die Beziehung zwischen Eltern und Teenager sich im Zustand eines kalten Krieges befindet. Im Krieg schneidet der ständige Konflikt jede gesunde Kommunikation ab, und Meinungsverschiedenheiten werden als Drohungen empfunden.

In Familien, in denen Stress herrscht, können Gespräche sehr schnell zu Streitereien entarten. Als Ergebnis neigen dann Eltern und Kinder dazu, sich voneinander zurückzuziehen. Stillschweigend sind sie sich einig, dass es besser ist, nicht weiter zu sprechen, als einen offenen Krieg zu riskieren.

Stillschweigen in der Familie ist etwas Unnatürliches. Es ist ein Verteidigungsmechanismus, den nicht nur streitende Eltern und Teenager benutzen, sondern der auch in belasteten Ehen angewandt wird. Schweigen bedeutet dann, dass man die Selbstbeherrschung nicht verliert, selbst wenn die Gefühle unmittelbar unter der Oberfläche toben. Ein Punkt in unserm Test »Die Wirklichkeit der Familie« in Kapitel 1 fasst den Tiefstand im Hinblick auf Konversation in manchen Häusern zusammen: »Wenn es nicht den Sport und das Wetter gäbe, hätten wir vermutlich kein ungefährliches Thema, über das wir mit unsern Teenagern reden könnten.« Doch selbst solche Bereiche können in manchen Familien noch Streit auslösen.

»Es gibt nichts, über das wir mit ihnen reden könnten.«

Dieser Umstand ist oft das Ergebnis einer unabhängigen Familienstruktur, die wir in Kapitel 7 besprachen. Wenn familiäre Beziehungen wahlfrei sind, dann ist auch ein Gespräch wahlfrei. Die unabhängige Familienstruktur beeinflusst die Kommunikation in zweierlei Weise.

Erstens erzeugt die Natur der Unabhängigkeit Isolierung im eigenen Heim, nicht Kameradschaft. Folglich wenden sich die Teenager, wenn sie Probleme oder Stress haben, nach außen an ihre Peergruppe, statt nach innen an ihre Familie. Das ist nicht nur so, weil sie dort mehr Zeit füreinander haben, sondern auch, weil sie als glaubwürdiger gelten.

Außerdem versagt die Familie da, wo man Gelegenheiten schaffen könnte, die normalerweise eine Familie näher zusammenbringen. Mahlzeiten, Feierabend und familiäre Veranstaltungen sind Zeiten, wo man sich wieder trifft, und die Gespräche möglich machen. Wenn Sie die äußere Umgebung für Gesprächsmöglichkeiten nicht schaffen, dann gibt es auch keine Gespräche.

Warum Teenager nicht zuhören

Sie hören die Worte eines neuen Pop-Songs – während wir nur den lauten Wirrwarr von Gitarrenakkorden und Trommelschlägen hören. Sie würden stundenlang telefonieren, wenn wir sie ließen. Und sie erkennen den Wagen eines Freundes am Geräusch, wenn er vorfährt. Doch manchmal scheinen unsere Teenager kein einziges Wort mitbekommen zu haben, das von uns kam.

Das Reden ist nur die Hälfte von Kommunikation. Viele Eltern und Teenager reden zwar miteinander, es kommt aber nicht immer zu einer wirklichen Kommunikation. Es kommt zwar zu einem Austausch von Worten, aber nicht unbedingt auch dazu, dass Informationen weitergegeben werden. Ohne dass das

Gegenüber zuhört, nachdenkt und auf das Gesagte antwortet, bedeuten Worte nur wenig. Die Eltern fühlen sich total frustriert, wenn sie merken, dass ihre Teenager einfach abschalten, wenn sie etwas sagen. Jetzt folgen ein paar Antworten der Teenager, die ihr Verhalten begründen.

»Meine Eltern tun selbst nicht, was sie sagen, warum sollte ich ihnen da zuhören?« »Ihr seid solche Heuchler!«

Diese Anklage löst gewöhnlich eine sofortige Reaktion der Eltern aus: Ärger, Rechtfertigung oder Schmerz – oft weil die Aussage einen gewissen Wahrheitsgehalt hat.

Es ist nicht so einfach, unser Leben mit unsern Worten in Übereinstimmung zu bringen, doch das ist die Definition für Glaubwürdigkeit. Eltern, die selbst nicht nach den ethischen Grundsätzen leben, die sie für den Rest ihrer Familie verbindlich machen, sind nicht vertrauenswürdig. Das Schlüsselwort ist hier »ethische Wertmaßstäbe«.

Während der frühen Kindheitsjahre mag elterliche Autorität in Frage gestellt werden, aber niemals die elterliche Glaubwürdigkeit. Eltern sagen ihren Kindern, dass sie die Straße nicht überqueren, kein Feuer anzünden, den Hund nicht loslassen oder Vaters Leiter nicht hochklettern dürfen. Die Eltern tun aber selbst alle diese Dinge, ohne dass sie von den Kindern als Heuchler angesehen werden, weil diese Aktivitäten nicht ethischer Natur sind. Wenn es sich aber um ethische Anweisungen und entsprechendes Verhalten dreht, dürfte kein Missklang aufkommen zwischen dem, was die Eltern lehren, und dem, was sie selbst tun. Die ethischen Wertmaßstäbe, nach denen das Kind leben soll, gelten ebenso für die Eltern. Das Erwachsensein bringt nicht einfach neue Wertvorstellungen mit sich. Ethische Wahrheiten ändern sich nicht je nach Alter eines Menschen.

Teenager benutzen die ethischen Maßstäbe, die sie von ihren Eltern übernommen haben, um das Verhalten ihrer Freunde, ihrer Klassenkameraden und Lehrer zu beurteilen. Deshalb sollte es uns nicht überraschen, wenn sie die gleichen Maßstäbe auch an uns anlegen.

»Ich hab's schon ein Dutzendmal gehört.«

Nichts lässt einen Teenager schneller abschalten, als ständige »Erinnerungen« an Fehler oder Verantwortlichkeiten. Oft geht es in solchen Fällen um Hausaufgaben oder um häusliche Arbeiten. Häufig werden keine Grundregeln eingeführt, oder wenn doch, so werden sie nicht durchgesetzt. Das bringt Mutter und Vater dahin, dass sie immer wieder die gleichen Dinge sagen: »Bist du mit den Hausaufgaben fertig? Deine Mathe-Note ist in Gefahr. Du musst dich am Riemen reißen. Dafür bist du selbst verantwortlich ...«.

Bei der dritten Wiederholung wissen die Teenager schon, was die Eltern sagen wollen, auch wenn sie es diesmal anders ausdrücken. Deshalb hören sie einfach nicht mehr zu. Ein Zuviel an Worten macht eine Kommunikation kaputt. Wir müssen in angemessener Weise wirksam reden, um die Wertvorstellungen, die die persönliche Verantwortlichkeit betreffen, zu vermitteln, aber Dauerermahnungen oder Nörgeln bleiben unwirksam.

»Meine Eltern sind sarkastisch. Sie machen mich nur fertig.«

Wahrscheinlich in dem Bemühen, die Aufmerksamkeit ihrer Teenager in Bezug auf ihr Verhalten zu gewinnen, benutzen manche Eltern den Sarkasmus in der täglichen Unterhaltung – als Mittel, etwas zu erzwingen. Hören Sie doch nur den verbalen Stachel heraus: »Natürlich ernährst du dich sehr gesund. Die Kartoffel-Chips sind ja wirklich so gut wie Gemüse.« »Na, was für Probleme hast du heute in der Schule gehabt?« »Wenn du so weitermachst, dann wundere ich mich, dass du überhaupt noch Freunde hast.«

Aus diesem Grund ist es schwierig, Teenager oder auch jemand anderen zum Zuhören zu bewegen, wenn sie respektlos behandelt werden. Teens vergessen es nicht, wenn sie fertig gemacht worden sind. Ausweichende Worte oder verächtliche Redewendungen haben die eine oder die andere Reaktion der Teenager zur Folge: Entweder greifen sie die Quelle ihres Ärgers mit ihrem eigenen Sarkasmus an, oder sie ziehen sich schweigend zurück. In beiden Fällen ist das Ergebnis das Gleiche – die Teenager hören nicht mehr zu.

Einige Eltern benutzen den Sarkasmus, weil sie denken, dass es ihre Teenager motivieren wird. Doch diese mögen eine solche Art von »Motivation« nicht und werden zynisch allem gegenüber, was die Eltern noch sagen. Das löst eine Abwärtsspirale aus. Weitere Bemühungen der Eltern, die Situation zu verbessern, werden nur als neuer autoritärer Versuch angesehen und nicht als eine Bestrebung, die Beziehung aufzubauen. So schalten die Teenies als Akt der Rache einfach ab. Abschalten heißt, die Kontrolle übernehmen.

»Ich weiß genauso viel wie meine Eltern.«

Teens empfinden sehr gut, wenn Eltern unsicher im Hinblick auf ihre eigenen Überzeugungen oder autoritativen Entscheidungen sind. Das soll nicht heißen, dass Eltern nicht sagen können: »Ich bin nicht sicher, was ich dir antworten soll. Ich brauche noch Zeit, um darüber nachzudenken.« Aber es heißt: Wenn die Entscheidung einmal gefallen ist, sind sich die Eltern über ihre eigenen Gründe klar und stehen dazu.

Allzu oft verfallen wir in die Gewohnheit, Entscheidungen zu treffen, ohne sie wirklich zu Ende durchzudenken. Dann beginnen wir etwas schwafelnd: »Na ja, vielleicht dieses Mal ...« Wenn das öfter vorkommt, neigen Teenager dazu, die Anweisungen ihrer Eltern zwar anzuerkennen, aber dann tun sie, wozu sie Lust haben. Sie hören auch nicht mehr zu, weil sie nicht glauben, dass ihre Eltern dessen sicher sind, was sie sagen, oder die nötige

Festigkeit besitzen, es durchsetzen zu können. Diese Teenager haben dann mehr Vertrauen in die eigene Fähigkeit, Entscheidungen zu treffen, als in die der Eltern. Sie werden »weise in ihren eigenen Augen ...« (Sprüche 26,11, übers.a.d.Engl.).

Falls Eltern sagen: »Wenn du das tust, wird das und das die Folge sein«, und es geschieht nicht, weil die Eltern nicht die nötige Entschlusskraft haben oder die Sache nicht bis zum Ende durchziehen, dann werden die Teens in ihren eigenen Augen immer weiser. Bevor die Teenager Ihnen zuhören und Ihre Anweisungen befolgen, müssen sie wissen, dass Sie Ihren eigenen Worten Glauben schenken.

»Meine Eltern erwarten gar nicht, dass ich ihnen zuhöre.«

Manchmal erwarten Eltern zu wenig im Hinblick auf die Beziehung zu ihren Teenagern. Sie denken, dass es normal ist, wenn diese sich in ständigem Konflikt zu ihnen befinden, und dass Nicht-Reden und Nicht-Zuhören unvermeidliche Zugaben zum Verhalten in der Phase des Erwachsenwerdens sind.

Wie wir schon früher erwähnten, erwartet unsere Gesellschaft von den Teenagern, dass sie sich der Führung durch ihre Eltern widersetzen und jeder Verletzung ihrer Autonomie trotzen. Anstatt den Gedanken zu fördern, dass wir ein großartiges Verhältnis zu unseren Teenagern haben könnten, werden wir mit alptraumartigen Klischees von Eltern konfrontiert, wo diese gegen Teenager ausgespielt werden in einem Willenskampf, in dem keiner gewinnt.

Wenn wir die Erwartungen der Gesellschaft ganz oder teilweise übernehmen, zieht das uns als Eltern ebenfalls in Mitleidenschaft. Wir stellen dann Regeln auf und machen Aussagen, die mehr auf einem Klischee basieren als darauf, wer unser Teenager wirklich ist. Das hilft uns in keiner Weise, sondern hat nur zur Folge, dass unsere Teenager nicht reden oder nicht auf das hören, was wir sagen. Und je machtloser wir uns fühlen, das

Leben unserer Kinder noch irgendwie zu lenken, desto mehr neigen wir dazu, sie kontrollieren zu wollen, statt sie zu führen. So bewegt sich unsere »Beziehungsspirale« weiter abwärts bis zu dem Punkt, wo überhaupt kein Reden und kein Hören mehr stattfindet.

Aber das Gegenteil kann auch passieren. Sich dem wahren Wesen unserer Teenager anzupassen, kann dazu führen, dass Reden und Hören wieder funktionieren. Wenn Sie jemand wirklich kennen lernen und das Beste von ihm erwarten, dann werden Ihre Bemühungen um diesen Menschen es Ihnen ermöglichen, mit ihm zu reden und ihm glaubwürdig zuhören zu können.

Das schließt ein, dass wir die Fehler erkennen, die wir Eltern im Allgemeinen machen, wenn wir mit unsern Teenagern reden. Wir wollen uns Wege ansehen, auf denen sich die »Kommunikation im Gegenverkehr« verbessern lässt.

Fragen

1. Warum ist eine gute Kommunikation nicht die Garantie für eine starke familiäre Beziehung?
2. Schauen Sie sich Sprüche 18,13 an und schreiben Sie die Grundsätze für Kommunikation auf, die Sie dort finden.
3. Schreiben Sie die Dinge auf, über die Sie mit Ihrem Teenager reden können.
4. Mit welchem der fünf Gründe, aus denen Teenager nicht mit ihren Eltern sprechen, haben Sie die meisten Schwierigkeiten? Welcher Punkt ist für Sie kein Problem?

Kapitel 10

Koordination von Mund und Ohr

Es ist noch nicht lange her, da fragten wir eine junge Frau, die gerade ihren zwanzigsten Geburtstag feierte, warum sie während ihrer Teenagerjahre nicht aufmüpfig geworden sei. Ohne zu überlegen, antwortete sie: »Ich denke, es kam daher, dass ich dem vertrauen konnte, was meine Mutter und mein Vater sagten, und weil ich wusste, dass sie auf das hörten, was ich sagte.«

Gute Kommunikation ist eine der besten Formen der Ermutigung von Teenagern. Gute Kommunikation kann mehr Konflikte verhindern, als Korrekturen lösen können.

Das Vokabular und das Selbstverständnis eines Teenagers sind reifer als die eines Kindes. Teenager sind nun in der Lage, innere, abstrakte Gefühle leichter auszudrücken. Das macht die Adoleszenzphase zu einer Gelegenheit für sinnvolle Gespräche. Sie können lernen, so zu sprechen, dass Ihre Kinder Ihnen zuhören, und Sie können lernen, so zuzuhören, dass Ihre Kinder reden werden.

Kommunikation erlaubt uns, Gedanken, Emotionen, Gefühle und Vorstellungen weiterzugeben, aber das geht nicht so von ungefähr. Wir müssen daran arbeiten, diese Fähigkeiten zu vervollkommnen, die unseren Worten die Legitimität verleihen und unsere Teenager dahin bringen werden, uns zuzuhören.

Gottes Leitlinien

Die erste Voraussetzung für offene und ehrliche Kommunikation mit unsern Teenagern liegt darin, ein Klima des Vertrauens zu schaffen und zu bewahren, so dass sie sich sicher genug fühlen, um reden zu können. Das bedeutet aber, dass wir uns selbst den biblischen ethischen Maßstäben unterwerfen, die dort für das Reden und das Hören gegeben sind.

Ethische Maßstäbe für Kommunikation

Für das Reden

»Eine linde Antwort stillt den Zorn, aber ein hartes Wort erregt Grimm.« (Spr 15,1)

»Ein Verständiger wird gerühmt als ein weiser Mann, und liebliche Rede mehrt die Erkenntnis.« (Spr 16,21)

»Ein Wort, geredet zu rechter Zeit, ist wie goldene Äpfel« und »Wer einem missmutigen Herzen Lieder singt, das ist, wie wenn einer das Kleid ablegt an einem kalten Tag, und wie Essig auf Lauge.« (Spr 25,11a u. 20)

»Freundliche Reden sind Honigseim, trösten die Seele und erfrischen die Gebeine.« (Spr 16,24)

»Eure Rede sei allezeit freundlich und mit Salz gewürzt, dass ihr wisst, wie ihr einem jeden antworten sollt.« (Kol 4,6)

Für das Hören

»Wer antwortet, ehe er hört, dem ist's Torheit und Schande.« (Spr 18,13)

»Ein jeder hat zuerst in seiner Sache recht; kommt aber der andere zu Wort, so findet sich's.« (Spr 18,17)

»Wer aber mir gehorcht, wird sicher wohnen und ohne Sorge sein und kein Unglück fürchten.« (Spr 1,33)

»... ein jeder Mensch sei schnell zum Hören, langsam zum Reden, langsam zum Zorn.« (Jak 1,19)

Sprüche 15,1 spricht den Ton unserer Worte an: »Eine linde Antwort stillt den Zorn, aber ein hartes Wort erregt Grimm.« Kol 4,6 ermutigt uns, eine Sprache zu entwickeln, in der die Worte gut gewählt sind: »Eure Rede sei allezeit freundlich und mit Salz gewürzt, dass ihr wisst, wie ihr einem jeden antworten sollt.« Die ethischen Maßstäbe der Schrift beziehen sich auch auf das Hören: Sprüche 18,17 lehrt uns, nicht nur auf die eine Seite einer Geschichte zu hören: »Ein jeder hat zuerst in seiner Sache recht; kommt aber der andere zu Wort, so findet sich's«. Jakobus 1,19 sagt uns: »... ein jeder Mensch sei schnell zum Hören, langsam zum Reden, langsam zum Zorn«. Keiner von uns wird all diese Grundsätze zu jeder Zeit einhalten. Aber diese Leitlinien für eine Kommunikation stammen von Gott und müssen deshalb nach bestem Vermögen befolgt werden.

Es gibt eine Tendenz zu denken, dass die ethischen Maßstäbe Gottes schöne Ideale sind, die man aber unmöglich immer einhalten kann. Doch alles im Leben kann man lernen. Bloß weil wir von Zeit zu Zeit versagen, brauchen wir nicht aufzuhören, uns darum zu bemühen, dass Gottes ethische Maßstäbe zum Eckstein all unserer Beziehungen werden.

Kostbare Augenblicke

Als unsere Kinder älter wurden, war die bevorzugte Gelegenheit für Gespräche in unserm Haus die Essenszeit und die Zeit vor dem Schlafengehen. Als sie noch kleiner waren, redeten wir mehr während der Mahlzeiten mit ihnen als am Ende des Abends. Doch in der Teenagerphase lag der Schwerpunkt vor allem auf der Zeit vor dem Schlafengehen. Wir hatten ein interessantes Arrangement getroffen: An manchen Abenden saßen die Mädchen bei uns auf der Bettkante und deckten uns zu, während sie vom Ablauf ihres Tages erzählten. Am nächsten Abend waren wir dran, uns bei ihnen ans Bett zu setzen und zu reden.

Das bewirkte mehr als einfach eine längere Zeit zum Reden einzuplanen. Dadurch wurde eine Gelegenheit geschaffen, auf einer tieferen Ebene der Gemeinschaft an der Familie Anteil zu nehmen. All diese Abende, die wir gegenseitig am Bett der anderen sitzend verbrachten, wo wir aufeinander hörten und tief gehende Gespräche führten, dienten jedem von uns viel intensiver, als wir es zu den meisten anderen Zeitpunkten erreichen konnten. Wir gingen aufeinander ein und versuchten, uns in den anderen hineinzuversetzen. Wir waren uns näher dabei, als wenn wir über Vaters Arbeitstag oder über den Schulalltag der Kinder sprachen.

So etwas ist eine ganz starke Erfahrung. Der tiefe Eindruck davon, dass die Familie im Herzen jedes Einzelnen wohnte, vereinigte uns auf eine Weise, die durch kein Prinzip allein erklärt werden kann.

Wie unsere Gemeinschaft mit Jesus nicht nur in der Wertschätzung für Tinte und Druck auf den Seiten der Bibel besteht, sondern eine tiefe und anhaltende Beziehung ist, so ist es auch mit dieser Dynamik, die zum Ausdruck kommt, wenn »die Seele der Familie« Worte findet. Wenn es keine Zeit zum Reden gab – aus welchen Gründen auch immer – gab es plötzlich Unzufriedenheit und Gefühle der Einsamkeit kamen unter den Familienmitgliedern auf.

Manche Familien haben keine Ahnung, was ihnen entgeht. Sie können den Wert der Zeit nicht einschätzen – die Möglichkeit, die besonderen Momente zu nutzen, die »Seele der Familie« hervorzulocken – bis diese Zeit unwiederbringlich vorbei ist.

Regel für »Gespräche der Dringlichkeitsstufe 10«

Eins der größten Hindernisse für Kommunikation ist die Zeitfrage. Manchmal können wir einfach nicht mit irgendetwas aufhören, um zu reden und den Kindern unsere volle Aufmerksamkeit zu schenken, wenn sie darum bitten. Manchmal wollen sie auch nur ein bisschen plaudern. Zu andern Zeiten haben sie das Reden unbedingt nötig – unbedingt und sofort. Wie finden wir die richtige Balance zwischen dem Eingehen auf unmittelbare Bedürfnisse und der weiteren Konzentration auf ein Projekt, das uns gerade beschäftigt und das in gleicher Weise unsere Aufmerksamkeit verlangt?

Um in unserer Familie dieses Ziel zu erreichen, führten wir eine Regel ein, die wir die »Gespräche mit Dringlichkeitssstufe 10« nannten. Es war ein Privileg und eine Vertrauensfrage, um die Anwendung dieser Regel zu bitten. Wenn unsere Kinder unsere Aufmerksamkeit absolut und sofort brauchten, sagten sie: »Vati, ich muss unbedingt mit dir reden – und es ist ›Stufe 10‹«.

Unter Anwendung einer Skala von 1 bis 10 – wobei 10 = höchste Dringlichkeitsstufe war –, trauten wir unsern Kindern zu, die für sie bestehende Notwendigkeit einzuschätzen und es uns mitzuteilen. Die Beurteilung 1 bis 5 bedeutete: »Ich möchte mit euch reden«. Zwischen 6 und 10 hieß das: »Ich muss unbedingt mit euch sprechen.«

Die »Stufe 10« wurde sehr ernst genommen. Es bedeutete, dass wir unsern Kindern zutrauten, dass sie den Grad ihrer Bedürfnisse im Licht unserer gegenwärtigen Aktivitäten einordnen konnten. Gary z. B. war weniger flexibel im Hinblick auf seine Zeit, wenn er gerade eine Sonntagsansprache vorbereitete, als wenn er einen Western-Roman las.

Gradmesser für die Notwendigkeit eines Gesprächs

Stufe 10: »Es ist sehr wichtig, Vati, ich muss dich unbedingt jetzt sprechen.«
Stufe 8: »Es ist dringend. Kannst du mir in der nächsten Stunde etwas Zeit einräumen?»
Stufe 6: »Sobald du fertig bist, Vati, müssen wir reden, auch wenn es spät am Abend ist.«
Stufe 4: »Vati, wenn du heute über Tag, oder heute Abend oder morgen irgendwann ein bisschen Zeit für mich hast, würde ich gerne etwas mit dir besprechen.«
Stufe 2: »Vati, komm irgendwann mal auf mich zu. Ich habe ein paar Fragen, die ich mit dir bereden möchte.«

Bevor unsere Kinder ihren Vater im Büro aufsuchten und »Stufe 10« anforderten, dachten sie sehr gründlich über ihre Fragen nach. Konnte die Sache noch ein paar Minuten, Stunden oder gar Tage warten? Könnte Mutti eventuell die Frage auch beantworten? Unsere Kinder wussten, dass wir ihnen zutrauten, das beurteilen zu können. Sie wussten auch, dass sie mit einem aufmerksamen und uneingeschränkten Zuhören rechnen konnten, wenn sie wirklich in Not waren. Dieses gegenseitige Vertrauen trug weiterhin zu einer guten Kommunikation bei.

Haben die Kinder sich in der Beurteilung auch mal geirrt? Natürlich, das passierte auch. Doch sie lernten auch aus ihren Fehlern und wurden vorsichtiger.

Inhalt gegen Absicht

In den siebziger Jahren machte der Komödienschauspieler Flip Wilson den Satz populär: »Lies mir von den Lippen«. Eltern müssen mehr tun, als nur den Kindern von den Lippen ablesen. Sie müssen in ihren Herzen lesen. Eine gute Kommunikation erfordert, dass Eltern ebenso sehr aufnehmen, was ihre Kinder fühlen, als das, was sie tatsächlich sagen.

Versuchen Sie, die Botschaft des Herzens bei Ihrem Teenager zu verstehen. Wenn es Ihnen nicht gelingt, bedeutet das eine Ablehnung Ihres Kindes. Wir spielen ein gefährliches und zerstörerisches Spiel, wenn wir regelmäßig ihre Gefühle übersehen oder überhören.

Bei einer Gelegenheit teilte unsere Tochter Amy uns mit, dass sie keine richtigen Freundinnen hätte. »Aus dem Handgelenk« heraus antwortete Gary. »Natürlich hast du. Sei nicht so dumm!« Obwohl er versuchte, in einem ermutigenden Ton zu reden, hatte er in Wirklichkeit das Gespräch schon abgeschnitten. Er hatte auf ihre Worte gehört, aber nicht auf ihre Gefühle. Später am Abend informierte Anne Marie ihren Vater über einen Streit, den Amy gerade mit einer engen Freundin hatte. In diesem Fall hatte Anne Marie die Botschaft in der Tiefe erfasst und darauf reagiert. Sie hatte einiges »zwischen den Zeilen« herausgehört, statt nur die Worte an der Oberfläche aufzunehmen.

Wenn Sie auf die unausgesprochenen Botschaften hören wollen, konzentrieren Sie sich auf die Art und Weise, wie Ihr Sohn oder Ihre Tochter sich äußert. Die Körpersprache, der Ausdruck des Gesichts, der Ton der Stimme, und das Empfinden für die Dringlichkeit müssen beachtet werden. Eltern gewinnen größere Einsichten, mehr Wissen und mehr Sensibilität, wenn sie auf die nonverbalen Botschaften »hören«.

Die Ergebnisse sind enorm. Teenager reagieren sehr positiv darauf und das Vertrauen wächst, dass Sie sich darum kümmern, was sie fühlen und denken. Wenn Sie die Tiefenschichten erkennen und aufnehmen, vermittelt das Ihren Kindern die Achtung, die sie verdienen. Gleichzeitig setzt es die Maßstäbe für Respekt und konzentrierte Aufmerksamkeit, die Sie selbst von ihnen fordern, wenn Sie reden.

Etwas zum Ausdruck bringen oder »explodieren«

Den Teenagern zu erlauben, ihre Gefühle angemessen zum Ausdruck zu bringen, ist ein entscheidend wichtiger Teil einer guten Kommunikation. Doch manche Leute spielen ihre Emotionen herunter, während andere sie übertreiben. Emotionale Ausbrüche, ob bagatellisiert oder übertrieben, haben einen starken Einfluss auf diejenigen, die sie empfangen. Unsere Gefühle zu verschleiern bedeutet, sie zu verleugnen. Doch wenn sie geäußert werden ohne Rücksicht auf andere, dann kann das zu peinlichen Situationen bei allen Beteiligten führen.

Die Menschen senden bei jeder Begegnung emotionale Signale aus. Je enger sie sich jemand verbunden fühlen, desto mehr kommen ihre wahren Gefühle an die Oberfläche. Da geschieht es leichter, dass sie wirklich aus sich rausgehen, als dass sie ihre Gefühle in der Familie offenbaren. Wir haben in unserer Familie ein Abkommen bezüglich unserer Kommunikation geschlossen: Wir wollen nie aufhören, uns gegenseitig zu lieben, wenn auch einmal Gefühle der Frustration, der Feindschaft und der Wut an die Oberfläche dringen.

Gesunde Familien kennen den Unterschied zwischen der Möglichkeit, Gefühle zum Ausdruck zu bringen und zu explodieren. Natürlich gibt es auch Tage, wo ein Familienglied mal schlechte Laune hat, wo es keine Lust zum Reden hat und, ganz allgemein gesagt, ungenießbar ist. Schlechte und gute Tage kommen bei uns allen vor, weil wir Menschen sind. Aber was ist dann typisch für Sie? Wie reagieren Sie, wenn Sie zornig oder aufgeregt sind? Sind Sie in der Lage, den Rest der Familie wissen zu lassen, wie Sie sich fühlen, ohne dabei etwas zu sagen, was Sie später bedauern würden?

Es ist ein großer Unterschied zwischen einem ehrlichen Ausdrücken der Gefühle und dem unkontrollierten Sichäußern. Die Gefühle zum Ausdruck zu bringen spiegelt nur den augenblicklichen Stand einer Angelegenheit wider, der vielleicht sehr unangenehm ist. Und das ist dann auch verständlich. Doch das unkontrollierte Rauslassen bedeutet oft Übertreibung, Explosion, unsensible und aggressive Äußerungen.

Die Praxis des ungehemmten Rauslassens als Therapie stammt aus den Schriften von Freud und wurde von seinen Schülern fortgesetzt. Eltern werden dabei gewarnt, es zu übersehen, dass die psychologische Gesundheit ihres Kindes von der Fähigkeit abhängt, feindliche Gefühle und Wut aus sich herauszulassen und notfalls verbal aggressiv zu werden, bis zum Punkt des verbalen Missbrauchs. Die Theorie hat sich bei Freud selbst nicht als erfolgreich erwiesen, und bei Kindern funktioniert sie auch nicht. Sie unterstützt auch eine gesunde Kommunikation nicht. Wir wollen damit nicht andeuten, dass ein Kind seine Gefühle nicht zum Ausdruck bringen dürfte. Wir wollen nur sagen, dass es in einer sozial und ethisch annehmbaren Weise geschehen muss.

Es gibt keine Selbsthilfe durch eine außer Kontrolle geratene Erfahrung. Das haben wir alle schon hinter uns. Es ist weder eine angenehme Sache noch wird Gott dadurch geehrt.

Wir müssen alle mit unsern wechselnden Emotionen fertig werden – wir sollten sie nicht unterdrücken, aber damit umgehen lernen. Teenager sollten die Freiheit haben, ihren Gefühlen Ausdruck zu verleihen und die Anerkennung ihrer Eltern dafür zu bekommen. Eltern sollten die gleiche Freiheit haben. In beiden Fällen muss Selbstkontrolle geübt werden. Das hilft dazu, für die Familie von vornherein Leitlinien zu finden.

Empathie – das Herzstück von Kommunikation

Eines Tages kam unsere Tochter vom Gymnasium nach Hause. Als Gary ihr Gesicht und ihre hängenden Schultern sah, war ihm klar, dass etwas nicht stimmte. Er riskierte eine Frage: »Jen, du siehst aus, als ob du was abgekriegt hast. Du hast offensichtlich keinen guten Tag gehabt. Es tut mir Leid für dich.«

Sie reagierte mit einem halben Lächeln und sagte: »Es ist nichts weiter, Vati.«

Gary beschloss, nicht in ihre private Welt einzudringen. Er erinnerte sich daran, dass er mehr als einmal abgewiesen worden war bei der Frage: »Möchtest du darüber sprechen?« Manchmal müssen wir erst überlegen, mit wem und wann wir über unsere Probleme sprechen wollen. Seine Aussage hatte ihr aber zu verstehen gegeben, dass er sich um sie kümmerte.

Später am Nachmittag, als Gary im Garten Unkraut jätete, kam Jenny, zog sich eine Kiste herbei und setzte sich darauf. Sie begann damit, dass sie von Martha sprach, einem neuen Mädchen, mit dem sie sich angefreundet hatte. Anscheinend hatte Martha auch mit Jennys bester Freundin Sarah Freundschaft geschlossen. Und plötzlich gehörte Jenny nicht mehr dazu. Sie erfuhr nichts mehr von Marthas und Sarahs Plänen. Sie war ausgeschlossen worden und war nun das dritte Rad am Wagen. Das tat weh.

Jennifer fragte: »Warum, Vati, lässt Sarah mich nach all diesen Jahren, wo wir die besten Freundinnen waren, auf diese Weise fallen? Sarah trägt Marthas Kleider und ihren Schmuck und geht mit ihr nach der Schule nach Hause. Und dabei kennt sie sie erst seit ein paar Wochen.«

»Es tut weh, wenn du siehst, wie deine beste Freundin mit einem neuen Mädchen loszieht, vor allem, wo es noch ein Mädchen ist, das du ihr vorgestellt hast«, antwortete Gary. Jenny wurde neugierig. Es kam ihr gar nicht in den Sinn, dass ihr Vater oder ihre Mutter vielleicht auf eine ähnliche Weise den besten Freund oder die beste Freundin verloren hatte. Gary fiel ein Ereignis aus seiner eigenen Jugend ein.

Später fragte Jenny: »Was meinst du, dass ich tun soll?«

»Ich denke, du solltest abwarten. Lass der Angelegenheit etwas Zeit. Versuch nicht, dich mit Gewalt wieder in diese Beziehung hineinzudrängen, indem du Tricks anwendest. Das nimmt dir nur deine Glaubwürdigkeit. Sei nett zu Sarah; vielleicht sieht sie ein, dass echte Freundschaft niemals mit phantastischen Kleidern und teurem Schmuck erkauft werden kann. Wenn du und Sarah wirklich die besten Freundinnen wart, wird sie zurückkommen. Wirkliche Freundschaften geraten nicht in Vergessenheit.«

Für einen Teenager, dem das Leben Probleme bereitet, gibt es keine wichtigere Unterstützung als Eltern, die zur Empathie fähig sind. Wenn wir unsere Kinder wissen lassen, dass wir verstehen, was sie fühlen, weil wir selbst in einer solchen Lage gewesen sind, dient es dazu, unsere Beziehung zu verstärken. Das ist für sie ein konkreter Weg zu erkennen, dass wir sie wirklich verstehen.

Übrigens kam Jennifer eine Woche später nach der Schule tanzend in Garys Büro. Sie hatte ein Lächeln auf dem Gesicht, das den ganzen Raum zu erhellen schien. Augenzwinkernd schaute sie ihren Vater an und sagte: »Vati, Sarah hat mir heute einen Brief geschrieben und sich entschuldigt. Sie fragt sich, wie sie so blöd gewesen sein konnte, zu glauben, dass Marthas flotte Kleider und ihr blitzender Schmuck mich hätten ersetzen können. Sie möchte, dass wir wieder so gute Freundinnen werden, wie wir früher waren.«

Gary nahm sie in die Arme. Dabei flüsterte Jenny: »Danke Vati; du hattest Recht. Ich habe gewartet, und sie kam zurück.«

Leitlinien, wenn es darum geht, Gefühle auszudrücken

Wenn du aufgeregt bist, sprichst du vielleicht schneller als gewöhnlich, aber du musst deutlich sprechen.

Du magst lauter reden, aber du solltest nicht schreien.

Du kannst Ärger empfinden, aber du darfst nicht aus dem Ärger heraus handeln.

Du kannst in dein Zimmer gehen, um die Beherrschung wiederzufinden, aber auf dem Weg dorthin solltest du nicht mit den Füßen stampfen.

Du kannst dein Kissen knautschen, aber du solltest die Tür nicht zuknallen.

Du kannst deinen Eltern sagen, dass sie deiner Meinung nach Unrecht haben, aber du solltest sie nicht respektlos behandeln.

Du kannst deinen Kindern sagen, was an ihrem Verhalten falsch ist, aber du darfst sie nicht in ihrer persönlichen Würde verletzen, indem du sie mit Schimpfnamen belegst oder sie herabsetzt.

Wir können uns nicht mehr erinnern, wie oft Jenny und Amy seitdem einen von uns gefragt haben: »Hast du jemals so etwas erlebt?« Empathie erzeugt Vertrauen, wenn es um elterlichen Rat geht. Teilen Sie sich selbst den Kindern mit. Teilen Sie Ihr Versagen und Ihren Erfolg mit ihnen, Ihre eigenen Verletzungen und Schmerzen aus der Zeit der Adoleszenz. Erzählen Sie ihnen die Geschichten von den Kämpfen Ihrer Kindheit. Wir haben sie alle hinter uns. Wenn Teens eines Tages dahinter kommen, dass es »nichts Neues unter der Sonne« gibt und dass jede Generation ähnliche Beziehungsschwierigkeiten und -prüfungen hat, dann kehren sie oft mit neuem Vertrauen zu den Eltern zurück.

Wir sollten noch hinzufügen, dass die Vergangenheit mit unsern Kindern zu teilen nicht heißt, sehr tiefgehende persönliche Informationen zu enthüllen. Sünden der Vergangenheit bleiben am besten da, wo Gott sie hingetan hat: »So fern der Morgen ist vom Abend, lässt er unsre Übertretungen von uns sein.« (Ps 103,12) Dinge ohne Diskretion zu offenbaren könnte unweise oder sogar verderblich sein. Aber etwas mitzuteilen um Empathie zu vermitteln, kann einen großen Unterschied in der Verständigung zwischen Eltern und Teenagern ausmachen.

Fragen

1. Welche biblischen ethischen Leitlinien im Hinblick auf Reden oder Zuhören werden Ihrer Ansicht nach von Eltern am häufigsten verletzt? An welchen müssten Sie arbeiten?
2. Schreiben Sie eine Reihe von zeitlichen Möglichkeiten in Ihrer Familie auf, die Gelegenheiten für tiefere Gespräche bieten könnten. Wählen Sie davon eine aus und überlegen Sie, wie Sie die Chance in dieser Woche nutzen wollen, um das Herz Ihres Teenagers zu erreichen.

3. Als Eltern und als Vorbild denken Sie darüber nach, wie Sie mit Ihren Gefühlen umgehen. Verdrängen Sie sie, explodieren Sie unkontrolliert, oder bringen Sie sie angemessen zum Ausdruck? Wie können Sie da etwas positiv verändern?
4. Denken Sie noch einmal an die letzte Woche und Ihre Begegnung mit Ihren Teenagern. Beschreiben Sie eine Zeit, die Sie zur Empathie benutzten oder hätten benutzen können, um die Kommunikation zu fördern. Achten Sie auf Gelegenheiten, das in der folgenden Woche zu tun.

Teil IV

Die Herzen bewahren

Kapitel 11

Wie man das »Wie« angeht

Ein starker Wille und eine Veranlagung mit emotionalem Übergewicht machten Carols vierzehnjährige Tochter Lisa zu einer Nervensäge. Auf die meisten Bitten und Anweisungen reagierte sie auf eine dramatische Art. Anfänglich antwortete Carol auf Lisas Verhalten entsprechend, aber die sich ergebenden Konflikte veranlassten sie zu ernsthaftem Nachdenken. Sie begann darauf zu achten, was in der jeweiligen Situation entschärfend wirkte und was eine Explosion auslöste. Sie sah allmählich sogar eine Beziehung zwischen Lisas Reaktionen und ihrer eigenen Art, Instruktionen zu geben.

Mit der Zeit lernte Carol, dass Lisa sich wesentlich besser verhielt, wenn über Anweisungen und Konsequenzen vorher diskutiert wurde, bevor es zu Problemen kam. Zu ihrer Erleichterung entdeckte sie, dass sie durch eine Veränderung in ihrem eigenen Kommunikationsstil in der Lage war, die Konflikte in der Beziehung zu ihrer Tochter wesentlich zu reduzieren.

Der Ausgangspunkt

Wie wir in früheren Kapiteln schon ausführten, ist eine gute Kommunikation grundlegend wichtig für richtiges elterliches Verhalten. Das nächste Prinzip, über das wir sprechen möchten, betrifft die Art und Weise, wie man Instruktionen an die Kinder weitergibt. Das ist ebenso wichtig für ein gutes Elternverhalten. Belehrung ist nämlich der Ausgangspunkt für alle ethische Erziehung. In dem angeführten Beispiel hatte Carol gedacht, dass sie ihrer Tochter hinreichende Instruktionen gegeben hätte. Als sie sich aber die Zeit nahm, um über die Beziehung zu ihr nachzudenken, wurde ihr klar, dass sie mehr reagierte und mit ihrem Kind stritt, statt ihr etwas belehrend mitzuteilen. Es zu lernen, wie man den Kindern Instruktionen gibt, wie man im Leben des Kindes von der Zuschauertribüne her Hilfen gibt, ist ganz wesentlich für eine gute Beziehung zwischen Eltern und Teenagern. Ein bewusstes Mühen darum gehört aber dazu.

Für viele Eltern mag es als eine überwältigende Last erscheinen, die Kinder ethisch belehren zu müssen. Doch stehen wir in der Situation ja nicht allein und auf uns selbst angewiesen da. Die Heilige Schrift versorgt uns mit den Leitlinien, die wir brauchen. Als Salomo das Buch der Sprüche verfasste, bezog er sich direkt und indirekt mehr als hundertmal auf »Zucht« = Belehrung. Er verbindet Zucht mit Weisheit, einem richtigen und gerechten Leben, mit Kindererziehung und Zurechtweisung, Vorbeugung gegen Unsinn und Dummheit, und mit der zukünftigen Freude der Eltern. Wiederholt und deutlich nennt der weiseste Mann der Geschichte die Belehrung den Anfangspunkt aller ethischen Erziehung.

»Die Toren verachten Weisheit und Zucht«, warnt Salomo in Sprüche 1,7. Aber »Züchtige deinen Sohn, so wird er dir Freude machen und deine Seele erquicken.« (Spr 29,17) In diesem Zusammenhang meint das Wort »züchtigen« das Kind erziehen. So wie es hier gebraucht wird, bedeutet es nicht strafen, sondern »trainieren«. Sprüche 22,6 sagt uns: »Gewöhne einen Knaben an seinen Weg, so lässt er auch nicht davon, wenn er alt wird.« Hier bedeutet das Wort »gewöhnen« mit dem Lernen zu beginnen, Hilfen dabei zu geben und das Kind zum Lernen zu veranlassen. Sprüche 19,18 heißt es: »Züchtige deinen Sohn, solange Hoffnung da ist, aber lass dich nicht hinreißen, ihn zu töten.« Die Botschaft ist klar: Wenn Ihr Teenager lernen soll, ist es die Aufgabe der Eltern zu belehren.

Ethische Belehrung und Vorbild

Um Verwirrung zu vermeiden, müssen wir den Unterschied zwischen ethisch-moralischer Anweisung und allgemeinen Regeln klar herausstellen. Stehlen und Lügen sind unmoralische Handlungen. Sie sind gleich schlimm für Eltern und Teenager. Im Gegensatz dazu ist eine »Schlafengehenszeit um zehn Uhr« keine ethische Verpflichtung, sondern eine Maßnahme der Gesundheitsförderung. Diese gilt für die Jugendlichen, aber nicht notwendigerweise auch für die Eltern.

Dieser Gegensatz sollte Ihr Bewusstsein für die Wichtigkeit, Ihren Kindern jeden Alters ein ethisches Vorbild zu sein, verstärken. Das elterliche Vorbild sollte die elterliche Anweisung unterstützen. Anweisungen ohne Vorbild sind autoritär und lassen einen Teenager aufwachsen, der bitter ist und voller Zorn steckt. Vorbild ohne Belehrung ist aber liberal und lässt einen Teenager heranwachsen, der aufgebracht und unsicher und in ethischer Hinsicht auf sich selbst angewiesen ist. Was also ethisch für die Teenager gilt, muss auch für die Eltern gelten.

Eltern sollten ihre Kinder durch Anweisungen »gewöhnen«, aber nicht alle Belehrung vollzieht sich wie im Schulunterricht. Wir alle lernen von einfachen Befehlen, die entweder direktiv sind (sie sagen uns, was wir zu tun haben) oder restriktiv (sie sagen uns, was wir nicht tun dürfen). Weil uns diese Unterschiede oft nicht bewusst sind, ergeben sich Probleme und Konflikte.

Als Eltern hören Sie bitte selbst auf die Art und Weise, wie Sie belehren. Gehören Sie zu denjenigen, die nur Befehle geben? Oder, was noch schlimmer ist, gehören Sie zu denen, die so freizügig sind, dass sie niemals etwas Bestimmtes sagen? Richten sich Ihre Belehrungen nur an den Verstand und nicht ans Herz? Fordern Sie von Ihren Teenagern, dass sie neue Aufgaben übernehmen, ohne dass Sie sie dazu anleiten?

Die meisten Methoden des Belehrens haben ihren Wert und erfüllen ihren Zweck. Es gibt für jede Methode eine Zeit und einen Ort. Und gewöhnlich erweisen sich alle am erfolgreichsten in einer Atmosphäre des Friedens. Mose sprach davon in

5. Mose 6,6, als er sagte: »Und diese Worte, die ich dir heute gebiete, sollst du zu Herzen nehmen.« Wörtlich kann man das übersetzen: »als Gewicht auf dein Herz nehmen«, womit die Dringlichkeit angedeutet werden soll. Von Vers 7-9 weist Mose die Eltern an, ihre Kinder sorgfältig zu unterweisen, und das im Lauf ihrer alltäglichen Aktivitäten zu tun. Das Wort »einschärfen« bedeutet eine systematische Belehrung. Eltern sollen nicht nur Hilfestellung im Lernprozess des Kindes leisten. Es ist die Verantwortung von Vater und Mutter, es zu belehren, wenn die Situation es erfordert.

Die Art des Lehrens, von der Mose spricht, ist weder korrigierend noch strafend, sondern ermahnend und ermutigend. Es ist ein weises Belehren des Kindes, wo es geht und steht, sitzt oder liegt. Wir belehren durch Verbessern, Ermahnen, Warnen, Tadeln und Ermutigen. In der Realität belehren wir beständig unsere Kinder über alles, was wir selbst vom Leben wissen.

Ein Konfliktpunkt

Wirksame Kommunikation der Anweisungen an unsere Kinder ist wesentlich für eine angemessene Eltern-Kind-Beziehung. Außerdem vermeidet sie Probleme. Viele Konflikte zwischen Eltern und Teenagern haben hier ihren Ursprung. Wenn wir uns die bedeutsame Rolle ansehen, die Belehrung im Leben eines Teenagers spielt, dann gibt es einige Fakten und elementare Prinzipien, die man im Blick behalten muss. Diese grundsätzlichen Leitlinien zu befolgen, kann Stress vermeiden und die Bereitschaft zur Einwilligung wachsen lassen. Fehlende Bereitwilligkeit dagegen könnte zu Machtkämpfen und totaler Rebellion führen.

Prinzip eins: Fragen oder sagen

Wenn Sie Anweisungen geben, dann vergewissern Sie sich, dass Sie das sagen, was Sie meinen, und meinen Sie wirklich genau das, was Sie sagen. Dieser einfache Grundsatz wird von Eltern oft verletzt. Es gibt keinen sichereren Weg, Teenager zu lehren, nicht zu gehorchen, als Anweisungen zu geben, die Sie nicht durchzusetzen beabsichtigen, oder Bitten zu äußern, die eigentlich verschleierte Befehle sind.

Wenn sie Ihrem Teenager sagen: »Bring den Müll raus!«, vermitteln Sie ihm, dass Sie eine Erwartung haben, die er erfüllen muss. Wenn ein versagter Gehorsam keine Konsequenzen zeitigt, lernt Ihr Teenager sehr schnell, dass Gehorsam wahlfrei ist. Diese Schlussfolgerung führt mit Sicherheit zur Frustration – für Sie und Ihr Kind – und fast genauso sicher zum Konflikt.

Wenn Sie auf der anderen Seite Ihren Teenager ansprechen würden: »Würdest du bitte den Müll rausbringen?«, dann ist das eine Frage. Angesichts der Wahlmöglichkeit – rausbringen oder nicht rausbringen – könnte Ihr Teenager sich dazu entscheiden, den Müll unter der Spüle stehen zu lassen. Ihr Ausdruck von Missbilligung sendet an dieser Stelle dann gemischte Signale aus. Ihr Teenager erkennt, dass die angebliche Wahlmöglichkeit nicht tatsächlich so gemeint war. Ihre Frage war ein Test ... und Ihr Teenager hat versagt. Eine solche Situation führt zu Missverständnissen und Misstrauen...und wiederum zum Konflikt.

Ohne eine entschiedene Haltung der Eltern eignet sich ein Teenager sehr schnell die Gewohnheit der Missachtung aller Bitten an. Und schließlich kann diese Gewohnheit so stark und voll Verachtung gegenüber allen Anweisungen dieser Art werden, dass alle Drohungen zuletzt unbeachtet bleiben. Sowohl direktive Aussagen als auch restriktive Anweisungen erfordern unmittelbaren Gehorsam, solange nicht eine andere Erklärung erfolgt.

Prinzip zwei: Jetzt oder wann?

Die Eltern sollten die Zeit für ihre Anweisungen richtig einkalkulieren. Manchmal ist ein richtiges Timing ebenso wichtig wie die Anweisung selbst. Elterlichen Anweisungen, die eine Tätigkeit unterbrechen oder beenden, sollte meist eine Warnung vorausgehen wie z. B.: »Du musst in fünf Minuten fertig sein. Ich möchte, dass du …«

Wir wissen alle, was es heißt, in eine Sache vertieft zu sein. Und wir kennen die Frustration, wenn wir ohne jede Vorwarnung alle Bemühungen abbrechen müssen. Teenagern geht es nicht anders. Eine Warnung fünf Minuten vorher zeigt an, dass eine Anweisung kommt, die Einwilligung verlangt. Solch eine entgegenkommende Haltung hilft einem Teenager (oder jedem von uns ebenso), sich gefühlsmäßig auf das Aufhören mit der Tätigkeit einzustellen und für die neue Anforderung bereit zu sein. Die Sensibilität der Eltern auf diesem Gebiet reduziert den Schock über die Störung und mildert die Spannung zwischen dem Wunsch des Kindes, mit seiner Tätigkeit fortzufahren, und der Notwendigkeit, der Anweisung der Eltern zu folgen.

Prinzip drei: »Wenn«, »Und« oder »Aber«

Eltern sollten ihren Kindern die Möglichkeit des Einwandes offen lassen. Häufig geben wir unsern Kindern Anweisungen, achten aber nicht genug auf den Zusammenhang, in dem wir sie gegeben haben. Manchmal wird dadurch in den Kindern unnötiger Zorn ausgelöst. Wenn wir Einwände erlauben, haben unsere Teenager einen akzeptablen, achtbaren Weg, mit ihrer Frustration fertig zu werden.

Ein Punkt, an dem der Einspruch geistlich begründet war

Beispiele des Einspruchs gegenüber einer Autorität finden wir sowohl im Alten wie im Neuen Testament. Das erste Kapitel im Buch Daniel erzählt von dem jungen Propheten und seinen drei Freunden, die sich als Sklaven am Hof Nebukadnezars befanden. Ihre Position verlangte von ihnen, dass sie Speise aßen, die ihnen im Gesetz des Mose verboten war. Als Daniel sich entschloss, sich nicht zu beflecken dadurch, dass er die Speise am Hofe genoss, widersprach er den Befehlen seiner Vorgesetzten. Doch dieser Widerstand gewann ihm die Gunst seiner Aufseher.

Vorteile der Einspruchsmöglichkeit

Wie alle biblischen Prinzipien hat auch die Möglichkeit des Einspruchs viele Vorteile. Das gilt nicht nur für die Eltern-Teenager-Beziehung, sondern auch zwischen Familien und der Gesellschaft. Nachstehend nennen wir einige dieser Prinzipien, die uns über der Erziehung unserer Töchter klar wurden.

Es macht den Gehorsam wesentlich attraktiver, wenn die Teenager wissen, dass man an ihre Eltern »herankommt« und dass diese bereit sind, früher gegebene Instruktionen auch einmal zu revidieren.

Es bewahrt Teenager davor, unnötig frustriert zu sein.

Es bereitet Teenager darauf vor, korrekt mit augenblicklichen und zukünftigen Autoritäten umzugehen.

Es hindert die elterliche Autorität daran, willkürlich, gesetzlich oder autoritär zu werden.

Es erlaubt Eltern, ihre Meinung zu ändern, ohne die Angst haben zu müssen, ihre Autorität aufs Spiel zu setzen.

Es fördert geschwisterliche Beziehungen, da jedes Kind lernt, auch dem andern gegenüber Einspruch zu erheben.

Es verstärkt die familiäre Harmonie während der Teenagerjahre. Wenn Kinder im Vertrauen auf die Fairness ihrer Eltern aufwachsen, wird die daraus erwachsende Harmonie in den Teenagerjahren nur noch größer.

Im Neuen Testament erhebt der Apostel Paulus Einspruch gegen die Verfügung des Statthalters Porzius Festus und beruft sich auf den Kaiser (Apg 25,11). Später, im Brief an Philemon, wendet er sich an den Eigentümer eines entlaufenen Sklaven, damit er ihm vergeben und ihn wieder aufnehmen soll. Es gibt eindeutig einen biblischen Präzedenzfall für das Sich-auf-eine-Autorität-Berufen.

Sowohl autoritäre als auch liberale Eltern haben Schwierigkeiten mit dem Prozess des Einspruchs, der Einwände, der Berufung. Das kommt daher, dass autoritäre Eltern Autorität als etwas Absolutes ansehen, unabhängig von elterlichen Irrtümern oder Fehlurteilen. Die permissiven Eltern dagegen lehnen die Rolle der Autorität als Ganzes ab und haben deshalb auch keine Verwendung für Schutzmaßnahmen ihr gegenüber.

Für diejenigen, die sich zwischen den Extremen bewegen, kann die Möglichkeit des Einwandes dazu beitragen, die Frage der Autorität in den Blickpunkt zu rücken. Sich auf eine Autorität berufen, bedeutet, die Herrschaft eines anderen in unserm Leben anzuerkennen. Sich in einer führenden Position zu befinden und dabei einen Einspruch anzuhören, heißt, unsere menschliche Unvollkommenheit zu akzeptieren. Denken Sie daran, kein einziges Paar kann sich als vollkommene Eltern ansehen. Wir alle machen Fehler in der Beurteilung. Gott sei Dank, der uns in seiner Gnade Grundsätze, Leitlinien bereitet hat, die uns helfen können, eine gute, solide Beziehung zu unsern Teenagern aufzubauen – trotz all unseres Zukurzkommens.

Die Notwendigkeit

Kolosser 3,20.21 bezieht sich auf das Thema: Kinder und Gehorsam. In der gleichen Passage warnt Paulus davor, Kinder zu provozieren und zu entmutigen. Tatsache ist, dass einfach die geforderte Bereitwilligkeit von Natur aus einen Teenager häufig schon frustriert. Das heißt aber nicht, dass wir die Regeln eines akzeptablen Verhaltens oder der allgemeinen Höflichkeit beiseite schieben wollen. Wie sollen die Eltern dann die notwendige Balance finden, um in ihrem Haus Ordnung zu wahren, ohne ihre Teenager gegen sich aufzubringen? Die Antwort steckt in dieser Möglichkeit des Einspruchs.

Ein kritisches Urteilsvermögen diktiert den Eltern, dass sie einen Teenager nicht veranlassen, eine Fernsehsendung unmittelbar vor dem Ende abzustellen. Und solche Eltern würden einen Teenager auch nicht bitten, ein Computerspiel kurz vor der Vollendung wegzulegen. Dies würde die Teenager unnötigerweise frustrieren und den Grundsatz verletzen, unsere Kinder nicht zu provozieren. Doch wir alle sind zu Zeiten unsensibel, handeln, ohne die Situation begriffen zu haben, oder urteilen von einem anderen Bezugspunkt aus. Aus diesem Grunde ist es nötig, Einwände zu erlauben.

Mit dieser Möglichkeit erhält der Teenager im Hinblick auf neue Informationen ein Mitspracherecht, das den Eltern hilft, eine fundiertere Entscheidung über ihre frühere Anweisung zu treffen. »Mutti, ich mag nicht!« ist keine neue Information. Das ist eine Entscheidung nach dem Lustprinzip. Die Möglichkeit des Einspruchs macht die Eltern aufmerksam auf einen anderen Bezugspunkt, den des Kindes.

Caleb schaute sich auf einem Videoband ein Autorennen an. In fünf Minuten wäre der Film zu Ende gewesen. Seiner Mutter war nicht bewusst, wie nahe der Schluss schon war, und so sagte sie ihrem Sohn, dass er den Fernseher abstellen und sich die Hände fürs Essen waschen sollte. Ihr ging es in diesem Fall ums Essen, das auf den Tisch kommen sollte. Caleb ging es um den Videofilm, der fast am Ende war. Die Forderung der Mutter schuf eine gespannte Atmosphäre. Sollte Caleb gehorchen, aber dabei frustriert sein? Oder sollte er es riskieren, die Anweisung seiner Mutter zu ignorieren, um seinen Wunsch zu befriedigen, das Ende des Rennens noch zu sehen. Das Nachgeben würde Caleb zornig machen, und seine Mutter hätte unwissend gegen Kolosser 3,21 gehandelt. Doch wenn er es darauf ankommen ließ und ihre Anweisung ignorierte, würde sein Ungehorsam gegen Kol 3,20 sprechen. In jedem Fall gab es Ursache für einen Konflikt zwischen Eltern und Teenager. Die Möglichkeit für Einwände schlägt eine Brücke über die beiden Verse, verhindert den Ungehorsam und, was ebenso wichtig ist, den Zorn aufseiten des Teenagers.

Leitlinien für Einwände

Um Probleme dabei zu vermeiden, beachten Sie die folgenden Richtlinien:

1. Der Einspruch darf nur gegenüber dem Elternteil erhoben werden, der die Instruktionen gegeben hat, andernfalls untergräbt man die Autorität beider Elternteile.
2. Eltern sollten einen Einspruch nur dann annehmen, wenn das Kind bescheiden auftritt. Eine freundliche Haltung macht deutlich, dass das Kind das Recht der Eltern zur Entscheidung und Aufhebung einer Entscheidung anerkennt.
3. Der Teenager muss seinen Einwand mit neuen Informationen begründen, damit die Eltern den Zusammenhang und die Situation besser verstehen. Die Möglichkeit des Einspruchs sollte nicht dazu benutzt werden, ein Forum zu installieren, auf dem Vorlieben und Abneigungen diskutiert werden.
4. Wenn die Möglichkeit des Einwands einen Sinn haben soll, müssen Eltern fair und flexibel sein. Denken Sie darüber nach, warum Sie Nein sagen. Gibt es einen guten Grund dafür, dass nicht manchmal ein Ja daraus werden könnte?

Wann und wie?

Um ein Einspruchsverfahren in die Wege zu leiten, muss der Teenager die Initiative ergreifen – nicht die Eltern – und zwar durch Anbieten neuer Information. Es ist Sache der Eltern, zuzuhören und dann entsprechend zu handeln. Dabei sollte klar sein, dass »Ja«, »Nein«, und »vielleicht« mögliche Antworten sein können.

Eine persönliche Meinung äußern ist nicht das Gleiche wie eine neue Information einbringen. Viele Kinder beantworten eine Anweisung der Eltern mit einem Kommentar, einer Analyse oder einer eigenen Meinung. Das ist aber keine neue Tatsacheninformation, die als Basis für einen berechtigten Einspruch gelten könnte.

In Calebs Fall konnte er der Anweisung seiner Mutter entgegnen: »Mutti, der Film dauert nur noch fünf Minuten. Darf ich ihn erst zu Ende sehen?« Mit dieser neuen Information konnte seine Mutter die Bitte bedenken, ohne ihre Autorität zu verlieren.

Sein Einspruch ist berechtigt und wahrscheinlich gibt es keinen Grund, warum seine Mutter ihre Meinung nicht ändern und sagen sollte: »Ja, das geht. Wenn Schluss ist, wasch' dir bitte die Hände fürs Essen.« Jetzt hat jeder gewonnen. Es gibt keine Aufregung, keinen Konflikt und keinen Machtkampf. Wenn man Einwände nicht erlaubt, entstehen sehr leicht Probleme.

Bob und seine Familie hatten bei einem Baseballspiel Plätze nebeneinander gefunden. Doch der zwölfjährige Christopher saß einige Plätze weiter entfernt. Als Bob ihn anwies, sich näher zu ihnen zu setzen, antwortete der Sohn: »Nein, Vati, ich möchte hier bleiben!« Christophers Antwort war dazu angetan, die Autorität seines Vaters zu verletzen und einen Konflikt heraufzubeschwören. Wenn Bob seine Forderung wiederholte, würde er Christophers Widerstand verstärken. Wenn er nachgab, würde er seine elterliche Autorität verraten und seine Glaubwürdigkeit verlieren. Das schroffe Nein Christophers zwang Bob, ein paar korrigierende Maßnahmen zu ergreifen.

Nachdem Christopher eine verbale Warnung hatte einstecken müssen, erklärte er den Hintergrund seines Verhaltens. »Vati, ich habe mich da hinüber gesetzt, weil ich die Spieler nicht mehr alle sehen konnte, das Spruchband hing dort so niedrig.« War das ein berechtigter Grund, sich von der Familie wegzusetzen? Ja, durchaus. War die Sache so am besten geregelt worden?

Nein. Ein rechtzeitiger Einwand von Christoph hätte den ganzen Auftritt verhindern können.

Denken Sie daran: Der Prozess des Einspruchs läuft nur auf dem Weg übers Vertrauen ab. Der Teenager vertraut den Eltern, dass sie fair und flexibel sind. Und die Eltern vertrauen dem Teenager, dass er einen echten Grund für seinen Einwand angibt.

Die Möglichkeit des Einwandes ist kein schlauer Trick, um Konflikte zu vermeiden. Sie verhilft aber dazu, prägende Merkmale für ein ganzes Leben zu entwickeln. Die Bereitschaft eines Individuums, sich einer Autorität zu unterwerfen, ist unmittelbar abhängig von der Fairness, die diese Autorität erkennen lässt. Das Leben im Allgemeinen ist nicht fair. Doch Eltern können es sein, ohne ihr Ansehen zu verlieren, wenn sie ihre Kinder lehren, wie sie einen berechtigten Einwand ihnen gegenüber erheben sollen.

Wie lehrt man die Teenager, Einwände vorzubringen?

1. Setzen Sie sich mit Ihren Teenagern zusammen und arbeiten Sie den Weg des Einsprucherhebens und die entsprechenden Leitlinien durch.
2. Spielen Sie ein paar Szenen durch, die auf Ihre Familie zutreffen könnten. Bringen Sie in jeder Szene ein Beispiel für korrekten und unkorrekten Einspruch.
3. Wenn Ihre Teenager das Konzept begriffen haben, lassen Sie den natürlichen Konsequenzen der Entscheidungen Ihrer Teenager ihren Lauf, um den Trainingseffekt zu verstärken. Wenn Sie in einer arroganten Haltung kommen oder keine neue Information bringen, lehnen Sie ihre Einwände ab. Wenn Sie bei allem und jedem Einspruch erheben, legen Sie diese Möglichkeit für einige Wochen auf Eis.

Fragen

1. Warum, glauben Sie, hat Salomo die Zucht mit der Weisheit verknüpft – oder mit der zukünftigen Freude der Eltern?
2. Wie kann eine Vorwarnung, die Sie Ihrem Teenager für nachfolgende Anweisungen geben, Ärger und Erbitterung vermeiden?
3. Denken Sie darüber nach, was Ihr Teenager morgen tun soll. Schreiben Sie auf, wie Sie ihm sagen wollen, was Sie wirklich meinen. Sollte es in Form einer Bitte oder eines Befehls geschehen? Wann wäre der geeignete Moment, um die Aussage zu machen?
4. Schreiben Sie die Vorteile der Möglichkeit des Einspruchs für Ihre Familie auf. Was wären die Nachteile?
5. Denken Sie noch einmal über den letzten Monat nach und notieren Sie einen Vorfall, in dem ein Einwand die Situation wesentlich zum Guten beeinflusst hätte.

Kapitel 12

Ein Wort der Ermutigung

Der Streit war nicht neu. Becky erwartete von ihrer Tochter im Teenageralter, dass sie jeden Morgen ihr Zimmer aufräumte. Doch als sie eines Nachmittags an der offenen Tür von Donnas Raum vorbeikam, lagen die Kleider von gestern, Handtücher und Bücher mal wieder auf Bett und Boden verstreut herum. Als Becky ihrer Tochter später begegnete, sagte sie ihr: »Du weißt, dass dein Zimmer morgens aufgeräumt werden soll. Da du dich nicht daran gehalten hast, kannst du es jetzt tun und gleich noch das Badezimmer dazu in Ordnung bringen.

Nachdem sie fertig war, bat Donna, jetzt auch etwas sagen zu dürfen. »Mein Zimmer ist normalerweise in Ordnung, Mutti, und ich habe mich wirklich geärgert. Ich habe die ganze Woche bei mir aufgeräumt und du hast nie ein Wort darüber verloren. Weil ich es jetzt den einen Tag mal nicht geschafft habe, hältst du es mir vor. Du scheinst auch nur das zu merken, was ich falsch mache.«

Die Grundlagen biblischer Erziehung und Disziplin

An manchem Punkt fragt Becky zweifellos sich selbst (oder auch andere): »Wie soll ich mit diesem Problem des chaotischen Zimmers fertig werden?«

Es scheint da eine Annahme vorzuherrschen, dass Eltern ihre Konflikte mit den Teenagern lösen könnten, wenn sie die Methoden zur Bestrafung besser beherrschen würden. Sicher spielt die Strafe auch eine Rolle bei der Kindererziehung. Doch in den

Teenagerjahren sollte das nur noch in sehr reduzierter Weise der Fall sein. Leider vermisst man oft die viel wirksameren Lösungsmöglichkeiten wie Ermutigung oder natürliche und logische Konsequenzen – wie die Geschichte von Becky und Donna anschaulich zeigen.

Grundlegend für den Prozess der Ermutigung und der Bestrafung ist ein tiefgreifendes Verständnis des Begriffs Disziplin. Wir wollen mit der Definition des Wortes beginnen. Die meisten Eltern denken, wenn es um Disziplin geht, nur an Bestrafung. Doch in Wirklichkeit ist Disziplin nur ein Prozess des Lernens und Trainierens, bei dem die ethische Entwicklung eines Menschen gefördert wird. Das Wort kommt ja aus der gleichen Wurzel wie das lateinische *discipulus*, was so viel wie Schüler oder Lernender bedeutet. Die hinter der Disziplin stehende Absicht ist es, den jungen Menschen ethisch verantwortliches Handeln zu lehren. Es ist deshalb wichtig, dass Eltern die Grundlagen biblischer Disziplin verstehen. Die positiven Aspekte biblischer Disziplin sind gleichbedeutend mit Erziehung und Führung junger Menschen, wobei die Betonung auf dem inneren Wachstum, der persönlichen Verantwortlichkeit und der Selbstbeherrschung liegt. Alle diese Eigenschaften führen zu einem Verhalten, das aus dem Innern, aus dem Herzen eines Menschen motiviert ist (Spr 4,23).

Gott hat sehr genaue Vorstellungen von dem, was er mit Disziplin meint. Sie soll die friedvolle Frucht der Gerechtigkeit hervorbringen. In Hebräer 12,11 heißt es: »Jede Züchtigung aber, wenn sie da ist, scheint uns nicht Freude, sondern Leid zu sein; danach aber bringt sie als Frucht denen, die dadurch geübt sind, Frieden und Gerechtigkeit.«

Biblische Disziplin besteht aus einer Anzahl von wesentlichen Prinzipien und Handlungen, einige ermutigend, einige korrigierend. Die verschiedenen Formen von Ermutigung, die den biblischen Prozess ergänzen, schließen Bestätigung, attraktive Zielsetzungen, Lob und Belohnung ein. Die korrigierende Seite besteht aus verbalem Tadel, natürlichen Konsequenzen, Isolierung, Einschränkungen, Verlust von Privilegien und Züchtigung.

Jede Maßnahme hat Sinn und Bedeutung und einen legitimen Platz in dem umfassenden Prozess.

In der Erziehung unterscheiden zwischen ethisch-moralischem und amoralischem Verhalten

Bevor wir uns die besonderen Maßnahmen und Prinzipien für Disziplin im Einzelnen ansehen, sollten wir uns die Tatsache noch einmal ins Gedächtnis rufen, dass das Verhalten der Menschen in zwei Kategorien zerfällt: ethisch-moralisches und »nichtmoralisches« oder »amoralisches«. Schwimmen lernen, einen Schnürsenkel binden, Fahrradfahren, Fußballspielen, Tauklettern, Klavierspielen oder das Einmaleins Auswendiglernen sind »nichtmoralische« Aktivitäten, die nichts mit Ethik zu tun haben. Es sind Fähigkeiten, die mit natürlichen Anlagen, Begabungen und geistigen Eigenschaften verknüpft sind. Es sind Funktionen des Lebens, aber keine Sache der Ethik.

Im Gegensatz dazu gehören Gehorsam, Freundlichkeit, Aufrichtigkeit, Achtung, Ehrenhaftigkeit und Glaubwürdigkeit an den Anfang der langen Liste ethischer Attribute. Eltern müssen unbedingt diesen Unterschied zwischen ethisch bestimmtem und ethisch neutralem Verhalten im Auge behalten. Warum? Weil Ermutigung und Korrektur im Hinblick auf die Entfaltung persönlicher Fähigkeiten sich von Ermutigung und Korrektur, wenn es um die Veränderung des Verhaltens geht, unterscheidet. Das Erste zielt auf die natürlichen Anlagen des Kindes, das Zweite auf sein Herz.

Lernen Fahrrad zu fahren ist eine Fähigkeit. Aber so Fahrradfahren zu lernen, dass niemand verletzt wird, ist eine Sache des ethischen Verhaltens. Nicht schwimmen können ist eine nicht ausgebildete Fähigkeit. Aber andere Kinder im Wasser herumzustoßen ist ein schlechtes Verhalten. Man kann diese Dinge nicht gleich behandeln. Das eine bezieht sich auf mangelnde körperliche Ausbildung, das andere ist eine ethisch-moralische Schwäche.

Wie ermutige ich im »nichtmoralischen« Bereich?

Es gibt drei wesentliche Elemente, die zur Entwicklung von Fähigkeiten gehören: Geduld, Anleitung und Motivation. Damit ein Kind bereit ist, Zeit und Anstrengungen in die Übungen zu investieren, die nötig sind, um eine Fähigkeit zu entfalten, braucht es eine Quelle der Motivation. Eltern können ihm auf diesem Gebiet helfen, indem sie es loben und ihm Ziele aufzeigen. Das verbale Lob hat oft Langzeitwirkung. Es kann schon etwas bedeuten, einfach zu sagen: »Dein Spiel ist sehr viel besser geworden, Jeremy, vor allem, seit du zehn Minuten länger geübt hast.

Diese Worte verbinden Ermutigung mit der Ursache und Wirkung der Anstrengungen des Teenagers. Wenn man die Ermutigung an ein besonderes Tun knüpft, hilft man dem Kind, den Wert seiner Übungen richtig einzuschätzen, und ermutigt es zu weiterem Einsatz.

Wie ermutige ich im moralischen Bereich?

Ethisches Verhalten hat etwas mit dem Herzen zu tun. Eltern können das Herz ihrer Kinder durch Ermutigung und durch Korrektur motivieren. Beides ist wichtig und keins davon ist ohne das andere wirklich effektiv. In diesem Kapitel wollen wir uns auf das Ermutigen konzentrieren. In Kapitel 13 werden wir uns damit beschäftigen, wie man auf die rechte Art korrigiert.

Die zweite Meile

Wenn Sie Ihren Teenager im Kontext einer biblisch fundierten Beziehung ermutigen, dann verschaffen Sie ihm einen mächtigen Antrieb für richtiges Verhalten. Außerhalb dieses Kontextes können ermutigende Worte allerdings heuchlerisch klingen. Die Kommentare eines Vaters, der sich nicht die Zeit nimmt, eine vertrauensvolle Beziehung zu Sohn oder Tochter aufzubauen, sind sinnlos. Ermutigende Worte zu hören ist nicht dasselbe wie ermutigende Eltern zu haben.

Leider ist dies ein Gebiet, auf dem viele Eltern versagen, vor allem während der Teenagerjahre ihrer Kinder. In dieser Zeit sind die Eltern oft so sehr damit beschäftigt, durch ständiges Korrigieren die Dinge unter Kontrolle zu bekommen, dass sie das Ermutigen im Allgemeinen vergessen. Und wie wir alle aus persönlichen Erfahrungen wissen, ist das Fehlen von Er-mutigung das Gleiche wie Ent-mutigung.

Es gibt eine Reihe von Wegen, auf denen man Teenager ermutigen kann. Erinnern Sie sich an die fünf Sprachen der Liebe, über die wir in Kapitel 8 sprachen? Verbales Lob, physische Berührung, einfache Geschenke, gemeinsam verbrachte Zeit, helfendes Tun – jede Äußerung von Liebe vermittelt die Botschaft, dass wir darauf achten, was unsere Kinder tun, und dass wir uns um sie kümmern. Doch einerlei, welche Form wir benutzen, wir müssen uns die Zeit nehmen, das Verhalten wirklich zu beobachten und dann die positiven Aspekte bei dem Einzelnen herausgreifen. Ermutigung verlangt von den Eltern, dass sie »die zweite Meile« mitgehen, weil es sie zwingt, sich in die Teenager hineinzuversetzen und ihre Wege innerlich mitzuverfolgen. Hier geben wir einige Anregungen, wie Sie Ihre Teenager ermutigen können.

Eine Umfrage zum Thema Ermutigung

Wir baten hundert Teenager aus den Klassen neun bis zwölf, für uns aufzuschreiben, was ihnen an dem, was ihre Eltern sagen oder tun, am meisten Mut macht. Hier folgen nun die fünf wichtigsten Antworten ihrer Bedeutung nach geordnet.

1. Teenager fühlen sich motiviert, das Rechte zu tun, wenn sie den Eindruck haben, dass ihre Eltern ihnen vertrauen.
2. Teenager fühlen sich motiviert, das Rechte zu tun, wenn sie sich von ihren Eltern geachtet wissen. Das heißt, dass ermutigen besser ist als kritisieren und abwerten.
3. Teenager fühlen sich motiviert, das Rechte zu tun, wenn ihre Eltern so leben, wie sie es von ihnen verlangen.
4. Teenager fühlen sich motiviert, das Rechte zu tun, wenn man ihnen ethische Begründungen dafür gibt.
5. Teenager fühlen sich motiviert, das Rechte zu tun, wenn die Eltern bereit sind, ihre eigenen Fehler zuzugeben, statt Entschuldigungen dafür zu finden.

Mit Worten ermutigen

In gesunden Beziehungen ist die verbale Bestätigung niemals überflüssig. Jeder von uns freut sich, wenn ihm jemand, der Ansehen genießt, auf den Rücken klopft und dazu sagt: »Gut gemacht!« Wir schätzen es zu hören, dass unser Tun Anklang findet oder andern geholfen hat. Teenagern geht es da nicht anders. Wie wir alle werden sie stark motiviert, wenn ihnen berechtigtes Lob begegnet.

Wenn Sie Ihre Ermutigung nicht in Worte fassen – welche Botschaft senden Sie dann aus? Motivieren Sie Ihre Teenager mit Worten in kleinen und großen Dingen. Es ist natürlich leichter, ihre großen Anstrengungen ins Auge zu fassen, aber oft sind es die alltäglichen Kleinigkeiten, die eine Beziehung stärken oder zerstören. Manchmal kann ein einfaches »Danke« Langzeitwirkung haben.

Eine andere Möglichkeit, Ihr Kind verbal zu ermutigen, ist, zu sagen: »Ich brauche deine Hilfe«, statt: »Ich wünsche, dass du mir hilfst« oder auch nur »Tu das!« Die bescheidene Bitte um Hilfe wertet die Person auf, deren Hilfe gesucht wird.

Wenn Sie in Ihrer Beziehung gerade erst mit dem Versuch der Ermutigung beginnen, vermeiden Sie, Ihren Worten eine Bewertung folgen zu lassen. Sagen Sie nicht: »Danke, dass du heute Abend das Spülen übernommen hast. Es gibt doch immer noch Wunder.« Oder: »Du hast ein großartiges Essen gekocht, zu schade, dass es etwas angebrannt ist.« Eine solche Ermutigung mit beigefügter Werteskala ist überhaupt keine Ermutigung.

Ermutigung durch körperliche Berührung

Die Berührung einer freundlichen Hand, eine zärtliche Umarmung oder ein leichter Schlag auf den Rücken kann eine Botschaft der Ermutigung bedeuten. Physische Ermutigung vermittelt Unterstützung, sowohl bei Sieg wie bei Niederlage. Sie füllt die Lücke aus, wenn Worte versagen oder nicht genug sind.

Jemand in den Arm nehmen und sich in den Arm nehmen lassen, bedeutet Verletzlichkeit und eine Nähe, die den vertrauten Gliedern einer Familie vorbehalten ist. Wer Beziehungsprobleme mit seinen Teenagern hat, sollte vielleicht langsam tun auf diesem Gebiet und nur dem Sohn oder der Tochter die Hand auf die Schulter legen mit den Worten: »Tolles Spiel!«, »Großartige Leistung« oder »Danke«. Zu einem anderen Zeitpunkt mag ein kräftiger Schlag oder eine Umarmung das beste sein. Um was es auch immer gehen mag, unterschätzen Sie den starken Einfluss physischer Ermutigung bei Ihren Teenagern nicht.

Anne Marie hat sich von jeher darauf verstanden, Worte der Ermutigung mit einfachen, aber bedeutungsvollen Ausdrucksweisen physischer Berührung zu verbinden. Manchmal hält sie die Kinder nur einen Augenblick zurück, legt ihnen die Hand auf die Schulter und sagt mit großer Aufrichtigkeit: »Ich wollte euch nur sagen, wie gut ich das finde, was ihr ...« Verbale Bestätigung zusammen mit physischer Berührung ist eine unschlagbare Kombination.

Manche neigen dazu, eine ermutigende Berührung nur zu nutzen, wenn sie glücklich sind. Aber glauben Sie mir, wenn wir einen schlechten Tag gehabt hatten – unsere Teenager nahmen es zur Notiz, wenn wir ihnen freundlich die Hand auf die Schulter legten und davon sprachen. Bewusst oder unbewusst, registrierten sie die zusätzliche emotionale Anstrengung, die uns diese Geste kostete.

Schenken

Teenager genießen es, wenn man ihnen Wertschätzung ausdrückt. Eine Möglichkeit, um das zu tun, besteht im Schenken. Eine kleine Gabe als Antwort auf einen liebevollen Hilfsdienst eines Kindes ist ein großartiger Weg, das Kind daran zu erinnern, dass Sie nicht vergessen haben, was es getan hat.

Wir haben in unserer Familie versucht, uns im spontanen Schenken zu üben. Es gab Gelegenheiten, wo meine Frau und ich eilig das Haus verließen, um zu einer Tagung zu fahren. Die Küche hinterließen wir in chaotischem Zustand. Als wir heimkamen und eine völlig aufgeräumte Küche vorfanden, ohne dass wir die Mädchen dazu gedrängt hatten, weckte das in uns den Wunsch, unserer Wertschätzung durch mehr als nur ein einfaches »Dankeschön« Ausdruck zu verleihen. Am nächsten Tag besorgte Anne Marie eine Reihe von Dankeskarten und schrieb den Mädchen ein paar liebe Worte im Namen von uns beiden darauf. Es konnte auch geschehen, dass sie jeder Karte ein Paar nicht allzu teure Ohrringe beifügte.

Solche Aktionen kosten nicht viel Zeit und Geld. Sie vermittelten aber unsere tiefe Wertschätzung für die Freundlichkeit unserer Töchter und unsern Wunsch, ihnen unsere Liebe zu zeigen. Außerdem verlieh es der nächsten Gelegenheit, wo wir »Danke« sagten, eine besondere Qualität.

Ob Sie nun daran arbeiten, eine Beziehung zu ihren Teenagern zu gewinnen oder sie nur ein wenig verbessern wollen –

überlegen Sie, ob Sie nicht Ihrer Wertschätzung mit einem kleinen Geschenk Ausdruck verleihen könnten. Versuchen Sie dabei aber, ein paar häufig auftretende Fallstricke zu vermeiden. Knüpfen Sie niemals Verpflichtungen oder Bedingungen an Ihr Geschenk. Und schenken Sie nicht, weil Ihnen die Idee gerade mit diesem Buch nahegebracht worden ist. Lassen Sie den Wunsch dazu ganz echt aus Ihrem Herzen kommen. Schenken Sie nicht mit Erwartungen. Wenn Ihnen die Worte in den Sinn kommen: »Wie konntest du das tun, nachdem ich dir doch so großzügig begegnet bin ...?«, macht das deutlich, dass Sie Erwartungen an das Geschenk geknüpft hatten. Und benutzen Sie das Geschenk niemals zur Verteidigung in späteren Konflikten.

Ermutigen durch Hilfeleistung

Eng verknüpft mit dem Schenken als Möglichkeit, »Danke« zu sagen, sind helfende Handlungen. In der Angelegenheit mit der aufgeräumten Küche hätten wir unsern Dank auch auf andere Weise zum Ausdruck bringen können: Wir hätten etwas für die Kinder tun können, von dem wir wussten, dass sie es sehr schätzen würden – etwas, was über all das hinausgegangen wäre, was wir normalerweise unternommen hätten.

Die Teenagerjahre verliefen in unserer Familie sehr hektisch. Und es gab Zeiten, wo die Zimmer der Mädchen das widerspiegelten. Obwohl sie meistens Ordnung darin hielten, gab es auch Zeiten, in denen Chaos herrschte. In diesen Phasen übernahm Anne Marie das Putzen und Aufräumen dort. Sie wollte den Teenagern damit in handgreiflicher Weise klarmachen: Ich liebe euch und ihr seid mir wertvoll.« Das hilfreiche Handeln offenbart, wie wertvoll die Kinder für unser Leben sind. Wir freuen uns an diesem kostbaren Gut und sie wissen es.

Investition von Zeit

Ein fünfter Weg, unsern Teenagern Ermutigung zu vermitteln, besteht darin, dass wir ihnen Zeit schenken. Als Eltern haben wir alle darum zu kämpfen, konkurrierende Anforderungen auszubalancieren. Das Arbeitssoll, familiäre Verantwortlichkeiten, persönliche Interessen, Freundschaften, Gemeindeveranstaltungen – all das und mehr ruft nach unserer Aufmerksamkeit.

Wahrscheinlich ist Ihrem Teenager dieser Kampf durchaus bewusst – schließlich leben Sie zusammen. Besser als irgendjemand anders weiß Ihre Familie, wie wenig Zeit Sie entbehren können. Auf diesem Hintergrund: Was könnte ermutigender sein, als sich die Zeit zu nehmen, um sich das von Ihrem Kind inszenierte Schauspiel oder sein Fußballspiel anzusehen oder sein Band-Konzert anzuhören. Sie könnten auch Ihren Teenager eines Tages in ein Restaurant einladen, um Ihre Anerkennung für eine bestimmte Hilfeleistung zum Ausdruck zu bringen, z. B. wenn er dem kleinen Bruder bei den Hausaufgaben geholfen oder sich mit einem Freund ausgesöhnt oder das Abendessen gerichtet hat, als Mutti krank war.

Das sind nur einige der Möglichkeiten, durch die wir unsere Kinder ermutigen können. Lassen Sie sich durch unsere Vorschläge nicht einschränken. Denken Sie daran: Alles, was Sie als Eltern tun und Ihre Teenager zum richtigen Handeln veranlasst, ist Ermutigung.

Jetzt wollen wir noch einen Blick auf die Rolle der Korrektur im Hinblick auf die ethische Erziehung unserer Teenager werfen.

Fragen

1. Denken Sie zurück an die vergangene Woche. In welcher Weise haben Sie Ihren Teenager erzogen? Ging es immer nur um Korrektur? Schreiben Sie zwei Gelegenheiten auf, wo Sie stattdessen auch mit Ermutigung hätten arbeiten können.

2. Die buchstäbliche Bedeutung des Wortes Ermutigung ist: »Einen Menschen mit Mut füllen.« Warum glauben Sie, dass Ihr Sohn oder Ihre Tochter Mut braucht, um ein ethisch bestimmtes Leben führen zu können?
3. Beschreiben Sie ein Beispiel amoralischen Verhaltens, das Sie in der vorigen Woche bei Ihrem Teenager beobachtet haben. Nennen Sie auch ein Beispiel ethisch-moralisch bestimmten Verhaltens.
4. Welche Methode zur Ermutigung (durch Worte, physische Nähe, Geschenke, helfendes Handeln oder Investition von Zeit) finden Sie am leichtesten zu realisieren?
5. Beschreiben Sie eine Möglichkeit, auf der Sie jeden Ihrer Teenager in dieser Woche ermutigen können. Denken Sie daran, Ihre Bemühungen zur Ermutigung individuell und aufrichtig zu gestalten.

Kapitel 13

Zurechtweisung des Teenagers

Die Frustration auf den Gesichtern passte zu den Worten der Eltern: »Wie können wir unsern Sohn noch in seine Schranken weisen? Alles, was wir versucht haben, nutzt nichts. Wir wissen nicht, was wir noch unternehmen könnten. Er ist zu alt, als dass wir ihm noch den Hintern verhauen, und zu jung, als dass wir ihn einfach laufen lassen könnten.«

Wir können es nicht mehr zählen, wie oft wir Eltern so oder ähnlich klagen hörten, die mit der Erziehung ihres Teenagers nicht mehr zurechtkamen. Manchmal haben Eltern die irrige Vorstellung, dass sie mit jedem Problem dieser Art fertig werden, wenn sie herausbekommen, wie sie ihren Teenager strafen können. Wenn wir dieses Kapitel behandeln, dann erinnern Sie sich, dass Strafe nur einen Aspekt der ethischen Einübung, der Erziehung zur Disziplin darstellt. Und dass diese am wirksamsten im Kontext einer gesunden Eltern-Teenager-Beziehung verläuft. Erwarten Sie nicht, dass mit Strafe alle Teenagerprobleme aus der Welt zu schaffen seien, aber sehen Sie diese als ein von Gott zur Verfügung gestelltes Werkzeug an, um die Herzen zu bewahren.

Zwei wichtige Grundsätze

Die Begründung für Zurechtweisung im Leben unserer Teenager ist wesentlich. Strafe hilft ihnen, gewisse Dinge zu lernen. Doch damit die Verbindung zwischen Strafe und einem Lernprozess gewahrt bleibt, müssen wir zwei wichtige dominierende Grundsätze verstehen.

Der erste heißt: Die Art der Strafe hängt davon ab, ob das Motiv zur Tat böse war. Eltern sollten fragen: »War das falsche Handeln meines Teenagers Absicht oder nicht?« Die Antwort auf diese Frage entscheidet darüber, welche Art der Zurechtweisung angemessen ist. Das ist die Grenzlinie. Falsche Entscheidungen und Unfälle der Teenager bringen natürliche Konsequenzen mit sich. Absichtliches ethisches Fehlverhalten, das andere Leute in Mitleidenschaft zieht, erfordert Strafe. Es ist ein Unterschied, ob man die Teenager Konsequenzen erleben lässt, oder ob man sie straft.

Als Eltern müssen wir Strafe aus der biblischen Perspektive sehen, nicht aus dem gesellschaftlichen Blickwinkel. Die Gesellschaft straft, um mit jemand ins Reine zu kommen und Vergeltung zu üben. Das tut Gott nicht. Er ist nicht rachsüchtig und will das Konto nicht ausgleichen. Seine Absicht beim Strafen ist sehr genau beschrieben: Sie soll »eine friedsame Frucht der Gerechtigkeit« hervorbringen (Hebr 12,11; engl. u. alte Lutherübers.). Als Erwachsene werden wir für unsere Entscheidungen nicht mehr bestraft. Stattdessen lernen wir in der Schule des Lebens, ob sie richtig oder falsch gewesen sind. So sollte es auch bei unsern Teenagern sein. Weil unsere Teenager dem Erwachsenendasein näher stehen als der Kindheit, lässt die Notwendigkeit der Strafe rapide nach, während die Anwendung natürlicher und logischer Konsequenzen die immer gängigere Methode der Korrektur wird.

Die zweite Regel für korrigierende Erziehung ist: Die Strafe bzw. die Konsequenzen müssen dem Vergehen angemessen sein. Strafe bewertet das Verhalten. Darum ist sowohl ein zu hohes als auch ein zu niederes Strafmaß gefährlich. Beides sendet die falsche Botschaft.

Wenn wir als Gesellschaft – oder als Eltern – Strafen festsetzen, machen wir bewertende Aussagen. Wir bestimmen den Grad und die Schwere einer gebotswidrigen Handlung. Strafe spricht ein Werturteil über das Tun aus. Man muss unbedingt wissen, dass das Rechtsempfinden eines Kindes durch Strafe geweckt wird, nicht durch Belohnung. Wenn z. B. ein Kind seine

Schwester schlägt und mit einem Kunststoffschläger so zurichtet, dass sie blaue Flecken bekommt, und dann als Strafe nur fünf Minuten im Aus auf einem Stuhl sitzen muss, dann haben die Eltern in seinem Geist nur die Vorstellung etabliert, dass das Verletzen anderer kein ernsthaftes Vergehen ist.

Ungerechte Bestrafung kann allerdings auch ins andere Extrem führen. Wenn Eltern sagen: »Du hast das Licht angelassen, als du aus dem Zimmer gingst. Deshalb darfst du jetzt einen Monat lang kein Radio mehr hören«, dann ist das ein Übermaß an Strafe für das Kind. Das löst nur Empörung aus und weitere Konflikte.

Bevor man einem Verstoß gegen geltende Gebote wirksam begegnen kann, müssen Eltern zwei Fragen stellen: »War das, was mein Kind getan hat, ein zufälliges Geschehen oder war es eine absichtliche Bosheit? Welche Strafe würde dem entsprechen und die richtige Bewertung deutlich werden lassen?«

Altersgemäßes Verhalten oder Dummheit

Die Absichten oder Motive Ihrer Teenager zu erkennen mag Ihnen als unlösbare Aufgabe erscheinen. Eltern mögen fragen: »Wie kann ich nach dem vorrangigen Prinzip des Motivs vorgehen, wenn ich keine Ahnung habe, was für ein Motiv mein Teenager hatte?« Manchmal können wir es tatsächlich nicht wissen, wenigstens am Anfang. Aber es wird schon leichter, wenn uns klar ist, dass das schlechte Verhalten unserer Teenager entweder dumm oder altersgemäß ist.

Ab und zu handeln wir alle unangemessen. Manchmal planen wir Dinge, von denen wir wissen, dass sie nicht gut sind. Aber es gibt auch Zeiten, wo wir aufrichtigen Herzens Fehler begehen. Das eine Mal steht eine Absicht hinter dem falschen Verhalten, das andere Mal nicht. Das Gleiche gilt auch für unsere kleineren Kinder und Teenager.

Absichtliche Zuwiderhandlungen gegen Gebote und Rebellion nennt die Bibel »Torheit« oder Dummheit.

In Sprüche 22,15 heißt es: »Torheit steckt dem Knaben im Herzen.« Der Ausdruck in diesem Vers entstammt einer Wurzel, die Täuschung, Tricks, Ungehorsam, Mangel an Weisheit oder Rebellion bedeutet (i. Engl. »Foolishness« von »folly«). Die Bibel sagt, dass in diesem Sinne törichte Handlungen eine Haltung der Auflehnung bedeuten.

Auf der andern Seite sind ehrliche Fehler nur das: Vergehen, hinter denen kein böser Wille steht. Als unsere Tochter versehentlich über das Kabel stolperte und dabei die Porzellanlampe umwarf und zerbrach, hat sie es nicht mit Absicht getan. Es gab keinerlei bösen Willen dabei und auch keinen Ungehorsam, keine Auflehnung. Sie hatte sich nur zufällig darin verwickelt.

Wenn kleine Kinder unbeabsichtigte Fehler begehen, nennen wir es kindliche Ungeschicklichkeit. Wenn Teenager ohne jede böse Absicht Dummheiten machen, sprechen wir auch von einem Verhalten, das einem bestimmten Alter entspricht. Beides bezieht sich auf Dinge, die ohne bewusstes Fehlverhalten passieren. Obwohl also kein schlechtes Motiv dahintersteht, ist Korrektur nötig. Unsere Tochter musste eine Ermahnung über sich ergehen lassen oder sonst irgendwelche Konsequenzen tragen, obwohl sie keine bösen Absichten gehabt hatte. Die Konsequenz, über die wir gleich sprechen werden, bedeutete keine Strafe, sondern sie sollte dabei erkennen, dass persönliche Verantwortlichkeit eine Voraussetzung für Freiheit ist. Konsequenzen für unfreiwillige Fehler sind nicht die gleichen wie Konsequenzen und Strafe als Ergebnis von offener Auflehnung.

Ermahnung

Altersgemäßes Verhalten von Teenagern zu korrigieren, beginnt mit Ermahnung (Eph 6,4). Das Wort »Ermahnung« bedeutet, jemand etwas ins Bewusstsein bringen oder ihn warnen. Ermahnung heißt demnach, einen Teenager zu warnen, weil ein bestimmtes Tun oder auch Unterlassen unklug ist, und dass es vielleicht eine Katastrophe für den Teenager oder für andere heraufbeschwören könnte.

Ben ist ein gewissenhafter Teenager, der gewöhnlich sein Fahrrad ins Haus bringt, wenn er von einer Fahrt zurückkommt. Doch eines Tages hatte er es eilig, seiner Mutter einige Neuigkeiten mitzuteilen, warf das Fahrrad einfach im Vorgarten auf den Boden und rannte ins Haus. Später vergaß er es. Als sein Vater heimkam, fand er das Rad noch im Vorgarten.

Hatte Ben etwas falsch gemacht, als er das Fahrrad auf dem Rasen ließ? Ja. War Ungehorsam dabei? Nein. Es war ein typisches Verhalten für Teenager, vielleicht nicht gerade klug, aber bestimmt auch nicht böse. Für diesen, selten vorkommenden, Verstoß gegen die Ordnungsregeln ermahnte sein Vater ihn, das Fahrrad nach dem Gebrauch immer an einen sicheren Ort wegzustellen. Diese Ermahnung diente Ben dazu, sich noch mehr verantwortlich zu fühlen. Wenn Bens Vater am nächsten Tag das Rad wieder im Vorgarten vorfinden würde, könnte das gewisse Konsequenzen nach sich ziehen, weil Ben trotz Warnung sich nicht verantwortlich gezeigt hätte.

Entsprechende Konsequenzen

Es gibt Fehlverhalten, auf die sofortige Konsequenzen folgen müssen. Diese müssen aber in einem logischen Zusammenhang mit dem Fehler stehen und sich darauf beziehen. Der Sinn von solchen Konsequenzen ist es, zur Besonnenheit zu erziehen und die Teenager dahin zu führen, dass sie die Verantwortung für nicht gerade ungehorsames, aber unkluges Verhalten übernehmen. Solche Fehler sind meistens mit Besitz, Vorrechten und persönlichem Verhalten verbunden. Sofortige Konsequenzen verhindern laut Salomo zukünftiges Böses (Pred 8,11).

Wenn man die Teenager lehrt, gute Verwalter ihres eigenen Besitzes zu sein, werden sie auch eher verantwortlich mit dem Eigentum anderer umgehen. Wir wollen uns noch einmal die Geschichte von Ben und seinem Fahrrad ansehen. Ein paar Tage nach dem ersten Vorfall ließ Ben sein Fahrrad an der vorderen Veranda stehen, um nur schnell im Haus seine Jacke zu holen. Doch drinnen erhielt er einen unerwarteten Anruf und wurde in ein Gespräch verwickelt. Er hatte nicht darüber nachgedacht, wie schnell man von einem Vorhaben abgelenkt werden konnte.

Er hatte durchaus nicht die Absicht, den vor zwei Tagen von seinem Vater erhaltenen Rat zu ignorieren. Doch er nutzte eine unüberlegte Chance in dem Glauben, dass er nach einer Minute wieder draußen sein würde. Als sein Vater heimkam und das Fahrrad fand, stellte er es für einige Tage weg. Das war die zweite Stufe der Ermahnung, indem er entsprechende Konsequenzen zog. Diese Reaktion lehrte Ben, dass mit dem Vorrecht, Rad fahren zu dürfen, die Verantwortlichkeit verbunden war, mit dem Rad entsprechend umzugehen.

Erziehung zum verantwortlichen Umgang mit Besitz sollte immer von Erklärungen begleitet sein. Mit dem Älterwerden des Kindes sollten die Erklärungen aber immer kürzer werden. Wenn Ben fünfzehn Jahre alt ist, weiß er auf jeden Fall schon, dass sein Fahrrad gestohlen werden oder bei nassem Wetter rosten kann, wenn er es draußen lässt. Der Vater braucht das nicht mehr lang und breit zu begründen. Er sagt lediglich etwa: »Ben, du hast in der Eile vergessen, dass dein Fahrrad gestohlen werden könnte oder dass es rosten könnte. Um deinem Gedächtnis ein wenig nachzuhelfen, habe ich dein Rad für zwei Tage weggeschlossen.«

Eltern müssen ihre Teenager persönlich verantwortlich machen für ihre unbeabsichtigten Fehler, die andere Leute oder deren Eigentum schädigen. Lassen Sie uns noch einmal auf das Beispiel unserer Tochter und die Sache mit der Lampe zurückgreifen. Natürlich wollte sie die Lampe nicht kaputtmachen, aber es passierte nun einmal. Wir legten ihr diesbezüglich einige Konsequenzen auf, damit sie lernte, Verantwortung für ihre Fehler zu übernehmen und das nächste Mal aufzupassen. Entsprechend ihrem Alter forderten wir von ihr zusätzliche häusliche Arbeiten. Damit verdiente sie etwas Geld, um bei der Anschaffung einer neuen Lampe ihren Beitrag leisten zu können.

Die Beteiligung an der Ersatzbeschaffung gehörte zu den Konsequenzen. Wir verlangten dieses Geld von ihr nicht, weil wir es nötig gehabt hätten. Wir wollten, dass sie den Zusammenhang von Arbeit, Geld, Wert des Eigentums und persönlicher Verantwortlichkeit begriff. Sie sollte sehen, wie das alles miteinander verknüpft war.

Eltern können auch entsprechende Konsequenzen einführen, damit ein Teenager verantwortlich mit einem Vorrecht umgehen lernt. Heidi hatte die Gelegenheit, sich etwas Geld nebenher zu verdienen. Dazu musste sie jeden Tag nach der Schule drei Stunden irgendwo arbeiten. Ihre Eltern waren unter der Bedingung damit einverstanden, dass ihre schulischen Leistungen nicht darunter litten. Beim nächsten Zeugnis stellten sie allerdings fest, dass die Noten abgerutscht waren. Als Ergebnis musste Heidi ihre zusätzliche Arbeit aufgeben, bis sie wieder bessere Zensuren mit nach Hause brachte. Jeder Fehler, den ein Kind macht, ob beabsichtigt oder nicht, kann als Gelegenheit angesehen werden, ethisch verantwortliches Verhalten zu lehren. Doch wenn der Verstoß absichtlich begangen wurde, muss man anders damit umgehen.

Unweise Entscheidungen

In Sprüche 19,18 heißt es: »Züchtige deinen Sohn, solange Hoffnung da ist, aber lass dich nicht hinreißen, ihn zu zerstören (töten).« Die »Zerstörung«, von der Salomo spricht, ist das Ergebnis, wenn Eltern die ethische Erziehung vernachlässigen oder ganz versäumen.

Eltern, die schwierige Teenager haben, sind oft entmutigt bis zu dem Punkt, dass sie aufgeben wollen. Doch dieser Vers besagt im Grunde: »Bleibt dran, Eltern, habt Ausdauer um eures Kindes willen.« Es gibt noch Hoffnung. Aber überspringen Sie die Warnung Salomos nicht. Wenn Sie nicht durchgreifen, wo die Korrektur nötig ist, dann überlassen Sie Ihr Kind der Zerstörung. Das sind starke Worte, und sie sind berechtigt. Geben Sie nicht auf!

Bleiben Sie dran! Eine Beziehung ist zu wichtig, um sie zu vernachlässigen. Fahren Sie fort, Ihr Kind »zur Liebe und zu guten Werken« anzureizen (Hebr 10,24).

Mit den Fehlern zu leben, die unsere Kinder machen, ist viel leichter, als mit den Konsequenzen ihrer Auflehnung zu leben. Im Falle eines Fehlers hat man es mit einer objektiven, messbaren Handlung zu tun. Bei der Rebellion steht man wesentlich komplexeren Dingen gegenüber: Es geht um die subjektive Motivation Ihres Teenagers. Das ist umso mehr ein Grund, sich über diesen Aspekt der Korrektur klar zu werden.

Wenn wir über Disziplin sprechen, ist die wirkliche Frage, die ansteht, die der Führung – nicht die der Strafe. Das heißt nicht, dass wir die Art von Konsequenz vermeiden sollten, die falsches Handeln bewertet, aber unser Blick sollte darauf gerichtet sein, das Gute zu fördern, nicht nur das Schlechte zu unterdrücken. Es geht nicht um entweder/oder, sondern um beides.

Dummes Verhalten benötigt Korrektur, doch die Eltern sollten nicht alle Verkehrtheiten auf die gleiche Weise oder mit der gleichen Härte im Hinblick auf die Konsequenzen korrigieren. Wir alle reagieren von Natur aus spontan auf negatives Verhalten. Doch wir sollten diesen natürlichen Hang unterdrücken und unsere Reaktionen sorgfältig bedenken. Nach welchen Kriterien sollten wir die Konsequenzen setzen? Wo sollten wir anfangen, wenn unsere Teenager Korrektur nötig haben?

Vier Überlegungen

Bevor wir die Konsequenzen für verkehrtes oder rebellisches Verhalten festsetzen, ist es wichtig, diese vier Faktoren zu bedenken:

»Welche Strafe entspricht welchem Vergehen?« Dabei sollten Eltern sich daran erinnern, dass eine zu harte Strafe die Kinder zum Zorn reizt und dass eine zu milde Strafe keine korrigierende Wirkung hat.

»Wie häufig kommt es vor, dass Ihr Teenager sich so verhält?« Da klar ist, dass diese Dinge, um die es geht, von seltenen, kleineren Übertretungen bis zu häufigen, offenen Verletzungen von Geboten schwanken, sollte die Strafe sich nach der Häufigkeit des Vergehens richten. Ein erster Fehltritt sollte anders behandelt werden als der dritte.

»In welchem Zusammenhang geschah der Fehltritt?« Der Kontext ist zwar keine Entschuldigung für Rebellion, aber er sollte in Betracht gezogen werden, wenn man die Strafe festsetzt. Bedenken Sie, was den Vorfall ausgelöst hat, um den Zusammenhang zu erkennen. In Kapitel 11 haben wir das Beispiel eines Teenagers angeführt, der die Anweisung erhielt, ein Video-Spiel abzuschalten, bevor es zu Ende war. Es wäre nicht recht von ihm gewesen, das abzulehnen, aber die Frustration, die zu diesem schlechten Verhalten geführt hätte, wäre normal gewesen.

»Wie verhält sich der Teenager im Allgemeinen?« Gibt er selten Anlass zur Korrektur oder zunehmend häufiger oder sogar regelmäßig? Diese Überlegung ist besonders hilfreich, wenn die gesellschaftlichen Perspektiven für die Teenagerjahre den Eltern Furcht eingeflößt haben. Dann könnten die Eltern eine einzelne rebellische Aktion als Vorboten für weitere schlimme Ausschreitungen ansehen und den Teenager zu hart anfassen.

Drei Ebenen

Nachdem Sie eine Unterscheidung zwischen unklugem oder rebellischem Verhalten getroffen und diese vier Faktoren in Betracht gezogen haben, können Sie die angemessene Art und Weise der Strafe festsetzen. Dabei sollte man sich immer wieder ins Gedächtnis rufen, dass zu harte Strafen die Teenager zum Zorn reizen. Eine zu milde Strafe dagegen hat keinen Sinn, da sie dem Vergehen nicht die entsprechende Bedeutung beimisst. Um zu harte Bestrafung und zu milde Beurteilung zu vermeiden, muss man wissen, wie man die Aktionen der Teenager einschätzen und das Strafmaß bestimmen soll. Im Allgemeinen gibt es da drei Ebenen der Bestrafung.

1. Ebene: Geringe Vergehen

Auf der ersten Ebene kommt man mit einer verbalen Warnung aus. Teenager, die meistens in diese Kategorie fallen, werden als »gute Kinder« angesehen, sowohl in der Familie als auch in der Öffentlichkeit. Die Tatsache, dass ein Teenager bloß eine Warnung wegen der Übertretung bezieht, verkleinert die Bedeutung der falschen Handlung oder die Notwendigkeit, einzulenken, nicht. Aber man wird einen Teenager nicht wegen einer einzigen Unregelmäßigkeit strafen, wenn dieser normalerweise gehorsam ist.

Nehmen wir z. B. an, dass Ihr Teenager eine Stunde später nach Hause kommt, als erlaubt war, und das, ohne anzurufen. Und nehmen wir an, dass es zum erstenmal in sechs Monaten passierte. In diesem Fall – obwohl das Verhalten dem Buchstaben des Gebotes nach doch eine Übertretung war – erfordert es nicht ein volles Strafmaß. Stattdessen muss eine angemessene Reaktion gefunden werden. Die Aktionen eines Teenagers auf dieser ersten Ebene müssen im Licht seines Gesamtverhaltens gesehen werden. Sie können Ihren Sohn oder Ihre Tochter einfach nicht nach dem einmaligen Übertreten einer Ausgehzeit beurteilen. Deshalb ist hier eine einfache verbale Erinnerung oder Rüge ausreichend.

In Anbetracht der Umstände und der normalen Verhaltensweise des Teenagers wirkt jede stärkere Reaktion als eine verbale möglicherweise verheerend auf die Motivation zu einer ethisch bestimmten Haltung. Teenager geraten in Wut, wenn Eltern Perfektionismus anstreben und nicht ethische Qualität – vor allem, weil Mutti und Vati selbst keine perfekten Eltern sind.

2. Ebene: Vergehen, die eine aktive Maßnahme erfordern

Die nächste Ebene von Übertretungen verlangt eine aktive Maßnahme zusammen mit verbaler Korrektur. Diese Arten von Vergehen betreffen neue Verhaltensweisen, die mehr und mehr selbstverständlich werden, alte Gewohnheiten, die wieder auftauchen, oder Mahnungen von gestern, die nicht beachtet wurden.

Eine Maßnahme, die Eltern mit kleineren Kindern und jüngeren Teenagern anwenden können, ist eine Zeit im »Aus« – zum Nachdenken. In Sprüche 22,3 heißt es: »Der Kluge sieht das Unglück kommen und verbirgt sich; die Unverständigen laufen weiter und leiden Schaden.« Eine Zeit des »Nachdenkens« zwingt einen Teenager zum Aufhören mit dem, was er gerade tut, und zum Nachdenken. Der Teenager sollte sich dabei irgendwohin setzen, nicht als Strafe, sondern als eine Zeit, in der er sich Rechenschaft über seine Gedanken und sein Tun gibt, und wo er über seinen Weg nachdenkt, bevor sein Verhalten zu härteren Konsequenzen führt.

Eine solche »Bedenkzeit abseits aller Aktivitäten« ist das letzte Stopschild, bevor man auf die »Brücke zu Schwierigkeiten« hinauffährt. Dahinter steht die Vorstellung, dass der Teenager sich fragen sollte: »Will ich wirklich in diese Richtung?« Ob es nun um neues Verhalten oder eine auftauchende alte Gewohnheit geht, Sie lenken die Aufmerksamkeit aufs Verhalten und lassen den Teenager die Entscheidung treffen, das Richtige zu tun. Wenn der Teenager dann nicht angemessen reagiert, rutscht die Beurteilung des Verhaltens automatisch auf die dritte Ebene des Fehlverhaltens.

3. Ebene: Vergehen, die das volle Gewicht des Gesetzes gegen sich haben

Die dritte Ebene von Vergehen bezieht sich auf wiederholte Handlungen und Haltungen der Übertretung von Geboten, einerlei ob es aktiv oder passiv geschieht. Es geht außerdem um ethische Verfehlungen gegenüber anderen einschließlich Geschwistern, Altersgenossen, Eltern und Vorgesetzten. Diese dritte Ebene der Vergehen umfasst verschiedene Arten der Anwendung von Konsequenzen, zu denen natürliche und logische gehören, außerdem der Verlust von Privilegien und Schadenersatz. Körperliche Züchtigung oder Schlagen, wovon die Bibel spricht, sind in den Teenagerjahren weder angemessen noch eine wirksame Methode der Korrektur. Wir würden sie nicht empfehlen.

Konsequenzen

Rebellische Aktionen und Ungehorsam erzeugen manchmal als natürliches Ergebnis ihre eigenen Schmerzen. Erinnern Sie sich an die Geschichte von Ben und seinem Fahrrad? Nehmen wir einmal an, das Rad wäre gestohlen worden. Die natürliche Konsequenz von Bens Ungehorsam gegenüber den Anweisungen seines Vaters wäre der Verlust eines wertvollen Rades gewesen. Um sich ein neues zu kaufen, hätte er einen Job finden müssen. Vielleicht hätte das zur Folge gehabt, dass er auf Baseball-Spiele oder sonstige Wochenendvergnügen hätte verzichten müssen. Der Preis, den Ben in einem solchen Fall für seinen Ungehorsam hätte zahlen müssen, wäre wirklich sehr hoch gewesen!

Es gibt zwei Dinge, die wir mit einer Bestrafung erreichen möchten: Erstens wollen wir unsern Teenagern helfen, Verantwortung für ihre Entscheidungen zu übernehmen. Und zweitens möchten wir, dass sie lernen, kluge Entscheidungen zu treffen. Das geht natürlich mit der ethischen Reife Hand in Hand. Der wirksamste Weg, falsche Entscheidungen ins Blickfeld zu rücken, besteht darin, dass man die Teenager mit den Konsequenzen ihrer Wahl leben lässt.

Eine andere Form der Korrektur ist die Anwendung logischer Konsequenzen. Die Maßnahme, die Eltern anwenden, sollte logisch mit dem Vergehen zusammenhängen, falls es keine natürlichen Folgen gibt, die der Korrektur dienen.

Nehmen wir an, ein Dreizehnjähriger ignoriert die elterliche Anweisung, nach der Schule sofort nach Hause zu gehen. Stattdessen besucht er noch einen Freund und vergisst darüber, dass seine Eltern mit ihm nach der Schule wegfahren wollten, um neue Baseball-Spikes zu kaufen. Die Eltern haben nur fünfundvierzig Minuten Zeit für den Einkauf. Später haben sie andere Verpflichtungen.

Was ist die logische Konsequenz für den Ungehorsam des Jungen? Ihm sein Computerspiel wegzunehmen, ihn ohne Abendessen ins Bett zu schicken oder ihm zusätzliche Arbeiten rund ums Haus zuzuteilen? Nein. Keine dieser Konsequenzen hat einen logischen Zusammenhang mit der Dummheit des Jungen. Den Kauf der Baseball-Spikes absagen, die er sich gewünscht hatte, ist die logische Strafe für sein Fehlverhalten.

Das Belehren durch Konsequenzen hat aber auch seine Grenzen

Ein Vater bemerkte einmal: »Wenn ich keinen Druck auf meinen Sohn ausübe, wird er überhaupt keine Hausaufgaben mehr machen. Keine Hausaufgaben, keine guten Noten; keine guten Noten, keine Weiterbildung; keine Fortbildung, keine Zukunft. Wenn ich ihn nur mit den Konsequenzen seiner eigenen Entscheidungen leben lasse, wird er sein Leben ruinieren.«

Das ist eine logische und auch eine berechtigte Sorge. Weil manche Konsequenzen falscher Entscheidungen, die man als Teenager getroffen hat, für Gegenwart und Zukunft derart verheerend sind, können wir unsere Teenager nicht einfach diesem Gesetz der Konsequenzen überlassen. Wir glauben zwar, dass

Teenager mit den Folgen ihrer eigenen Entscheidungen leben sollten, aber wir sind nicht der Ansicht, dass sie alle Entscheidungen treffen sollten. Eltern sollten besser von vornherein mit ihren Teenagern daran arbeiten, richtige Entscheidungen vorzubereiten, statt darauf zu warten, dass sie später die richtigen Konsequenzen finden, die dann für die Zukunft korrigierend wirken sollen. Eine Konsequenz einer falschen Entscheidung kann darin bestehen, dass Ihr Teenager keine Zukunft mehr hat.

Verlust von Privilegien

Der Verlust eines Privilegs ist ein anderer Weg, um die Aufmerksamkeit Ihres Teenagers auf eine falsche Entscheidung zu lenken. Angenommen Ihr Vierzehnjähriger verbringt seinen Nachmittag nebenan bei einem Freund. Er weiß genau, dass um sechs Uhr zu Abend gegessen wird, kommt aber jeden Abend zehn Minuten später nach Hause. Die Erlaubnis verlieren, zum Freund zu gehen, ist sowohl eine logische Folge als auch eine notwendige. Zu Privilegien gehört Verantwortung. Auch Pünktlichkeit ist eine Form der Verantwortung.

Wenn Sie diese Konsequenz anwenden, zielen Sie nicht nur darauf ab, dass Ihr Kind diese Erlaubnis verliert! Richten Sie die Aufmerksamkeit auch ganz allgemein auf den Umgang mit Privilegien: dass man für besondere Rechte auch verantwortlich ist. Denken Sie daran, dass Sie das Herz Ihres Kindes erreichen möchten und es nicht nur wegen seines schlechten Benehmens strafen wollen.

Schadenersatz

Schadenersatz ist ein biblisches Konzept, das definiert wird als Rückzahlung für verlorenes, beschädigtes oder gestohlenes Eigentum. Das Prinzip des Schadenersatzes war ein wichtiger Bestandteil der amerikanischen jüdisch-christlichen Ethik vor dreißig Jahren. Wenn Sie die Keksdose Ihrer Freundin zerbrachen, war es selbstverständlich, dass Sie ihr eine neue kauften. Wenn Ihr Kind beim Nachbarn eine Fensterscheibe kaputtgemacht hatte, mussten Sie sie ersetzen.

Wo immer eine finanzielle Verbindlichkeit entsteht als Folge von Fehlern oder absichtlichem negativem Verhalten, gehört der Schadenersatz zum Prozess der Restaurierung dazu. Das Alte Testament forderte Schadenersatz bei absichtlichen oder unabsichtlichen Handlungen, die Beschädigung oder Verlust des Eigentums anderer zur Folge hatten. Im Buch Exodus beschreibt Mose, wie und warum diese Methode eingesetzt wurde (2. Mose 22,1.3.5.6.12). Auch im Neuen Testament ist die Praxis des Schadenersatzes dokumentiert. Als Zachäus mit Jesus sprach, sagte er: »... wenn ich jemanden betrogen habe, so gebe ich es vierfach zurück.« (Lk 19,8)

Zu sagen »Es tut mir Leid« und um Vergebung zu bitten, ist nicht genug, wenn unsere Teenager mit ihren Aktionen Schulden machen. Ihr Alter und ihr volles Verständnis vom Wert einer D-Mark lassen die Frage des Schadenersatzes zu einem nachdrücklichen Lehrmeister werden für das, was es heißt, ein verantwortlicher Mensch zu sein.

Eine Warnung

Es ist bekannt, dass feste Regeln, die mit Fingerspitzengefühl angewandt werden, die Unterordnung unter die elterliche Führung attraktiv machen – selbst für einen Teenager. Wir wissen auch, dass eine gesunde Eltern-Teenager-Beziehung darüber entscheidet, ob die Teenager das Recht der Eltern zur Führung, zum Ermutigen und zum Strafen akzeptieren.

Diese Art der Erziehung während der Teenagerjahre ist eine Funktion der elterlichen Beziehung, nicht der elterlichen Macht. Bleiben Sie dabei, an dieser Beziehung zu arbeiten. Der Erfolg wird weniger daran gemessen, ob Ihr Teenager Sie versteht, sondern ob er Ihnen folgt.

Fragen

1. Nennen Sie eine altersgemäße Dummheit, die Ihr Sohn oder Ihre Tochter vor kurzem beging. Nennen Sie ein falsches Verhalten.
2. Beschreiben Sie eine Situation, in der Ihr Teenager eine Zeit zum Nachdenken im »Aus« gut brauchen könnte.
3. Es ist schwierig, auf falsches oder rebellisches Verhalten nicht spontan zu reagieren. Machen Sie sich einen Merkvers oder sonst ein Erinnerungszeichen, das Ihnen hilft, an die vier Dinge zu denken, die Sie beachten sollten, bevor Sie auf Fehlverhalten eingehen.
4. Werfen Sie nochmal einen Blick auf die Art der Konsequenzen. Welche fällt Ihnen am schwersten in der Anwendung? Warum?
5. Nehmen Sie sich einen Augenblick Zeit, um über unsere letzte Warnung nachzudenken. Notieren Sie irgendetwas, was Sie morgen tun können, um Ihren Teenager wissen zu lassen, dass Sie ihn lieben.

Kapitel 14

Die Entdeckungen gehen weiter

Betty Brooks und Tommy Snooks verließen am Sonntag die Kirche. Sagte Betty Brooks zu Tommy Snooks: »Und morgen ist Montag!«

Betty Brooks wusste, was wir als Eltern auch verstehen lernen müssen: Es gibt einen Punkt in der Theorie, wo diese sich in der Praxis beweisen muss. Wenn gute Ideen nicht jeden Tag in Sichtbares und Greifbares umgesetzt werden, dann sind sie eben auch nicht mehr – gute Ideen und nichts weiter. Das hatte selbst Betty Brooks verstanden.

Wir haben nicht die Absicht, bloß Ihren Kopf und den Ihrer Teenager mit neuen Ideen und klugklingenden Theorien vollzustopfen. Wir hoffen, dass unser Lehren zu verändertem Leben führt, Eltern und Teenager dahin bringt, das Lob Gottes laut zu verkünden. Und Gott wird geehrt, wenn seine Schöpfung den Weg einschlägt, der wieder zurückführt zu dem ursprünglichen Entwurf unseres Vaters im Himmel. Christus kam auf diese Erde, um offenbar zu machen, zu erlösen und wiederherzustellen. Ob der Montagmorgen in Ihrem Heim nach dem Lesen dieses Buches anders aussieht – das allein ist der wahre Test für den Erfolg unserer Bemühungen.

Wenn es ein Wort gibt, das wir als Zusammenfassung an unsere Leser richten möchten, heißt es: Entdecken Sie Gottes Wege für Sie und Ihre Familie. Damit meinen wir die Wiederherstellung von Gottes Schöpfung, der Familie, und spezieller noch der Beziehung zwischen Eltern und Teenagern zu der ursprünglich von Gott gewollten Schönheit. Mit andern Worten: Die Erziehung von Teenagern ist nicht etwas, was uns das Leben mal so eben in den Weg wirft. Aus diesem Grunde müssen wir einfach lernen, die Sache in der bestmöglichen Weise anzugehen. Das Führungsprinzip in der Erziehung ist im Gegensatz zur öffentlichen Meinung keine Angelegenheit des sachlich-nüchternen Funktionierens. Wir glauben vielmehr, dass alles Leben, einschließlich der Eltern-Teenager-Beziehungen von einem geistlichen Gesichtspunkt aus betrachtet werden muss. Nichts, auch nicht diese Beziehungen, steht außerhalb des Aufrufs Gottes an seine Schöpfung, ihm Ehre zu geben (1. Kor 10,31).

Manche Menschen meinen heute, dass man nur den schlafenden Riesen der menschlichen Möglichkeiten aufwecken muss, von dem man annimmt, dass es – humanistischem Denken zufolge – in uns allen wohnt. Doch Leben nach Gottes Plan ist nicht eine Sache hartnäckiger menschlicher Bemühungen. Und man erreicht es nicht, wenn man die zentrale Stellung Christi abschafft. Richtiges Verhalten ist die Folge einer richtigen Beziehung zu Gott. Und deshalb heißt es für uns, ein Leben völliger Hingabe an Gott und der Abhängigkeit von ihm zu führen. Es bedeutet, Gott zu kennen und ihn von ganzem Herzen, von ganzer Seele und von ganzem Gemüt zu lieben.

Gottes Wege im Raum der Familie zu entdecken, setzt drei wichtige Wahrheiten voraus. Erstens: Die Vormachtstellung von Gottes Gnade. Im Kern christlicher Lehre und christlichen Lebens gibt es ein Wissen darum, dass das Leben nicht zuerst eine Sache ist, bei der wir irgendetwas für Gott tun, sondern dass Gott in uns etwas tut. Der frühere Sklavenhändler und später bekehrte Christ, John Newton, schrieb im Jahr 1779 ein Loblied, das zu einem klassischen christlichen Song geworden ist. Kirchgänger und Ungläubige kennen und singen es gleichermaßen. Es ist tatsächlich eins der bekanntesten und am häufigsten aufgezeichneten Lieder in der gesamten Geschichte. Natürlich sprechen wir von »Amazing Grace«, das mit den Worte beginnt:

»Amazing Grace, how sweet the sound
That saved a wretch like me!
I once was lost but now am found,
Was blind, but now I see.«

Ins Deutsche übersetzt von A. Schulte:

»O Gnade Gottes, wunderbar
hast du errettet mich.
Ich war verloren ganz und gar,
war blind, jetzt sehe ich.«

Mehr als alles andere brauchen Eltern und Teenager die Gnade Gottes. Zuletzt wird alles einmal darin einmünden, in Bezug auf Wiederherstellung und Heiligung auf Gottes Gnade zu vertrauen. Lassen Sie die Gnade im Mittelpunkt Ihrer Familie stehen. Ohne sie zählt gar nichts. Gnade ist wahrhaftig eine erstaunliche Sache.

Zweitens: Die Wege Gottes zu entdecken setzt die Notwendigkeit der Erneuerung unseres Denkens voraus. Erinnern Sie sich an die bekannten Worte des Apostels Paulus im Römerbrief Kapitel 12,2: »... stellt euch nicht dieser Welt gleich, sondern ändert euch durch Erneuerung eures Sinnes ...« Eltern und Teenager betreten zunächst das Reich Gottes mit einem Denken, das Verwandlung nötig hat. Natürliches Erziehen – dass man das tut, was einem richtig erscheint – führt zum Desaster. Der Sünde wegen ist das, was dem Verstand recht erscheint, böse, solange es nicht unter der Kontrolle des Heiligen Geistes und nicht unter der Autorität des Wortes Gottes steht. Unser Geist braucht Erneuerung. In Epheser 4,17-24 und an vielen anderen Stellen der Bibel erfahren wir, dass es eine unerbittliche Verbindung zwischen richtigem Denken und richtigem Verhalten gibt. Wenn man Christus erkennen kann an der Art und Weise, wie wir leben, dann muss er notwendigerweise im Zentrum unseres Denkens stehen. Entdeckung neuer Wege bedeutet, etwas Neues lernen. Es heißt, Gott zu erlauben, unser Denken mit dem Wesen Christi in Einklang zu bringen. Der Geist der Eltern und der Geist der Teenager muss auf Gott hin ausgerichtet sein.

Drittens: »Entdeckung von Gottes Wegen« geht davon aus, dass Wachstum ein Prozess ist. Denken Sie daran, dass das Gottes Idee ist. Und deswegen haben wir die Gewissheit, dass er in diesem Prozess geehrt wird, obwohl manchmal Entmutigung und Niederlage dazugehören. Gott wird auch in unserer Schwäche verherrlicht. Wir mögen es nicht verstehen, aber Gott wird mehr durch allmähliches Wachstum – das natürlich auch Auf und Ab einschließt – verherrlicht, als wenn mit einem Schlag und sofort alles vollkommen wäre. Gott hätte uns in dem Augenblick, in dem er uns seiner Erlösung gewiss werden ließ, christusähnlich machen können. Doch er entschied sich dafür, es nicht zu tun. Wir denken, dass der Grund vielleicht darin zu suchen ist, dass die größte Ehre für Gott unsere restlose Abhängigkeit von ihm ist. Sie werden auch nicht den sofortigen Erfolg in Ihren Erziehungsbemühungen und in der Beziehung zu Ihren Teenagern erleben, einerlei wie glaubwürdig Sie die Aufgabe anfassen. Von Kummer und Herzensnot werden Sie nicht völlig verschont bleiben. Das sollte Sie aber nicht entmutigen, sondern vielmehr Ihre Seele bis zum Rand mit Hoffnung füllen. Der Gott, den wir lieben und dem wir dienen, ist größer als unsere Probleme. Er ist so groß, dass er auch unsere schlimmste Situation nehmen und sie in etwas Gutes verwandeln kann (Röm 8,28).

Jedem Teenager, der dieses Buch liest, möchten wir sagen: Welch eine großartige Möglichkeit hast du, Gott zu helfen, deine Eltern zu verändern! Sie sind nicht ausgerechnet deine Eltern aufgrund eines blinden Zufalls. Gott hat sie dir gegeben. Und was noch mehr ist: Er hat dich deinen Eltern gegeben. Ihr seid euch anvertraut, damit durch eure Beziehung Gottes Gnade und Liebe groß gemacht werden soll. Du kannst nicht all das aus deinem Leben machen, was Gott als Möglichkeit für dich vorgesehen hat, ohne deine Eltern. Und das ist dir ja auch nichts Neues – das wissen wir. Aber vielleicht ist dir dieses neu: Weißt du, dass auch deine Eltern nicht das aus ihrem Leben machen können, was Gottes Wille für sie ist – ohne dich? Gott gebraucht dich, um deine Eltern in Menschen zu verwandeln, wie er sie sich wünscht – nicht nur als bessere Eltern, sondern als bessere Menschen.

Unser allmächtiger und liebender Herr hat gnädig dich und deine Eltern zusammengestellt zur Förderung seines Willens und seiner Ehre. Ohhhhh! Unser Gott ist wirklich ein großer Gott. Kannst du anders, als ihm dein Leben und deine Situation vollständig anzuvertrauen – einem liebenden Vater, dessen Macht und dessen Barmherzigkeit unendlich sind? Wir denken: nein! Erinnere dich einmal daran, dass der Apostel Paulus zwar niedergeschmettert wurde vor Damaskus, aber nicht k.o. geschlagen. Er wurde unter Druck gesetzt, aber nicht festgenagelt. Unser Gott ist ein Gott der Gnade, der Hoffnung, der Erneuerung. Es spielt keine Rolle, wie dunkel deine Finsternis ist. Gott ist in der Lage, dem seine Fülle, seinen Überfluss entgegenzusetzen, über alles hinaus, was wir bitten oder verstehen. Gottes Geschäft ist es, zu heilen und wiederherzustellen.

Den Eltern möchten wir sagen: Sehen die Probleme, die Sie mit Ihren Teenagern haben, hoffnungslos aus? Ist Ihre Situation so verworren, dass Sie nicht wissen, wo Sie überhaupt anfangen könnten mit der Erneuerung der Beziehung? Ist Ihr Empfinden des Verletztseins so tief, dass eine Versöhnung unmöglich erscheint? Ist Ihr Kind so trotzig, dass Sie eine endgültige Trennung befürchten? Wenn Sie das so sehen, dann möchten wir in aller Bescheidenheit vermuten, dass Ihr Gott vielleicht zu klein ist. Nachdem der Apostel Paulus von unserer Befreiung von der Knechtschaft der Sünde in Römer 6 und über unsere Freiheit vom Gesetz im Kapitel 7 gesprochen hat, redet er in Kapitel 8 von unserer Befreiung von der Furcht. Aufgrund von Gottes großer Gnade, die er uns durch Jesus Christus hat zuteil werden lassen, brauchen wir uns vor keiner Verurteilung mehr zu fürchten (Röm 8,1). Wir brauchen auch keine Angst zu haben, von der Liebe Gottes getrennt zu werden (Röm 8,31-39). Eingeschlossen von diesen beiden kostbaren Verheißungen und den ganzen Rest des Kapitels umfassend, finden wir die Wahrheit, dass wir unsere Schwächen nicht fürchten müssen (Röm 8,2-30). Gott hat die notwendige Vorsorge getroffen, dass wir mit dem Heiligen Geist Hand in Hand gehen können. Erlauben Sie der Welt, Ihrem natürlichen Wesen und dem Bösen nicht, Sie zu entmutigen wegen Ihres Versagens. Denken Sie daran, Gottes Gnade scheint am hellsten in der dunkelsten Stunde unseres Lebens. Erlauben

Sie Ihren Ängsten nicht, den Entdeckungsprozess zu hindern, den Gott für Sie eröffnen möchte. Wachsen Sie in der Erkenntnis dessen, was Gottes Absicht für Sie als Eltern ist. Lassen Sie die Diskrepanz zwischen dem, von dem Sie wissen, dass es sein sollte, und dem, was Sie als Ihre Realität sehen, zur Ursache werden, dass Sie sich Gott zuwenden. Klammern Sie sich so fest, als ob Ihr Leben davon abhinge (und das tut es ja), an die Verheißung, dass Gott sein Werk der Gnade in Ihnen fortsetzen wird. Menschen versagen. Gott versagt niemals.

Auch wenn Sie vielleicht nicht alles verstehen, was Gott tut, sollten Sie ihn lieben und ihm vertrauen. Er ist unser Vertrauen wert, denn er hat die vollkommene Kontrolle über alle Dinge (1. Chr 29,11-12; Ps 24,1; 115,3; 135,6). Die Souveränität Gottes erfordert Lob und Unterwerfung des Herzens. Der Gott, der seinen Willen in Erdbeben verwirklicht (Hiob 9,6), in Hunger (Amos 4,6) und anderen Plagen (2. Mose 9,1-4), ist auch in der Lage, seinen Willen in Ihrer Situation durchzusetzen. Arbeiten Sie mit Gott zusammen, nicht in Opposition zu ihm. Beten Sie nicht: »Herr, bessere du mein Kind«, sondern lieber: »Herr, mach aus mir einen besseren Menschen. Jeder Schritt der Demut vor unserm Gott und vor unsern Kindern wird zu einer mächtigen, geistlichen, magnetischen Kraft, die unsere Kinder näher zu uns zieht. Die Erneuerung der Familie beginnt in unsern Herzen: »Erforsche mich, Gott, und erkenne mein Herz; prüfe mich und erkenne, wie ich's meine.« (Ps 139,23)

Die Entdeckung der Schönheit von Gottes Schöpfung liegt vor Ihnen. Wenn Sie auf diesem Weg vorwärts gehen, denken Sie daran, dass Gott auf Ihrer Seite steht. Er liebt Sie. Seine Gnade reicht für Sie aus. Sein Wort bietet Licht und Wegweisung für Sie. Seine Kraft ist größer als Ihre Schwachheit. Seine Ehre ist alles, was zählt. Welche Wunder und welche Freude warten auf uns, wenn wir mit Gott gehen.

Die Bibel sagt uns in Richter 13, dass die Frau von Manoach »unfruchtbar (war) und hatte keine Kinder« (Ri 13,2). Gott schenkte ihr in seiner Gnade eine Vision vom Engel des Herrn, der ihr die aufregende Neuigkeit mitteilte, dass sie einen Sohn haben würde (Vers 3). Als der Engel des Herrn sie verließ, gab sie seine Botschaft ihrem Mann weiter. Dann lesen wir in Vers 8: »Da bat Manoach den Herrn und sprach: ›Ach, Herr, lass den Mann Gottes wieder zu uns kommen, den du gesandt hast, damit er uns lehre, was wir mit dem Knaben tun sollen, der geboren werden soll.‹« Welch ein kostbares Gebet! Wir hoffen, dass das auch Ihre Bitte zu Gott ist. Es ist auch unser Gebet für Sie.